Jonathan Holslag

Frieden auf Chinesisch

Jonathan Holslag

FRIEDEN AUF CHINESISCH

Warum in Asien Krieg droht

Aus dem Englischen von
Sonja Schuhmacher und Gabriele Gockel,
Kollektiv Druck-Reif

Die englische Originalausgabe erschien 2015 unter dem Titel
»Chinas Coming War with Asia«, Polity Press, 2015.
© Jonathan Holslag 2015.

Diese Ausgabe erscheint mit freundlicher Genehmigung von
Polity Press Ltd., Cambridge.

Bibliografische Information der Deutschen Nationalbibliothek

Die Deutsche Nationalbibliothek verzeichnet diese Publikation
in der Deutschen Nationalbibliografie; detaillierte bibliografische
Daten sind im Internet unter http://dnb.d-nb.de abrufbar.

© edition Körber-Stiftung, Hamburg 2015

Umschlag: Groothuis. www.groothuis.de
Karten: Peter Kast Ingenieurbüro für Kartografie, Wismar
Herstellung: Das Herstellungsbüro, Hamburg |
buch-herstellungsbuero.de
Druck und Bindung: CPI – Clausen & Bosse, Leck
Printed in Germany

ISBN 978-3-89684-170-4
Alle Rechte vorbehalten

www.edition-koerber-stiftung.de

Inhalt

Vorwort

Einige meiner Kollegen in China und Europa, die das Manuskript *China's Coming War with Asia* gelesen haben, haben mir die Frage gestellt: Warum so ein dramatischer Titel? Ehrlich gesagt, hatte auch ich meine Zweifel. Ich dachte zum Beispiel über weniger reißerische Alternativen wie »Der unmögliche Frieden« oder »Asiens China-Dilemma« nach. Aber dann fand ich, es gibt Grund zur Sorge, also warum die Dinge nicht beim Namen nennen und die Debatte mutig anpacken? Dennoch möchte ich einige Punkte den Lesern vorab erklären.

Zuallererst macht dieses Buch China nicht für die Spannungen verantwortlich, die in Asien schwelen. Zwar vertrete ich den Standpunkt, dass Chinas wichtigste Bestrebungen mit dem Versprechen einer harmonischen Ordnung unvereinbar sind, aber einige dieser Bestrebungen sind nicht unbedingt konfliktträchtiger als die Ambitionen anderer Mächte, und sie sind sogar relativ defensiv. Überdies verfolgen oder verfolgten viele andere Mächte ähnliche Bestrebungen, wenn auch in anderen Zusammenhängen. Außerdem zeige ich, dass es in der chinesischen Diplomatie zwar um Flexibilität ohne Kompromisse geht, aber auch das kann man von vielen anderen Ländern behaupten. Diese Unnachgiebigkeit hat gewiss nicht viel mit den Eigenarten chinesischer Diplomaten zu tun. Das mag in der Vergangenheit so gewesen sein, aber die Funktionäre von heute habe ich als weltoffene, wissbegierige, hart arbeitende und dem Wohlergehen ihres Landes – wohl mehr noch als der Kommunistischen Partei – zutiefst verpflichtete Menschen kennengelernt. Erwarten Sie also nicht, dass ich mit diesem Buch eine Schmähschrift gegen China vorlege. Ich sehe China als ein normal aufstrebendes Land, das normale Ambitionen verfolgt und den normalen Dilemmata von Krieg und Frieden gegenübersteht, mit denen so viele andere Mächte in der Vergangenheit auch zu kämpfen hatten.

Bei der Untersuchung der strategischen Landschaft Asiens folgt dieses Buch einem strukturellen Ansatz. Ein wichtiger Aspekt dabei ist das Sicherheitsdilemma: Wenn ein Land versucht, seine Sicherheitslage zu verbessern und an Macht gewinnt, geht damit unweigerlich ein Verlust an Macht und Sicherheit für andere einher. Wirtschaftliche Beziehungen, die Einbindung in internationale Organisationen und die zwischenstaatliche Kommunikation können, wie dieses Buch ebenfalls zeigt, das Sicherheitsdilemma ein wenig abmildern, aber nicht hinreichend, um Konflikte zu vermeiden, sollte die Machtverschiebung zu groß werden. Im neuen asiatischen Sicherheitsdilemma sind Spannungen ebenso auf Chinas Aufstieg zurückzuführen wie auf die Anstrengungen anderer Mächte wie Japan und der Vereinigten Staaten, ihre militärische Vormachtstellung, ihre privilegierte Position in wirtschaftlichen Netzwerken und ihren Status zu verteidigen.

Meine Warnung vor einem Krieg impliziert nicht, dass ich von einem zwangsläufigen Aufstieg Chinas ausgehe. China verändert zwar das regionale Machtgleichgewicht, rangiert jedoch immer noch hinter den Vereinigten Staaten. Viele der neueren euphorischen Abhandlungen zu China sind meiner Ansicht nach wenig sachkundig und nicht hinreichend durchdacht. Trotz Modernisierung ist das chinesische Militär keineswegs technisch überlegen. Chinas Wirtschaft wächst, aber sie ist nach wie vor auf gefährliche Weise unausgewogen. Viele Entscheidungsträger, die ich getroffen habe, bezweifelten, dass die Führung dies beheben kann. Die rigorose Antikorruptionskampagne, die Staatspräsident Xi Jinping in Gang setzte, als ich dieses Buch fertigstellte, bestätigt, vor welchen enormen innenpolitischen Aufgaben die Regierung steht. China ist ebenso wie andere asiatische Akteure eine fragile Macht. Dies wirft die Frage auf, welches Land am ehesten in der Lage ist, seine Defizite zu beheben – oder andere Länder dafür zahlen zu lassen. Im Fall Chinas erklärt dieses Gefühl der Verwundbarkeit teilweise, warum es Peking immer schwerer fällt, eine Balance zu finden zwischen seinen eigenen Interessen und den Bedenken seiner Nachbarn. China muss keineswegs erst eine neue Supermacht werden, um seine Nachbarn zu ängstigen; es genügt schon, wenn Chinas Aufschwung ins Stocken gerät. Denn die Geschichte lehrt uns, dass aufstrebende Mächte, deren Wachstum zu stagnieren beginnt, häufig nationalistischer und gefährlicher werden. Für Beobachter der internationalen Politik stellt sich also nicht nur die Frage, wie stark oder verwundbar ein Land ist, sondern auch, wie es damit umgeht.

Mir ist bewusst, dass man dieses Buch für zynisch halten kann: zynisch, weil es den Krieg zwischen Großmächten als unausweichliche Tragödie hinzunehmen scheint; zynisch auch, weil es offenbar den in unserer globalen Gesellschaft erreichten Fortschritt für sehr gering hält. Ich gebe zu, mir ist bei diesem Gedanken selbst nicht immer wohl, und ich wäre gern optimistischer. Aber wenn wir eine neue Phase größerer Konflikte vermeiden wollen, ist es da nicht besser, zum Kern dieses fatalen neuen Sicherheitsdilemmas vorzudringen, uns der Realität zu stellen und uns intensiv um eine Änderung der Verhältnisse zu bemühen? Allzu oft gewinne ich den Eindruck, dass die Optimisten dieser Welt sich vorschnell mit oberflächlichen Veränderungen zufriedengeben: mit der Ausweitung des Handels beispielsweise oder dem internationalen Dialog oder ein wenig Annäherung im militärischen Bereich. Selbst politischen Realisten fällt es schwer zu akzeptieren, dass ein Krieg vorstellbar wird, wenn man ihre Prämissen auf Asien anwendet. Ich erinnere mich an Diskussionen, bei denen Realisten mehrheitlich pessimistische Einschätzungen lieferten, aber dann wenig überzeugend den voreiligen Schluss zogen, es werde schon alles gutgehen. Also könnte im Vergleich zu einem irreführenden Optimismus die düstere Aussicht auf einen Krieg vielleicht ein stärkerer Anreiz sein, die drängenden Dilemmata anzupacken, ernsthafte Anstrengungen zur Lösung von Territorialstreitigkeiten zu unternehmen und ein wirtschaftliches Modell zu entwickeln, das eine Alternative zur neuen destruktiven Rivalität auf dem industriellen Sektor und beim Zugang zu Rohstoffen bietet. Ein Krieg in Asien ist wahrscheinlicher geworden. Diese Erkenntnis sollte der erste ernsthafte Schritt bei allen Bemühungen sein, ihn zu verhindern.

Landen, 5. Juli 2014

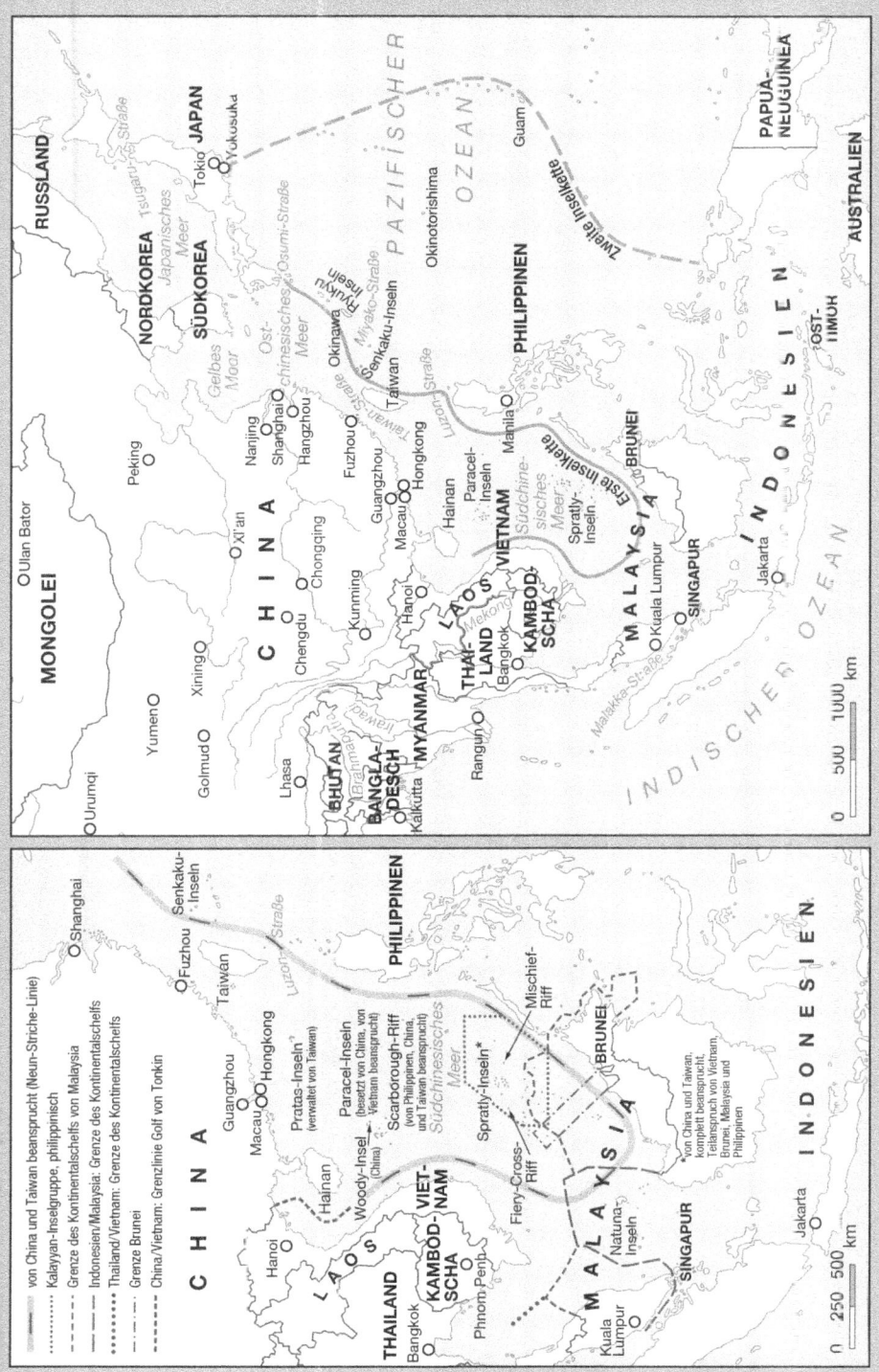

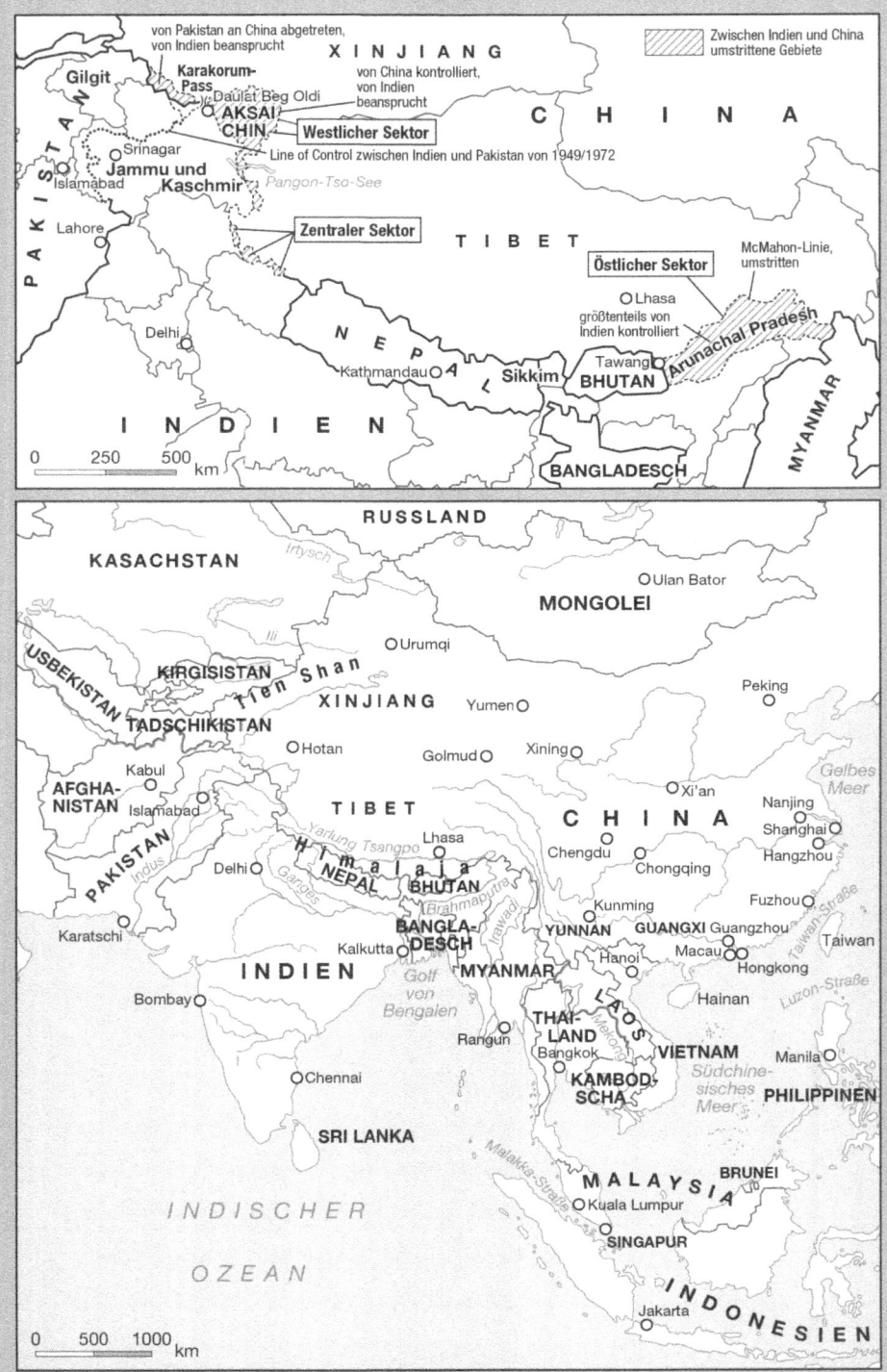

Obere Karte:

von Pakistan an China abgetreten, von Indien beansprucht

Zwischen Indien und China umstrittene Gebiete

X I N J I A N G

Gilgit

Karakorum-Pass

Daulat Beg Oldi

AKSAI CHIN

von China kontrolliert, von Indien beansprucht

Westlicher Sektor

C H I N A

Srinagar

Jammu und Kaschmir

Islamabad

Line of Control zwischen Indien und Pakistan von 1949/1972

Lahore

P A K I S T A N

Pangon-Tso-See

T I B E T

Zentraler Sektor

McMahon-Linie, umstritten

Östlicher Sektor

Lhasa größtenteils von Indien kontrolliert

Delhi

N E P A L

Arunachal Pradesh

Kathmandau

Sikkim

Tawang

BHUTAN

I N D I E N

M Y A N M A R

BANGLADESCH

0   250   500 km

Untere Karte:

R U S S L A N D

KASACHSTAN

Irtysch

O Ulan Bator

MONGOLEI

USBEKISTAN

KIRGISISTAN

Tien Shan

Ili

O Urumqi

Peking

TADSCHIKISTAN

X I N J I A N G

Yumen O

AFGHA-NISTAN

Kabul

O Hotan

Golmud O

Xining O

Gelbes Meer

Islamabad

Xi'an O

Nanjing

PAKISTAN

Indus

T I B E T

C H I N A

Shanghai

Delhi O

Yarlung Tsangpo

Lhasa

Chengdu O

Hangzhou

Karatschi O

H i m a l a j a

NEPAL

Ganges

BHUTAN

Chongqing

Fuzhou

Taiwan-Straße

(Brahmaputra)

BANGLA-DESCH

Kunming O

Taiwan

Kalkutta O

YUNNAN

GUANGXI Guangzhou

Bombay O

I N D I E N

Golf von Bengalen

MYANMAR

Hanoi O

Macau

Hongkong

Irawadi

Hainan

Luzon-Straße

Chennai O

Rangun O

THAI-LAND

Bangkok

LAOS

Mekong

VIETNAM

Manila O

Südchine-sisches Meer

PHILIPPINEN

SRI LANKA

KAMBOD-SCHA

I N D I S C H E R

Malakka-Straße

MALAYSIA

BRUNEI

O Z E A N

Kuala Lumpur O

SINGAPUR

I N D O N E S I E N

Jakarta

0   500   1000 km

Kapitel 1

Asiens China-Dilemma

»Ich verstehe einfach nicht, warum uns die halbe Welt Vorwürfe macht. Unser Wachstum nützt all unseren Nachbarländern. Wir arbeiten inzwischen mit regionalen Organisationen
zusammen und bieten an, für die umstrittenen Gewässer gemeinsame Lösungen zu entwickeln.« Der chinesische Wissenschaftler unterstrich seine Worte mit leidenschaftlichen
Gesten. »Ich glaube, wir können für die meisten unserer Probleme Lösungen finden, aber dann sollten unsere Nachbarn
auch nicht nach den Vereinigten Staaten rufen, um uns mit
vorgehaltener Pistole zu irgendwelchen Schritten zu zwingen.
Unsere Ansprüche sind nämlich vernünftig, niemand sollte
Spannungen ausnutzen, um Chinas Aufstieg zu erschweren.«[1]
Es war eine freundschaftliche Debatte, der chinesische Wissenschaftler, ein Vertreter Indonesiens und ich nippten an
diesem drückend heißen Nachmittag an den grünen Ufern
des Symphony Lake an unserem Mineralwasser. Wir machten
eine Pause beim *Shangri-La-Dialogue*, dem jährlichen Sicher-
heitsgipfel in Singapur, bei dem führende chinesische Delegierte ins Kreuzfeuer der Kritik gerieten und ähnlich empört
reagierten wie unser Gesprächspartner. Für mich gehört zu
den faszinierenden Aspekten von Chinas Aufstieg, dass chi-

nesische Insider – von jungen Experten bis zu einflussreichen Politikern – aufrichtig zu glauben scheinen, ihr Land sei für die Spannungen in Asien nicht verantwortlich; auch meinen sie, China sei mit großer Flexibilität den Wünschen seiner Nachbarn entgegengekommen, habe den Dialog gefördert und bewaffnete Konflikte vermieden. Viele von ihnen kenne ich seit Jahren und habe keinen Grund, an ihrer Aufrichtigkeit zu zweifeln, aber das ändert nichts an dem Dilemma: Chinas Nachbarländer meinen, es müsse noch mehr Konzessionen machen; China hingegen glaubt, es hätte bereits genug getan und andere Großmächte würden die Ängste seiner Nachbarn aufbauschen.

Große Bestrebungen

Das vorliegende Buch möchte diesen Widerspruch klären. Meine Hauptthese lautet, dass Chinas maßgebliche Interessen, seine großen Bestrebungen oder sein Ehrgeiz, wie ich es nennen würde, nicht mit der Idee eines friedlichen Aufstiegs in einem komplexen asiatischen Umfeld in Einklang zu bringen sind. Mit anderen Worten: Chinas strategische Ziele sind mit denen seiner Nachbarn und jenes anderen Riesen im pazifischen Raum, der Vereinigten Staaten, nicht zu vereinbaren. Das ist eine kühne Behauptung, und sie steht im Widerspruch zu mehreren soliden Studien, die zu ganz anderslautenden Ergebnissen kommen – oder sie kommen zu ähnlichen Beobachtungen, operieren aber mit Argumenten, die einer näheren Prüfung nicht standhalten.

Zunächst möchte ich darlegen, wie ich in diesem Buch vorgehe, um im zweiten Schritt zu erläutern, wodurch es sich von anderen Arbeiten zu diesem Thema unterscheidet. Als Erstes ist es wichtig, die offensichtlichen Veränderungen im Verhalten Chinas in den letzten sechzig Jahren zu verstehen. Schließlich kann man nicht einfach einen Konflikt vorhersagen und dabei unterschlagen, dass China durchaus die Tendenz erkennen lässt, kooperativer zu handeln und sich in die globale Ordnung einzufügen. In den ersten vier Kapiteln werde ich also dokumentieren, dass China tatsächlich seinen Nachbarn gegenüber auf militärischem Gebiet mehr Zurückhaltung gezeigt, die chinesische Staatsführung die wirtschaftlichen Interessen stärker in den Vordergrund gerückt und die Idee einer für alle vorteilhaften Arbeitsteilung zur Förderung des Friedens an seinen Grenzen hervorgehoben hat. Bei der schrittweisen Integration Chinas in diverse regionale Organisationen und ihrer Weiterentwicklung bewies die Führung großes Geschick.

Überdies ging die Außenpolitik neue Wege, indem Peking zuließ, dass Provinzen, Unternehmen und andere Akteure in den sich ausweitenden Beziehungen zu anderen Ländern eine eigenständigere Rolle übernahmen. Die ersten vier Kapitel beleuchten auch wichtige Veränderungen in den Diskursen und gedanklichen Grundlagen zu internationalen Angelegenheiten, das heißt die bemerkenswerte Abkehr von Mao Zedongs kämpferischer Haltung zugunsten des gegenwärtigen Paradigmas der friedlichen Entwicklung. All das scheint zu bestätigen, dass die optimistischen Beobachter von Chinas Aufstieg recht haben Das Land hat seine kriegerische Einstellung zugunsten einer gemäßigten Haltung aufgegeben, und daher kann man erwarten, dass es sich friedlich in die globale Ordnung einfügt.

Aber Wandel bedeutet nicht Anpassung. Daher versuche ich im nächsten Schritt meiner Argumentation nachzuweisen, dass die offensichtlichen Veränderungen in Chinas Außenpolitik einen falschen Eindruck entstehen lassen. Und zwar aus zwei Gründen. Zum einen war es in der Regel nicht China, das durch eine Veränderung seines Verhaltens den Weg zur Kooperation ebnete, vielmehr machten andere asiatische Akteure den ersten Schritt. Als China in die Kulturrevolution »stolperte«, hielt zum Beispiel Japan die Kommunikationswege offen. Später waren es die Vereinigten Staaten, die durch Henry Kissingers Geheimdiplomatie eine Annäherung vorantrieben. Die diplomatische Revolution, die darauf folgte, führte zu Offerten südostasiatischer Länder und einer Annäherung an Südkorea. Das sowjetische Problem löste sich von selbst. In den 1980er Jahren lud die ASEAN (*Association of Southeast Asian Nations*) China zur Teilnahme an Handelsmessen und später zum politischen Dialog ein. Es war also nicht Chinas sich wandelnde Außenpolitik, die den Impuls zu einer neuen Sicherheitslage und zur Imageverbesserung des Landes gab, sondern umgekehrt die Veränderung des Umfelds. Zum zweiten konnte China, wie sich zeigen wird, sein Image verbessern, ohne seine großen Bestrebungen aufs Spiel zu setzen, also sein Streben nach Wohlstand, Macht und Sicherheit. China versteht es mit bemerkenswertem Geschick, den Widerstand gegen seine vier zentralen Bestrebungen kleinzuhalten. Diese beiden Punkte sind wichtige Korrektive zu der weit verbreiteten Vorstellung, China verfolge aktiv eine große Strategie der Öffnung und der Kompromisse.

Daran schließt sich meine dritte These an. Chinas große Bestrebungen sind meiner Überzeugung nach zwangsläufig revisionistisch. Mit anderen Worten, China strebt eine fundamentale Neuverteilung der Macht an und folglich eine Neugestaltung der globalen Ordnung.

Woher wissen wir das? Ein Blick auf Chinas derzeitiges Verhalten verrät nämlich nichts dergleichen. Anders als Optimisten meinen, ist Chinas Haltung gegenüber internationalen Regeln und Organisationen jedoch kein verlässlicher Indikator dafür, ob das Land eher an Revisionismus oder an der Erhaltung des Status quo interessiert ist. Nicht einmal seine Haltung zur territorialen Expansion gibt verlässliche Orientierung. Beim Revisionismus geht es nämlich vor allem um Macht: Weder Regeln noch der territoriale Status müssen infrage gestellt werden, wenn man eine Revision der internationalen Ordnung anstrebt. Aber es ist natürlich richtig, dass China – *falls* es sehr viel Macht gewinnt und in einer neuen internationalen Ordnung die Führungsrolle übernehmen kann – vermutlich Regeln und Ländergrenzen zu seinem Vorteil festschreiben wird. China ist eine revisionistische Macht, weil seine erste große Bestrebung – die Kontrolle über Grenzprovinzen wie Tibet und Xinjiang – bedeutet, dass es über die größte Bevölkerung und die umfangreichsten Naturressourcen weltweit verfügen würde. Sein zweites großes Ziel – durch den Aufbau einer ertragreichen Wirtschaft die Stellung der Kommunistischen Partei zu verteidigen – impliziert, dass es zur stärksten Wirtschaftsmacht der Welt aufsteigen und folglich in der Lage sein würde, seine Beziehungen zu anderen Ländern zu seinem Vorteil zu formen und enorm hohe Beträge für militärische Zwecke aufzuwenden. Die Umsetzung seiner dritten große Bestrebung – die Rückgewinnung verlorener Gebiete wie Taiwan und der Inseln im Südchinesischen Meer – kann nur zu einem erheblichen strategischen Vorteil gegenüber anderen Regionalmächten führen. Die Durchsetzung der wichtigsten Bestrebungen Chinas ist also darauf angelegt, die internationale Ordnung durcheinanderzubringen und, vor allem wenn Reformen in Indien scheitern sollten, etwas aufzubauen, das die Merkmale eines Imperiums trägt: eines neuen sinozentrischen Imperiums.

Aus chinesischer Sicht sind diese Ziele vernünftig, angemessen und nicht aggressiv, sondern defensiv. Aber diese Interessen und das Streben nach Sicherheit lassen auf eine Strategie der Machtmaximierung schließen, die einerseits mit den Sicherheitsinteressen der Nachbarländer unvereinbar ist und andererseits mit den Privilegien, die die führenden Staaten der gegenwärtigen globalen Ordnung genießen. Es ist nicht damit zu rechnen, dass die Brisanz dieses Sicherheitsdilemmas geringer wird.

In den letzten drei Kapiteln dieses Buchs werde ich zeigen, dass China keineswegs mit seinem bisherigen Fortschritt zufrieden ist und daher versuchen wird, seine wirtschaftliche und militärische Expansion voranzutreiben. Ob diese Bestrebungen erfolgreich sein werden, wissen wir nicht. Innen- und außenpolitisch wird der Druck wachsen. Dies kann zu dreierlei Konflikten führen. Erstens ist ein traditioneller Hegemonialkrieg zu befürchten, ein Krieg, wie ihn Robert Gilpin eindrucksvoll in seinem Buch *War and Change in World Politics* beschreibt. In diesem Fall würden die Vereinigten Staaten, die weder ihre Privilegien aufgeben noch sich dominieren lassen wollen, in einen bewaffneten Konflikt mit ihrem wichtigsten Herausforderer geraten. Das ist das eindeutigste Szenario. Aber China ist militärisch und wirtschaftlich längst noch nicht auf Augenhöhe mit den Vereinigten Staaten, ein Hegemonialkrieg ist demnach auf absehbare Zeit nicht zu erwarten. Zweitens ist ein Regionalkrieg möglich. Auch wenn China die Vereinigten Staaten noch lange nicht eingeholt hat, stellt es doch zunehmend die kleineren Mächte in seiner Nachbarschaft in den Schatten, bedroht deren Souveränität und gefährdet ihren Wohlstand. Wie ich im letzten Kapitel aufzeigen werde, hat China immer noch den Vorteil, dass seine Nachbarn geografisch, historisch und bezüglich ihrer wirtschaftlichen Interessen uneins sind, aber bei einigen sind alle Zutaten für einen Konflikt vorhanden: eine umkämpfte Grenze, eine Geschichte der Zwietracht, wirtschaftliche Konkurrenz, Nationalismus und Angst vor Chinas militärischem Potenzial. Dies gilt insbesondere für Japan, Vietnam und Indien. In einem Klima des wachsenden Nationalismus könnte die Mehrzahl der Territorialstreitigkeiten regional beschränkte bewaffnete Konflikte auslösen. Dies kann auch die Vereinigten Staaten auf den Plan rufen, sodass ein Regionalkonflikt zu einem »verfrühten« Hegemonialkrieg eskalieren würde. Auch wenn die Vereinigten Staaten nicht direkt bedroht sind, haben sie diverse Sicherheitsabkommen mit den Beteiligten getroffen, und die Aussicht eines chinesischen Sieges über seine Nachbarn wird die Angst vor Chinas Aufstieg langfristig nur verstärken. Das dritte Szenario geht von einer strauchelnden Macht aus, was in diesem Fall hieße, dass das chinesische Wirtschaftswachstum stagnieren und damit das Erreichen der großen Bestrebungen in weite Ferne rücken würde. Würde dies eintreten, ginge die Bedrohung nicht von Chinas Aufstieg aus, sondern von der Unsicherheit der chinesischen Führung und von ihrer Neigung, durch Verlagerung der Aufmerksamkeit auf äußere Bedrohungen innenpolitische Unterstützung zu gewinnen. Die Option von Zusammenbruch und Rückzug hingegen ziehe ich nicht in Betracht, auch wenn einst die Ming-Kaiser ihre Schiffe verbrannten. Angesichts der enormen Mittel, über die China im Ausland verfügt, und der modernen Kommunikationsmöglichkeiten ist ein solcher Weg heute nicht mehr denkbar.

Die drei genannten Optionen weisen über die beiden konträren Positionen, die traditionell von China-Experten vertreten werden, hinaus: Auf der einen Seite stehen diejenigen, die meinen, China werde mit wachsender Macht noch selbstbewusster auftreten, auf der anderen Seite jene, die der Ansicht sind, China werde keine kriegerische Auseinandersetzung wagen, weil es nicht dazu in der Lage sei. Doch es gilt noch mehr zu bedenken. Der Wandel im Denken und in der Rhetorik, auf den ich bereits verwiesen habe, die Hinwendung zu einem Paradigma des Friedens, könnte das Sicherheitsdilemma sogar noch verschärfen. China geht ja ebenso wie die anderen Mächte davon aus, das Recht auf seiner Seite zu haben. Chinesische Funktionäre sind aufrichtig überzeugt, dass ihr Land bemerkenswerte Zurückhaltung zeigt und große Anstrengungen unternimmt, um Konflikte zu vermeiden. Ihrer Ansicht nach hat China wichtige wirtschaftliche Signale gegeben, und natürlich sei der Anspruch Chinas auf umstrittene Gebiete wie Taiwan vollkommen legitim. Es gehe dem Land um die Wiederherstellung von Gerechtigkeit und die Beendigung unfairer Vorrechte, die sich andere Mächte in der Zeit des Imperialismus angeeignet hätten. Aber in Wirklichkeit strebt China natürlich danach, ein Imperium durch ein anderes zu ersetzen, und andere asiatische Staaten betrachten Chinas Auffassung von Kooperation zum beiderseitigen Wohle, von freier Schifffahrt und politischer Harmonie sicherlich nicht als einen Ausdruck von Fairness. Selbst wenn sich chinesische Entscheidungsträger die Gebote der Defensivhaltung, Selbstbeschränkung und Fairness zu eigen gemacht haben, bedeutet das nicht, dass sie Gewalt vermeiden wollen. Auch in dieser Hinsicht bedürfen also die eher positiven, konstruktivistischen Vorstellungen, die in der Debatte um Chinas Aufstieg schon lange en vogue sind, einer gründlichen Korrektur.

Deshalb ist das Hauptziel dieses Buchs, eine differenzierte Erklärung für die wachsenden Spannungen in Asien vorzulegen und manch naives Missverständnis auszuräumen. Daneben bietet es eine aktuelle Darstellung der wirtschaftlichen, politischen und militärischen Machtkämpfe in der Region. In den ersten Kapiteln soll – weil für das Verständnis unverzichtbar – Chinas Aufstieg im historischen Kontext skizziert werden, während sich die letzten Kapitel mit den gegenwärtigen Dilemmata beschäftigen. Die neuen Einblicke, die ich hierzu gebe, gründen auf einer Vielzahl von Interviews, Besuchen vor Ort und Daten, die belegen, dass China noch keineswegs eine saturierte Macht ist.

Das Buch richtet sich an eine breite Leserschaft – an alle, die an internationaler Politik interessiert sind, aber auch an Entscheidungsträger. Speziell an sie geht mein Rat: Hören Sie auf, so zu tun, als ließen sich Konflikte überwinden, wenn es für sie keine Lösung gibt. Es hat keinen Sinn, darauf zu beharren, man könne Frieden wahren, wenn keine Partei bereit ist, bei ihren Kerninteressen Kompromisse einzugehen. Aus diesem Grund sollte sich der umsichtige Staatsmann lieber auf eine weitere Phase größerer internationaler Turbulenzen gefasst machen, Turbulenzen, die auf andere Weltregionen ebenso wie auf andere Sphären – etwa den Cyberspace oder den Weltraum – übergreifen könnten. Jedem Staatsmann, der als echter Friedensstifter in die Geschichtsbücher eingehen will, sei empfohlen, sich meine Studie zu Herzen zu nehmen und nicht zwanghaft nur auf Vertrauensbildung, Dialog und wirtschaftliche Interdependenz zu setzen, sondern darüber hinauszudenken. Denn diese scheinbar schadensbegrenzenden Faktoren können sich als kontraproduktiv erweisen, weil sie die Aufmerksamkeit von den Grundkonflikten ablenken und den beteiligten Parteien den Eindruck vermitteln könnten, aufgrund ihrer bisherigen Bemühungen um Ausgleich hätten sie das Recht auf ihrer Seite.

Machtverschiebung oder Paradigmenwechsel

In welchem Verhältnis steht dieses Buch zu den vielen bereits vorhandenen, hervorragenden Studien zu Chinas Aufstieg? Erst einmal ist es eine Kritik an jenen Experten und

Entscheidungsträgern, die Chinas Aufstieg in Asien eher als Paradigmenwechsel und nicht so sehr als Machtverschiebung deuten. Entscheidend sei nicht, so lautet ihre Argumentation, dass China stärker wird, sondern dass es sich verpflichtet habe, seine neu gewonnene Stärke zum Wohl der Region einzusetzen und auf aggressives Verhalten zu verzichten, wie es andere Mächte in der Vergangenheit auch getan haben. Weil China den Kurs einer friedlichen Entwicklung verfolge, dürfe dieses Land vor dem Hintergrund der langen turbulenten Geschichte der Kriege, die Weltmächte gegeneinander geführt haben, als Ausnahme gelten und werde unausweichlich die internationale Machtpolitik von Grund auf ändern. – Doch das Versprechen des friedlichen Aufstiegs kann man aus unterschiedlichen Blickwinkeln betrachten. Führende chinesische Politiker behaupten gern, die Welt habe sich grundlegend verändert, also müssten sich auch Ideen fundamental ändern. »Frieden und Entwicklung sind die bestimmenden Tendenzen in der Welt«, erklärte Premier Li Keqiang. »Chinas neue Regierung wird … mit noch größerer Entschlossenheit und größerem Nachdruck eine Schicksalsgemeinschaft erschaffen, um Frieden und Wohlstand zu teilen.«[2] In seiner Studie zu Chinas neuer Diplomatie kommt Zhu Zhiqun zu dem Schluss, sie folge keinem bestimmten diplomatischen Modell, sondern suche stets nach einem neuen, schaffe sich im Handeln eine neue Identität, reformiere sich selbst und ändere unerwünschte Strategien.[3]

Ein bedeutsamer Schritt, durch den sich Chinas Identität als internationaler Akteur verändert hat, ist die Mitgliedschaft in internationalen Organisationen. Nach Ansicht des Harvard-

Professors Alistair Ian Johnston bestehen in Chinas Außenpolitik nach wie vor Spannungen zwischen Realpolitik und
Idealpolitik, aber der Multilateralismus sei zum vorherrschen-
den ideellen Konstrukt hinter Chinas Außenpolitik geworden.[4]
Aber auch innenpolitisch sei man häufig nach der Trial-and-Er-
ror-Methode verfahren. Umweltprobleme beispielsweise oder
Pandemien hätten die Funktionäre zu der Einsicht geführt,
dass ihr Land zum globalen Dorf gehört.[5] Ebenso habe die
zunehmend weltweite Präsenz chinesischer Firmen die Sicht-
weise von Entscheidungsträgern beeinflusst, die nicht mehr
nur das nationale Interesse, sondern auch den internationalen
Markt im Auge hätten.[6] Einer weiteren interessanten These
zufolge hätten chinesische Diplomaten nach einer Reihe von
Zwischenfällen mit Nachbarländern gelernt, dass altmodische
Machtpolitik für China keine Vorteile böte und es deshalb die
westliche anarchische Logik der internationalen Politik durch
die eigene Tradition der Tributpflicht ersetzen solle.[7]

Aber Chinas Weltsicht bleibt, wie viele Fachleute einräu-
men, zu misstrauisch, als dass man von einem tiefgehenden
Umbau von Ideen und Identitäten sprechen könnte. Statt-
dessen müsse man seine Politik des friedlichen Aufstiegs als
Ergebnis einer eher praktischen Einschätzung der zuneh-
menden wirtschaftlichen Verflechtung Chinas mit anderen
Ländern und als Folge der Tatsache verstehen, dass wirt-
schaftliche Entwicklung Stabilität benötigt. China brauche
Handel, um zu wachsen, und Frieden, um Handel zu treiben.
Der Grundgedanke dabei ist, dass China durch kriegerisches
Verhalten zu viel zu verlieren hätte. Expansionspolitik zahlt
sich nicht mehr aus, und jegliche Aggression würde Chinas

Wachstum gefährden. Zunehmende Abhängigkeit vom Handel habe auch für größere Verwundbarkeit gesorgt. China sei heute, was sicheren Seehandel, stabile Finanzmärkte und klare ökonomische Regeln betrifft, auf andere Länder angewiesen. Der Anreiz für Kooperationen sei also enorm und diese seien überdies inzwischen institutionell verankert. China erkennt zwar, dass regionale Organisationen seine Beweglichkeit einengen können, aber es sieht auch, dass kein Weg zurück führt und das Land deshalb lernen sollte, mithilfe dieser Gremien die eigene Agenda friedlich voranzubringen, da aggressiver Unilateralismus die Organisationen gegen China aufbringen könnte.[8] Überdies hat China als wettbewerbsorientierte Handelsnation wachsendes Interesse daran, eine offene Wirtschaftsordnung, Freihandel und solide Richtlinien für den internationalen Handel zu fördern. Der Geist der Kooperation strahlt auch auf die Sicherheitspolitik aus. Weil Chinas Sicherheitsinteressen zunehmend global ausgerichtet sind, ist das Land auch an internationaler Zusammenarbeit in Sicherheitsfragen interessiert. »China sollte eine verantwortungsbewusste Macht sein«, schreibt Wang Yizhou von der Universität Peking, »und einen größeren Anteil der Last in der internationalen Sicherheitskooperation schultern.«[9] Allerdings ist wirtschaftliche Entwicklung keine eherne Garantie für Frieden, wie David Rapkin und William Thompson betonen: »Zwar mag die gegenseitige Abhängigkeit Prozesse der Konflikteskalation hemmen, aber sie schafft auch ernste wirtschaftliche Spannungen, die ohne weiteres die konfliktdämpfende Wirkung kompensieren oder zunichte machen können.«[10]

Durch liberale Handelspolitik motivierter Friede ist für eine sich entwickelnde Wirtschaftsnation sinnvoll. Allerdings haben Beobachter von Chinas Aufstieg dargelegt, dass der Handel die Fixierung auf Sicherheit, Grenzen und Militär nicht ganz verdrängen konnte. Aus dieser Sicht kann der friedliche Aufstieg für China immer noch der beste Weg sein, Sicherheit zu erlangen. Defensive Realisten erkennen, dass die Konflikte zwar fortbestehen, aber die chinesische Regierung keineswegs versucht, das internationale System umzustoßen, sondern begreift, dass Aggression einen enorm hohen Preis fordern würde. Tang Shiping, Professor an der Fudan Universität, vertritt diesen Standpunkt energisch: »Mag sein, dass China mächtiger wird, es ist jedoch unwahrscheinlich, dass es seine neu gewonnene Macht nutzen wird, um andere Staaten vorsätzlich zu bedrohen. ... Wenn es ein Sicherheitsdilemma zwischen China und einem anderen Staat gibt, werden zwei wahrhaft defensiv realistische Staaten einen Weg finden, ihre wahren freundlichen Absichten zu signalisieren und ihre Differenzen beizulegen.« Während Tang diese Haltung vor allem auf diplomatische Lektionen unter Deng Xiaoping zurückführt, meinen andere, China müsse sich nur wegen seiner Verwundbarkeit defensiv verhalten. Andrew Nathan und Andrew Scobell, zwei erfahrene politische Beobachter, erklären hierzu: »Die Hauptaufgaben der chinesischen Außenpolitik sind nach wie vor defensiv: destabilisierende Einflüsse von außen abzuschwächen, Gebietsverluste zu vermeiden, den Argwohn der Nachbarstaaten zu beschwichtigen und Bedingungen zu schaffen, die das Wirtschaftswachstum fördern.«[11] In seinem Buch *Partial Power*, ein maßgebliches Werk über das China der Gegenwart, erläutert David Shambaugh: »Die chinesische Diplomatie bleibt bemerkenswert risikoscheu und wird von engen nationalen Interessen geleitet.«[12] Der defensive Realismus wirft erhebliche Probleme auf, und Vertreter dieser Denkrichtung haben auf zwei Kritikpunkte bisher wenig zu erwidern: Absichten können sich zum Schlimmeren wenden, und falls Zurückhaltung ein zeitweiliges Ergebnis von Schwäche ist, wird man sie aufgeben, sobald China mehr Macht gewinnt.

Hier stoßen wir auf eher skeptische Denkrichtungen der internationalen Politik. *Neoklassische Realisten* beharren darauf, man könne China nicht vertrauen. China sei nicht bloß machthungrig, sondern ein autoritärer Staat, der nach Macht hungert. Das ist ein großer Unterschied: Wenn Asien von einem autoritären China dominiert werden sollte, schwinden die Chancen auf liberale Reformen bei seinen nichtdemokratischen Nachbarn erheblich, meint Princeton-Professor Aaron Friedberg. Selbst die etablierten Demokratien der Region könnten sich beeinträchtigt sehen. Mit seinem wachsenden globalen Einfluss und Wirkungsbereich werde China nichtdemokratische Regime noch tatkräftiger unterstützen und seine eigenen innenpolitischen Verhältnisse als praktikable Alternative zum liberal-demokratischen Kapitalismus des Westens darstellen können.[13] Neoklassische Realisten überrascht es kaum, wenn ein Land wie China seine Macht maximieren will; durch die Ungleichheit in der Weltordnung wird das Land sogar dazu ermuntert. Es wird zudem, davon gehen sie aus, seinen Einfluss auf die internationale Politik geltend machen, sobald es genügend Selbstbewusstsein aufgebaut hat. Was dies jedoch ganz besonders problematisch erscheinen lasse, sei Chinas innenpolitisches System. Es sei praktisch darauf angelegt, die existierende liberale Weltordnung zu zerstören, sobald es die Mittel dazu besitzt. Experten wie Friedberg geben sich redlich Mühe, nicht in den Verdacht des China-Bashing zu geraten, aber die Folgerungen aus seinem Ansatz haben doch starke Ähnlichkeit mit dem Kampf zwischen Gut und Böse. Die Ursache des Konflikts ist struktureller Art; die wahre Bedrohung liegt in der chinesischen Politik, in seiner diktatorischen Verfasstheit, seinem Staatskapitalismus, seinem Nationalismus, seiner Tradition als Kaiserreich und – schlimmer noch – seinem Militarismus.

Offensive Realisten nehmen ebenfalls eine skeptische Haltung ein. Die ungleiche Struktur der internationalen Politik zwingt nach dieser Lehrmeinung die Mehrheit der Entwicklungsländer wie China, den Versuch zu unternehmen, diese Ordnung zu verändern, was eine Herausforderung für die dominierenden Staaten darstellt. Das Verlangen nach Macht sei daher stets präsent und die dominierenden Staaten demonstrierten täglich, wie sie funktioniert. Der Revisionismus warte nur auf die richtige Gelegenheit, um sich durchzusetzen – einen technischen Durchbruch, ein effizientes Wirtschaftsmodell oder einen Fehler der herrschenden Mächte. Offensive Realisten leugnen jedoch, dass Innenpolitik und Ideologie den entscheidenden Unterschied ausmachen. Im Fall Chinas verhält sich für die offensiven Realisten die Regierung genau so, wie es jede andere Regierung eines großen Entwicklungslandes tun würde, wenn es die Chance hätte, das heißt, es würde seine Macht maximieren, um zur Hegemonialmacht zu werden.

Solange die Niederlage droht, bleiben die Regierenden ruhig und zeigen Zurückhaltung, aber sobald sie eine dominante Stellung erlangen, werden sie Zwangsmaßnahmen nicht scheuen, um ihren Einfluss geltend zu machen. Niemand hat diese Meinung nachdrücklicher vertreten als John Mearsheimer: »China wird dafür sorgen wollen, so mächtig zu werden, dass kein Staat in Asien in der Lage ist, es zu bedrohen. Es ist unwahrscheinlich, dass China militärische Überlegenheit anstreben wird, um auf den Kriegspfad zu gehen und andere Länder in der Region zu erobern, obwohl diese Möglichkeit durchaus besteht«, so Mearsheimer. »Von einem sehr viel mächtigeren China darf man auch erwarten, dass es versucht, die Vereinigten Staaten aus dem asiatisch-pazifischen Raum zu verdrängen, ähnlich wie die Vereinigten Staaten die europäischen Großmächte im 19. aus der westlichen Hemisphäre verdrängt haben.«[14] Obgleich kaum ein chinesischer Experte für internationale Politik sein Land als die künftige asiatische Hegemonialmacht porträtieren möchte, bieten einige von ihnen Rezepte im Sinne des offensiven Realismus an.

Ich glaube, dass die offensiven Realisten Chinas Aufstieg richtig deuten. Für mich ist es einleuchtend, dass der neoklassische Realismus nicht überzeugt. Schließlich könnte man sich durchaus vorstellen, dass ein erfolgreiches China Merkantilismus gegen Freihandel tauscht und sich in Richtung Demokratie bewegt, aber dennoch die anderen Mächte mit denselben Sicherheitsdilemmata konfrontiert wie zuvor. Auch besteht kein Grund zu der Annahme, dass ein demokratisches China den Anspruch auf sogenannte verlorene Gebiete fallenlässt. Bis vor wenigen Jahren hatte ich den Eindruck,

Chinas Außenpolitik schwebe irgendwo zwischen einem defensiven Realismus und einem Interdependenz-Liberalismus. Oft fiel es mir schwer, nicht auf die Argumente der Funktionäre hereinzufallen, Zurückhaltung sei die einzige Möglichkeit für China, wenn es überleben wolle. »Unsere Disziplin verdanken wir der Geopolitik«, erklärte ein Funktionär der Internationalen Abteilung der Kommunistischen Partei. »Würden wir uns einem Land gegenüber aggressiv verhalten, hätten wir Probleme mit allen zwanzig Nachbarn.« Der Wunsch, einen Teil der verlorenen Gebiete zurückzubekommen, ändert daran nicht viel. Viele dieser Ansprüche sind ebenso berechtigt oder problematisch wie die Ansprüche anderer Länder. Solange die Vereinigten Staaten an Chinas Küsten herumspionierten, konnte die Modernisierung seiner Flotte als Verteidigungsbemühung gelten. Überdies schienen chinesische Entscheidungsträger aufrichtig überzeugt zu sein, ihr Land müsse eine offene, globale Wirtschaftsordnung unterstützen und der Staatskapitalismus einer echten Marktwirtschaft weichen – Schritt für Schritt natürlich, so wie es bei anderen aufstrebenden Mächten geschehen war. Zugleich engagierte sich China eifrig in internationalen Organisationen und zeigte wachsendes Interesse am Schutz der globalen öffentlichen Güter. Auch kann niemand leugnen, dass immer mehr chinesische Experten die Beschäftigung mit traditioneller Machtpolitik zugunsten von Themen wie internationales Recht, Public Diplomacy und weiche Machtinstrumente aufgaben. Dennoch waren nicht alle meine Zweifel ausgeräumt.

In der Argumentation der realistischen Optimisten stachen mir zwei unübersehbare Fehler ins Auge. Zum einen konnten sie den Kritikpunkt nicht ausräumen, China werde mit wachsender Macht selbstbewusster auftreten und sein Machtzuwachs werde bei anderen Widerstand wecken. Natürlich ist nicht von der Hand zu weisen, dass das Land heute noch schwach ist und Zurückhaltung deshalb ratsam erscheint. Der Augenblick, in dem China die Vereinigten Staaten überflügelt, liegt noch in weiter Ferne, sollte er überhaupt je kommen. Ebenso der Moment, den Robert Gilpin in seiner *Power-Transition*-Theorie als Systemkrise beschreibt. Dennoch: Auch wenn China noch keine voll entwickelte Macht ist, wird es mit seiner wirtschaftlichen und militärischen Macht seine Nachbarn bald überflügeln, was die Hemmschwelle für Zwangsmaßnahmen senken könnte: Auch Mächte minderer Stärke können andere schikanieren. China versucht, seine Sicherheit durch Macht zu stabilisieren, und sein Zugewinn an Macht schränkt die Sicherheit seiner Nachbarn ein. Dieses Sicherheitsdilemma wird mit der Verschiebung der Machtverhältnisse immer drängender. Es kann gewagtere Ausgleichsversuche hervorrufen und das Risiko erhöhen, dass Zwischenfälle eskalieren oder außer Kontrolle geraten. Andererseits – und in Zusammenhang mit dem eben Gesagten – begründen Optimisten ihre Argumentation mit der Einschätzung von Chinas jüngstem Umgang mit internationalen Regelungen und Organisationen. Man kann nicht leugnen, dass die Volksrepublik wachsendes Interesse an multilateraler Zusammenarbeit zeigt und sich hier aktiv betätigt, allerdings bleibt diese Aktivität selektiv. Wenn es zum Beispiel um Seerechtskonflikte geht, ist sie nicht gefragt. Chinas Zurückhaltung bei dieser kritischen Frage verlangt die Auseinandersetzung mit dem Gegenargument der Skeptiker, China werde auf den Unilateralismus zurückgreifen, sobald es genügend Macht besitzt. Aber es gibt noch mehr Aspekte, auch auf den niedrigeren politischen Ebenen, weil unsicher ist, ob die multilaterale Zusammenarbeit von Dauer sein wird. Das hat nicht nur mit Chinas Rolle zu tun, sondern auch damit, dass andere Mächte Multilateralismus weniger hilfreich finden könnten, wenn Peking genügend Einfluss gewinnen sollte, um Interessen voranzubringen, die den ihren zuwiderlaufen.

Das führt uns zu einem weiteren erheblichen Defizit der optimistischen Einschätzungen. Ebenso wie die neoklassischen Realisten konzentrieren sich die Optimisten in ihrer Argumentation im Wesentlichen allein auf China und erklären, wie China die internationale Ordnung beeinflusst. Hingegen versäumen sie es zu analysieren, wie sich die internationale Ordnung auf China auswirkt und die Präferenzen des Landes formt. Chinas Aufstieg unter strukturellen Aspekten zu betrachten ist aus mehreren Gründen ratsam. Erstens erleichtert ein struktureller Ansatz das Verständnis dafür, wie die internationale Ordnung die Ziele und Anstrengungen Chinas beeinflusst: Angesichts der Führungsrolle der Vereinigten Staaten in der bestehenden Ordnung möchte China mit den USA weitgehend gleichziehen. Deshalb wird innenpolitisch Fortschritt mit Konsumismus gleichgesetzt, Konsumismus mit hohen Einkommen, hohe Einkommen mit einer wettbewerbsfähigen Industrie und eine wettbewerbsfähige Industrie mit technologischer Innovation. Außenpolitisch wird Fortschritt an der Fähigkeit gemessen, die eigene Souveränität zu schützen, nach dem Vorbild der Vereinigten Staaten im gesamten Spektrum der Hightech-Kriegsführung aufzurüsten, den internationalen Handel zu gestalten, die internationalen Regeln mitzubestimmen und als starke Nation geachtet zu werden. Zweitens lenkt ein struktureller Ansatz unsere Aufmerksamkeit auf die Tatsache, dass die bestehende Struktur der internationalen Politik China daran hindert, all das zu erlangen. Drittens führt er uns die Tatsache vor Augen, dass China seine Ziele nur erreichen kann, wenn es seine Macht maximiert und die Struktur internationaler Politik ändert. Sicherheit und Machtmaximierung sind zwei Seiten ein und derselben Medaille. Viertens zwingt dieser Ansatz uns zu der Erkenntnis, dass, sollte es China gelingen, eine solche Transformation auf struktureller Ebene durchzusetzen, damit die Sonderrechte der Starken beendet und die Schwachen noch hemmungsloserer Ausbeutung ausgesetzt werden. Der strukturelle Ansatz impliziert folglich, dass es keinen Grund gibt, den Revisionisten Vorwürfe zu machen, weil ihre Bestrebungen nicht weniger nachvollziehbar sind als die Ansprüche der derzeitigen Führungsnationen und ihre Politik ebenso destabilisierend wirkt wie die der heutigen Führungsmächte zu der Zeit, als sie zu ihrer Vormachtstellung aufgestiegen sind. Auch macht es wenig Unterschied, ob dies durch das Festhalten an den existierenden internationalen Regeln geschieht oder nicht. Das Ergebnis ist das gleiche und bedeutet, dass andere Länder wiederum weniger imstande sein werden, ihre Interessen zu verfolgen, und sei es nur, weil der Erfolg der neuen Macht neue Begehrlichkeiten schafft.

Das sind also die Argumente der offensiven Realisten. Tatsächlich zeigt eine sorgfältige Lektüre von John Mearsheimers ersten Arbeiten zu China – lässt man die Reaktionen außer Acht, die seine unverblümte Art häufig hervorgerufen hat –, dass der offensive Realismus einen recht unvoreingenommenen Blick auf Chinas Aufstieg bietet. Was mich letztlich veranlasst hat, mich der Haltung des offensiven Realismus anzuschließen, war nicht die Behauptung, China sei selbstbewusster geworden. Chinas konfrontative Reaktion auf das Muskelspiel Nordkoreas und die 2010 aufgetretenen Spannungen um die offenen Seerechtsfragen waren schließlich auch die Folge einer klaren Positionierung der Vereinigten Staaten und ihrer Partner. Vielmehr haben mich verschiedene Forschungsprojekte zu speziellen Themen – wie Chinas militärischer Wandel, seine Rolle in regionalen Organisationen und seine Wirtschaftspolitik – zu einer wichtigen Schlussfolgerung geführt: Ungeachtet der Beteuerungen führender chinesischer Politiker hinsichtlich ihrer großen Friedensstrategie für Asien, können diese konkreten Strategien nur funktionieren, wenn China faktisch ein neues Imperium erschafft und in der Lage ist, die souveränen Entscheidungen seiner Nachbarn zu beeinflussen. Es erschien mir unwahrscheinlich, dass sich diese Strategien ändern würden. Noch unwahrscheinlicher ist, dass Länder wie Japan, Indien, Vietnam und die Vereinigten Staaten die sich daraus ergebende regionale Ordnung akzeptieren würden. Gleichzeitig verdeutlichte eine Untersuchung des imperialen Entwicklungswegs von Großmächten in der Vergangenheit, wie aufstrebende Mächte ihre Ziele erreichten, indem sie nämlich ihren regionalen Einfluss im Gefolge privater Wegbereiter schrittweise festigten, und wie sie scheiterten, wenn sie dabei zu schnell operierten. Dieser imperiale Entwicklungsgang verdeutlicht, dass manche Mächte unterschwellig und oft sogar unabsichtlich ihre zunächst defensive Politik zugunsten einer offensiven aufgeben. Dies lenkte meine Aufmerksamkeit auch auf ein wichtiges fehlendes Element im offensiven Realismus: Aufstrebende Mächte suchen ihr Heil in aggressivem Vorgehen nicht vor allem dann, wenn sie erfolgreich sind, sondern wenn sie scheitern.

Chinas Aufstieg ist natürlich an sich bereits ein interessantes Thema, doch in den folgenden Kapiteln möchte ich es in einen größeren Zusammenhang mit den Debatten der internationalen Politik setzen. Zum Beispiel werde ich belegen, dass einem Land wie China gar nichts anderes übrigbleibt, als revisionistisch zu agieren. Der Status quo ist für China keine Option. Nationale Interessen sind zwar nicht vorherbestimmt, aber es besteht kein Grund zu der Annahme, China werde seine Ziele aufgeben, seine Bürger so reich zu machen wie die Bevölkerung der Industrieländer oder seine Grenzgebiete zu kontrollieren und verlorene Territorien mit dem Mutterland wiederzuvereinen. Sich darum nicht mehr zu bemühen, könnte das Ende der Führungsrolle der Kommunistischen Partei bedeuten, ja sogar das Ende der Volksrepublik in ihrer heutigen Form. China muss die internationale Ordnung ändern, weil die gegenwärtige Machtverteilung nicht zulässt, dass China seine Interessen verwirklicht. Richtig verstanden, kann der Begriff Revisionismus die Spannungen, die Chinas Aufstieg begleiten, erklärbar machen. Revisionismus ist, wie bereits erwähnt, nicht gleichbedeutend mit territorialer Expansion, Aggression oder dem Wunsch, die bestehenden Regeln und Organisationen zugrunde zu richten. Im Wesentlichen ist Revisionismus das Bestreben, die Verteilung wirtschaftlicher Macht zu ändern, und das kann ohne weiteres innerhalb der geltenden Normen geschehen. Aber anders als die neoklassischen Realisten meinen, ist damit die Kampfansage an andere Länder nicht weniger ernst.

Im engen Zusammenhang damit steht die Debatte um den Multilateralismus. China hat die regionalen Organisationen Asiens genutzt, um bei seinen Nachbarn Vertrauen aufzubauen. Offensichtlich hatten sich chinesische Funktionäre mit den Regeln der multilateralen Zusammenarbeit vertraut gemacht und Vorschläge aufgegriffen, die bei Regionaltreffen von kleineren Ländern vorgelegt wurden. Dennoch bleibt Multilateralismus eine Form der Machtpolitik mit anderen Mitteln: Er ist eine Art Spiel mit dem Feuer. Großmächte offerieren Akzeptanz, Legitimierung und Einfluss und sichern sich im Gegenzug einen gewissen Gehorsam. Einmal etabliert, dient Multilateralismus vornehmlich der Beschwichtigung kleinerer Länder, als ein Deckmantel für bilaterale Verhandlungen und als Mittel der Durchsetzung eigener Ansprüche. Mächte wie China versuchen zudem, eigene Medien der regionalen Kooperation, parallel zu den vorhandenen, ins Spiel zu bringen. In Chinas Beziehungen innerhalb Asiens ist neben dem Revisionismus und Multilateralismus auch die zunehmende Komplexität des wirtschaftlichen Nationalismus zu erkennen. Bei Chinas gegenwärtigem wirtschaftlichem Nationalismus geht es nicht um Widerstand gegen die Globalisierung und nicht einmal um den engen Merkantilismus, der sich auf die Zahlungsbilanz fixiert. Chinas wirtschaftlicher Nationalismus zielt darauf, die wirtschaftliche Globalisierung zu manipulieren, lukrative Teile des Welthandels an sich zu ziehen, internationale technische Standards vorzugeben und seine Firmen in den globalen und regionalen Lieferketten strategisch zu platzieren. Chinas Aufstieg zeigt also, dass Machtpolitik sich durchaus weiterentwickelt hat und raffinierter geworden ist, aber er weckt auch eine große Sorge: Niemand kann uns sagen, ob dieses Entwicklung von Dauer sein wird.

Kapitel 2

Revolutionäre Ouvertüre

Ausgeplündert, hungrig, müde: In diesem Zustand befand sich China, als Mao Zedong 1949 die Volksrepublik ausrief.[1] Von einer Gesamtbevölkerung von 540 Millionen Menschen warteten 110 Millionen im Süden voller Angst auf die entscheidende Kraftprobe in einem Bürgerkrieg, der seit über zwanzig Jahren zwischen den Kommunisten und den Nationalisten der Kuomintang wütete.[2] Die übrigen 430 Millionen hatten mit der altbekannten Armut und einer neuen politischen Realität zu kämpfen. Ein jahrzehntelanger Krieg hatte in den Dörfern die Lebenserwartung auf fünfunddreißig Jahre sinken lassen, die Bewässerungskanäle zerstört und einen Großteil des Viehbestands vernichtet. Kaum ein Drittel der chinesischen Bauern besaß einen Ochsen, um das Land zu bestellen.[3] Die Kommunisten hatten eine Bodenreform durchgeführt und die Bauern vom erdrückenden Feudalsystem befreit, schickten aber auch neugierige Parteikader, schufen neue Gesetze und erhoben Steuern, um die Lebensmittelpreise in den Städten zu senken. Die meisten dieser Städte hatten Mao einen Vertrauensbonus gegeben, aber Inflation, Hunger und Arbeitslosigkeit strapazierten die Geduld der Menschen. Die Fabriken in der Mandschurei waren im Krieg zerstört oder von den Sowjets teilweise demontiert worden.[4] Was nach der blutigen Belagerung durch die Nationalisten von den wichtigen Industrieanlagen um Shanghai geblieben war, wurde ins Hinterland verlegt, weg von den Imperialisten und näher an die Bergwerke. Ungefähr drei Millionen Stadtbewohner wurden gezwungen, mit den Fabriken umzuziehen.[5] »Wo immer es hier Leben gibt«, schrieb ein bekannter chinesischer Romancier, »herrscht Kampf.«[6] Kein Wunder, dass das chinesische Volk den Frieden ersehnte.

Die vier großen Bestrebungen

Doch sosehr sich das Volk Frieden wünschte, Mao wollte zuallererst Macht. Fest steht, dass viele chinesische Führer Stabilität für unverzichtbar hielten. Mao selbst erklärte: »Die wichtigste Frage zum gegenwärtigen Zeitpunkt ist die Frage der Herbeiführung des Friedens. China braucht einen Zeitraum von drei bis fünf Jahren Frieden, der genutzt werden kann, um die Wirtschaft wieder auf das Vorkriegsniveau zu bringen.« Premierminister Zhou Enlai schlug in dieselbe Kerbe: »Wenn wir uns nicht auf die Produktion konzentrieren, worauf sollen wir dann den militärischen Feldzug und die Konsolidierung unseres Sieges stützen? Produktion ist die grundlegende Aufgabe unseres neuen China. Wenn wir nicht genug zu essen haben, werden wir nicht imstande sein, irgendetwas anderes zu tun.«[7]

Aber der Frieden war trügerisch. Der kommunistischen Ideologie zufolge ist wahrer Frieden schwer zu erreichen.

Mao selbst zitierte dazu Wladimir Lenin mit der Aussage, der Kampf zerstöre unaufhörlich einen relativen Zustand zugunsten eines anderen relativen Zustands und Frieden bedeute nur, dass der Kampf vorübergehend weniger heftig geworden sei. Es ist bekannt, dass Mao eine Vision vom dauerhaften Frieden hatte, aber auch annahm, Frieden müsse auf Harmonie beruhen und Chinas Vorstellung von Harmonie würde bei den führenden Mächten auf Widerstand stoßen.

Neben ideologischen hatte China aber auch genügend praktische Gründe, um skeptisch zu bleiben. Mao verabscheute die Aussicht auf einen Frieden, in dem sich die Bauern in ihre unbedeutende Existenz zurückziehen würden, ohne rund um die Führung der Kommunistischen Partei einen starken Staat zu errichten. Er lehnte Frieden ab, wenn China damit wieder zum rückständigen Opfer von wirtschaftlicher Ausbeutung und Handel zu unfairen Bedingungen werden sollte. Auch verurteilte er einen Frieden, der den Mächtigen erlaubt hätte, Chinas Nachbarn zu dominieren. Es ging Mao also nicht nur um den Frieden an sich, sondern auch um die Friedensbedingungen.

Macht wurde in dieser Zeit als Grundvoraussetzung für einen segensreichen Frieden angesehen. Man braucht nicht viel Phantasie, um sich vorzustellen, wie diese Sorge und dieses Gefühl der Unsicherheit entstanden waren. Die Führungsriege war nach zwanzig Jahren im Guerillakampf soeben in die stillen Höfe von Zhongnanhai eingezogen, einen ummauerten Gebäudekomplex unweit der Verbotenen Stadt, und die Welt dort draußen barg für sie nach wie vor viele Schrecken. Im Winter 1949 sah Mao auf seiner Landkarte immer noch die verbliebenen Einheiten der Kuomintang – in den heutigen Provinzen Yunnan, Chengdu, Guangxi, auf mehreren Inseln vor der chinesischen Küste, auf Hainan und natürlich auf Taiwan, das in den kommenden Jahrzehnten ein Bollwerk des Widerstands bleiben sollte. Von diesen Inseln aus überfielen die Nationalisten nach wie vor das Festland und seine Versorgungswege zur See. Im Süden lag das Unruhegebiet Tibet. Der äußerste Westen, die widerspenstige Region Xinjiang, wo die Ostturkestan-Bewegung operierte, wurde von der Sowjetunion nach wie vor mittels Aktiengesellschaften, Bergbaukonzessionen, Eisenbahn und unfairem Handel ausgebeutet; dasselbe galt für die Innere Mongolei, die Mandschurei und Port Arthur.[8] 1950 hatte die Volksrepublik offiziell die Kontrolle über den Großteil dieser Gebiete, aber der Widerstand nahm überhand. Je weiter Maos Regime vordrang, desto halsstarriger forderte der Nachbar im Norden Gehorsam. Die andere Imperialmacht durchstreifte unterdessen weite Teile von Chinas Peripherie. Die Vereinigten Staaten hatten 8000 Soldaten in Südkorea stationiert sowie 13 000 Mann in Japan, sie bauten Militäranlagen auf Okinawa, unterhielten Militärberater auf Formosa und erweiterten ihre Pazifikflotte durch einen zusätzlichen Flugzeugträger.[9] Zu Hause in Washington haderten die Politiker, ob sie China in Schach halten oder destabilisieren sollten. In Südostasien waren nahe der chinesischen Grenze 120 000 französische Soldaten stationiert, um einen Vorstoß der »Roten« nach Indochina zu verhindern. Paris war mit Washington und London einer Meinung, China nicht anzuerkennen, um das Land so lange wie nötig unter Kontrolle zu halten.[10]

China musste seinen Nationalstaat also in einem unsicheren Kontext aufbauen. Der Aufbau des Nationalstaats beruhte auf vier großen Bestrebungen. Zuallererst ging es darum, die Kontrolle über Grenzregionen wie Yunnan, Tibet, Xinjiang, die Innere Mongolei und so weiter zu festigen. Zweitens musste die Partei ihre Anerkennung als legitime politische Struktur erreichen. Für ihre Führungsriege lag auf der Hand, dass dazu die Stabilität gesichert, die Bevölkerung ernährt und ein kontinuierliches Wirtschaftswachstum ermöglicht werden musste. Drittens musste China dafür sorgen, dass seine Souveränität respektiert wurde: auf dem Papier durch diplomatische Anerkennung und in der Praxis durch Widerstand gegen die Einmischung von Großmächten. Viertens sollte eine starke chinesische Nation ihr verlorenes Territorium zurückgewinnen. Berühmt wurde Maos Ausspruch im Bürgerkrieg: »Unsere chinesische Nation ist von dem Geist beseelt, die blutigen Kämpfe gegen ihre Feinde bis zuletzt auszufechten, sie ist entschlossen, ihre verlorenen Gebiete und ihre verlorene nationale Ehre aus eigener Kraft wiederzugewinnen, sie verfügt über die Fähigkeit, inmitten der Nationen der Welt auf eigenen Füßen zu stehen.«[11] Nach 1949 lag das Hauptaugenmerk auf Taiwan. Die sogenannte Wiedervereinigung mit Taiwan und einigen anderen von der Kuomintang kontrollierten Inseln wurde zur »heiligen Aufgabe« der Führung. Aber China bestand auch darauf, einige Gebiete an der umstrittenen Grenze zu Indien zurückzugewinnen. 1954 erkannte der indische Premierminister Jawaharlal Nehru, gegen den ausdrücklichen Willen anderer Politiker, Tibet als Teil Chinas an. Zwei Jahre später erklärte Zhou Enlai im Gespräch mit

Nehru, er könne weitgehend mit der McMahon-Linie – der Grenze, wie sie mit der Shimla-Konvention von 1904 zwischen dem Kaiserreich China und Britisch-Indien gezogen worden war – leben, die Voraussetzung seien allerdings Verhandlungen auf Augenhöhe, was Delhi ablehnte. Von da an schwelte der Konflikt zwischen beiden Seiten. Die Nichtanerkennung der beiden größten Gebiete, die heute Aksai Chin und Arunachal Pradesh heißen, hat eher symbolischen Charakter. China rechnet nicht wirklich damit, Arunachal zu erhalten, und Indien hofft nicht ernsthaft, Aksai Chin zurückzugewinnen, aber um mehrere kleinere Gebiete wie Tawang, Bomdi La und Daulat Beg Oldi sind Konflikte entbrannt.

China interessierte sich auch für die Inseln im Südchinesischen Meer. Als Japan seinen Anspruch auf die Paracel- oder Xisha-Inseln, die Spratly- oder Nansha-Inseln sowie die Pratas- oder Dongsha-Inseln aufgab, erklärte China prompt, die Inseln gehörten zu seinem »unantastbaren Hoheitsgebiet«. Zhou Enlai vertrat zudem die Neun-Striche-Linie, die Chinas Territorialansprüche auf den Großteil des Südchinesischen Meeres ausdehnte, und unterzeichnete 1958 die *Declaration on Territorial Seas*, die offiziell die Rückgabe der drei Inselgruppen forderte.[12] Länger brauchte Peking, um seine Hoheitsanspruch über das Ostchinesische Meer geltend zu machen. Die Senkaku- oder Diacyu-Inseln unterstanden seit 1895 japanischer Kontrolle, aber China missbilligte den 1951 geschlossenen Friedensvertrag von San Francisco, der die Inseln den Amerikanern übereignete. Erst 1958 erhob China erstmals Anspruch auf die Inseln, der bekräftigt wurde, als man 1969 im Ostchinesischen Meer Erdöl fand. 1970 erklärte China erstmals, es habe Anrecht auf das Kontinentalschelf, das teilweise bis zu 500 Kilometer vor die chinesische Küste reicht und nicht einmal 250 Kilometer vor der japanischen Insel Okinawa endet.

Aus der Sicht Chinas waren diese vier großen Bestrebungen vernünftig und gerechtfertigt. Die Betonung lag darauf, das Land wiederaufzubauen und zu verteidigen, es ging nicht um Angriff oder Expansion. Wenn es eine revisionistische Macht gab, dann, so beharrte China, waren es die Vereinigten Staaten, die die Region mit ihren Kriegsschiffen bedrängten, rechtswidrig Truppen an strategisch wichtigen Orten stationierten und mit ihren Kampfjets immer wieder Luftraumverletzungen begingen. Die Sowjetunion war nicht viel besser, aber das durfte bis Ende der 1950er Jahre nicht offiziell gesagt werden. Das führt uns zur wichtigsten Auswirkung der vier großen Bestrebungen: Wenn Chinas Projekt, in einem derart prekären Umfeld einen Nationalstaat aufzubauen, gelingen sollte, dann musste es die Vorherrschaft der Supermächte brechen und seine Position als mächtigster Staat in Asien wiederherstellen. Dass China die Macht der Vereinigten Staaten und der Sowjetunion untergraben wollte, stand fest. Bereits 1937 verkündete Mao das Ziel, eine neue Weltordnung zu schaffen, die den Einfluss der führenden Mächte beschneiden würde, und dies lässt sich seither als roter Faden in Chinas Außenpolitik verfolgen.[13] In den 1950er Jahren sollte es in Zhou Enlais »Fünf Prinzipien der friedlichen Koexistenz« eingebettet werden: Respekt für die territoriale Integrität und Souveränität, Nichtaggression, Nichteinmischung, Gleichheit und beiderseitiger Nutzen sowie friedliche Koexistenz. In den 1970er Jahren fasste Mao seine Pläne für eine neue internationale Ordnung in seiner *Drei-Welten-Theorie* zusammen. Die dritte Welt und die zweite Welt sollten sich zusammentun, um die beiden Supermächte der ersten Welt in die Schranken zu weisen. Für die chinesische Führung bedeutete dies die Wiederherstellung der Fairness in der internationalen Politik, um deren Privileg auf die Ausbeutung schwächerer Länder zu beenden, ihre Einmischung in die inneren Angelegenheiten anderer zu stoppen und Respekt für Staaten mit anderen Entwicklungsverläufen zu sichern. Aus chinesischer Sicht und auch in ethischer Hinsicht waren viele dieser Bestrebungen durchaus legitim, aber Voraussetzung für die Realisierung dieser Agenda war wiederum eine Umverteilung der Möglichkeiten unter den Staaten und damit eine größere Verschiebung der Machtverhältnisse.

Weniger deutlich wurde das Ziel formuliert, die größte Macht in Asien zu werden. Offiziell bestritt die chinesische Führung, sie strebe die Hegemonie oder ein neues Imperium an, und betonte, sie wünsche, dass alle sozialistischen Länder gleichzeitig mehr Wohlstand erlangten. Aber die Schaffung eines neuen chinesischen Imperiums im geopolitischen Herzen Asiens war das logische Ergebnis mehrerer operativer Ziele. Die Anstrengungen, sich Grenzregionen wie Tibet und Xinjiang einzuverleiben, die das traditionelle Kerngebiet an der Küste umgaben, bedeuteten, dass in Asien eine Nation mit einer höchst eindrucksvollen Akkumulation von Ressourcen staatlicher Macht – im Hinblick auf Demografie, Landesfläche, Landwirtschaft, Bodenschätze und Wasser – geschaffen werden sollte. Das Ziel, dasselbe Niveau industrieller Produktion und technischer Innovation zu erreichen, das bereits 1950 skizziert worden war, hieß, dass China global und regional zur größten Wirtschaftsmacht werden würde – und als einzig möglicher Konkurrent Indien übrigbliebe. Die Wiedervereinigung mit Taiwan und die Wiedererlangung verlorener Gebiete mit allen denkbaren Mitteln implizierte, dass China die militärischen Mittel benötigte, um seine Nachbarn und die Vereinigten Staaten abzuschrecken und zu besiegen – möglicherweise auch durch die Bildung einer Allianz. Der Wunsch, eine sichere Nachbarschaft herbeizuführen, setzte Einfluss auf die Prioritäten der benachbarten Regierungen voraus; auch sollten sie nicht auf die Idee kommen, die Präsenz anderer Weltmächte auf ihrem Territorium zu ermöglichen. Für China bestand die einzige Möglichkeit, sich für alle diese Bestrebungen einzusetzen, darin, das mächtigste Land Asiens zu werden. Das führt uns wieder zum Grundprinzip von Chinas strategischem Denken: kein vorteilhafter Frieden ohne Macht. In gleicher Weise konnte es also keinen vorteilhaften Frieden ohne chinesische Vorherrschaft in Asien geben.

Versetzt man sich in die damalige Führung Chinas hinein, liegt auf der Hand, dass die regionale Ordnung korrigiert werden musste und der einzige Weg zum Erfolg darin bestand, dem Land ein Maximum an Macht zu verschaffen. Dass China wegen derartiger revisionistischer Ziele schon zum kriegerischen Spielverderber wurde, kann man aber nicht behaupten. Pekings territoriale Ambitionen zum Beispiel waren nicht unbedingt weniger vernünftig als die von Japan, Vietnam und Indien. Mit ihren historischen Landkarten, archäologischen Entdeckungen, geografischen Interpretationen und der Kenntnis der sich entwickelnden internationalen Konventionen konnten alle diese Nationen begründete Ansprüche erheben – Ansprüche, die einen Kompromiss ohne Gesichtsverlust erheblich erschwerten. Zudem war es keineswegs erstaunlich, dass China militärisch aufrüstete, um die beiden Supermächte daran zu hindern, seine Grenzen zu verletzen; und sie davon abzuhalten, Chinas Bemühungen um die Wiedererlangung verlorener Gebiete zu hintertreiben, schien ebenso geboten wie langfristig Amerikas Sicherheitszone zu durchbrechen. Warum China nach Einschätzung der Führung größte Wirtschaftsmacht werden musste, kann man sich noch leichter vorstellen. Wenn man für China im Jahr 1950 dasselbe Pro-Kopf-Einkommen zugrunde legt wie für Japan, hätte die chinesische Wirtschaft siebenmal größer sein müssen als die Japans und viermal größer als die der Vereinigten Staaten. Für solchen Wohlstand wäre der Bedarf an Rohstoffen enorm gewesen und damit auch die Auswirkungen auf die Machtverhältnisse in der gesamten Region. China wurde mangels Alternative, wenn nicht aus schierer Notwendigkeit zur revisionistischen Macht. Jede andere Macht mit so komplexen innenpolitischen Bedingungen und eingebettet in eine internationale Ordnung, die sie so benachteiligt, würde sich vermutlich ähnliche Ziele stecken.

Die Vorherrschaft in Asien blieb jedoch ein ferner Traum. Die größte Sorge war erst einmal, das Land zusammenzuhalten, ohne es für einen trügerischen Frieden an die Supermächte zu verkaufen. In den ersten beiden Dekaden nach dem Zweiten Weltkrieg führten daher die revisionistischen Ambitionen in einen ausgedehnten Guerillafeldzug, der sich diesmal nicht so sehr gegen den inneren Feind richtete als gegen äußere Rivalen. Dieser neue Guerillafeldzug verfolgte mehrere sich gegenseitig verstärkende Ziele. Zunächst diente er dazu, die Mobilisierung der chinesischen Gesellschaft aufrechtzuerhalten. Während die Volksbefreiungsarmee von 5 Millionen Mann im Jahr 1949 auf 3 Millionen im Jahr 1953 schrumpfte, wurde die Volksmiliz, deren Hauptverantwortung es war, beim Wiederaufbau des Landes zu helfen, von 5 auf 22 Millionen Soldaten erweitert.[14] Die übrige Bevölkerung wurde aufgerufen, in Landwirtschaftskollektiven und neuen staatseigenen Fabriken zu arbeiten. Ein weiteres Ziel war es, die Führungsrolle der Partei aufrechtzuerhalten, was durch Verteilung von Sozialleistungen, Personenkult, Nationalismus, administrative Kontrolle und eine Heerschar gemeinsamer Feinde angestrebt wurde. China musste sich überdies um wirtschaftliche Unabhängigkeit bemühen, zunächst durch die pragmatische Suche nach wirtschaftlichen Möglichkeiten in Moskau und einigen europäischen Hauptstädten, später durch strikte Autarkiestrategien. Überdies wollte China im Hinblick auf die Vereinigten Staaten und die Sowjetunion seine politische Autonomie stärken.[15] Innerhalb von nicht einmal zehn Jahren würde China damit in einen Konflikt mit den beiden Riesen und den meisten seiner kleineren Nachbarn geraten.

Auf einer Seite

Zunächst verfolgte China die Politik, sich an eine Seite, nämlich die sowjetische, anzulehnen. Das war keineswegs selbstverständlich. Einerseits hatte man in Peking noch nicht vergessen, dass Moskau die chinesischen Kommunisten anfangs
nicht unterstützt und den Fehdehandschuh gegen die Kuomintang erst 1946 aufgenommen hatte. Mao selbst bekannte:
»Es wäre genauso falsch, wenn sich China nur auf die Sowjets
verlassen und die Vereinigten Staaten und Großbritannien
brüskieren würde.« Russlands Privilegien auf chinesischem
Boden waren für China zutiefst verstörend. »Einige Leute in
den demokratischen Parteien, Studenten und Arbeiter diskutieren die Frage der Anwesenheit sowjetischer Truppen, die
Unabhängigkeit der Äußeren Mongolei und die Demontage
von Maschinenanlagen in der Mandschurei durch die Sowjetunion«, ergänzte Staatspräsident Liu Shaoqi. Das war noch
vor Maos demütigendem Besuch in Moskau im Winter 1949.
Stalin weigerte sich zunächst, ihn zu empfangen, und ließ
ihn in einer eiskalten Datscha einsperren.[16] »Er ließ mich dort
zwei Monate ohne Verhandlungen warten«, hielt Mao später
fest, »also wurde ich schließlich wütend und erklärte, wenn
er nicht verhandeln wolle, würde ich nach Hause fahren.« Andererseits wollte die Partei auch die Tür zu den Vereinigten
Staaten nicht zuschlagen. »Wir haben auch Handelsbeziehungen mit Imperialisten«, bemerkte Zhou Enlai im Gespräch mit
dem albanischen Außenminister. »Es kann sogar sein, dass wir
mehr Handel mit Ländern treiben, bei denen Revisionisten
am Ruder sind, aber das muss auf der Grundlage des Gleich

heitsprinzips erfolgen.«[17] In einem Telegramm vom Dezember 1949 hieß es begeistert: »Neben der Sowjetunion gibt es noch mehr Staaten, die kurz davor stehen, Handelsbeziehungen zu uns aufzunehmen ... Großbritannien, Japan, die Vereinigten Staaten, Indien und andere Staaten sind bereits mit uns im Geschäft oder werden es bald sein.«[18] Und obgleich die Chinesen vermutlich nicht alles über die internen Debatten in Washington wussten, hätten sie aus den Interventionen durch Präsident Harry Truman und Außenminister Dean Acheson erkennen können, dass nicht jeder die Zusammenarbeit mit den Roten ablehnte oder versuchte, sie zu Fall zu bringen. Anfang 1950 hatte Präsident Truman begonnen, die Hilfe für die Kuomintang zurückzufahren, und bereitete einen Truppenrückzug aus Südkorea vor. Die Verteidigungszone, von der der amerikanische Außenminister gesprochen hatte, schloss Japan, die Ryukyu-Inseln und die Philippinen ein, nicht aber Formosa oder die koreanische Halbinsel.

Die letztendliche Entscheidung zugunsten der Sowjets war Gegenstand langer Debatten gewesen. Schließlich hätte China auch beschließen können, sich mit einer Position zwischen Moskau und Washington abzusichern. Ideologische Fragen, bessere Kommunikationsverbindungen und die bereits existierende Zusammenarbeit hatten zweifellos Einfluss auf Chinas Entscheidung für die Sowjetunion. Auch strategisch schien es gefährlicher, einen nahen und allgegenwärtigen Nachbarn zu vergrämen als ein fernes Imperium, das am Rande der eigenen Hoheitsgewässer lauerte. Obgleich die Archive keine klaren Belege liefern, steht außer Zweifel, dass Russland – und nicht die Vereinigten Staaten – eine bedeutende Bedrohung darstellte und dass die Entscheidung, sich nach einer Seite zu neigen, wie Mao es nannte, eine vorübergehende war und es China ermöglichen musste, langfristig auf eigenen Beinen zu stehen.[19]

Stellte Pragmatismus die Grundlage für das Bündnis mit den Sowjets dar, so konnte eine Kombination von Faktoren die Feindseligkeit gegenüber den Amerikanern erklären. Erstens wusste China wahrscheinlich nicht genug darüber, wie gespalten Washington im Hinblick auf den Umgang mit China war, und vor allem ahnte es nicht, dass die Option einer Annäherung noch offen war. Zweitens hatte die Unterstützung für die Kuomintang maßgeblichen Einfluss auf die öffentliche Wahrnehmung der Vereinigten Staaten und machte sie zu einem verlockenden Feind für die politische Elite. Ein chinesischer Professor erklärt dies sehr anschaulich in Derk Boddes Peking-Tagebuch von 1949: »Eine Zeitlang wünschte [Amerika] offenbar eine wirklich fortschrittliche Regierung in China. Während der vergangenen zwei oder drei Jahre indes machte es den Eindruck, als habe [Amerika] immer weniger für die fortschrittlichen Kräfte übrig, dagegen mehr und mehr für alles, wie fortschrittsfeindlich es auch sei, was ein Bollwerk gegen den Kommunismus abgeben könnte«, beobachtete der Wissenschaftler. »Dieser Wandel fiel mit einer wachsenden Fortschrittsfeindlichkeit der chinesischen Regierung selbst zusammen. Die Folge ist eine amerikanische Regierung, die ständig von Volksrechten redet, aber weiterhin eine chinesische Regierung stützt, die in zunehmendem Maße diese Rechte missachtet. Darum sind die Chinesen gegen Amerika eingestellt – nicht etwa gegen das amerikanische Volk, wohl aber gegen die amerikanische Regierung.«[20] Dies wurde durch einen dritten Faktor unterstützt: die Ideologie. Schließlich bot die amerikanische Intervention in Korea für China die wenn auch trügerische Chance, die eigene Position in der Partnerschaft mit den Sowjets zu stärken, weitere amerikanische Einmischung in Chinas Nachbarschaft durch Abschreckung zu unterbinden und die persönliche Führungsrolle Maos auszubauen.[21]

Der Koreakrieg ließ die Bruchlinien des Kalten Krieges in Asien erstarren und trieb die Entfremdung zwischen China und den Vereinigten Staaten voran. Die Entscheidung, über eine Million chinesische Soldaten zu entsenden, traf Mao im Alleingang, wie er dem Vernehmen nach eingestand. »Ein Mann und ein halber entschieden über die Intervention in Korea.«[22] Viele Parteimitglieder waren gegen die Intervention. »Kämpfen, kämpfen, kämpfen. In der Vergangenheit haben wir jahrzehntelang gekämpft. Die Menschen wollen jetzt Frieden«, erklärte Marschall Lin Biao. »Es widerstrebt dem Willen des Volkes absolut, an weiteren Kämpfen teilzunehmen. Gerade erst wurde unsere Nation befreit, in der Binnenwirtschaft herrscht ein großes Chaos, die Ausrüstung der Armee muss modernisiert werden. Wie können wir uns noch einen Krieg leisten? Außerdem konnten wir es mit der Kuomintang durchaus aufnehmen, aber die moderne amerikanische Armee zu bekämpfen, die mit Atombomben ausgerüstet ist, steht auf einem ganz anderen Blatt.«[23] Gao Gang, ebenfalls Mitglied des Politbüros, war derselben Ansicht: »Unser Land hat über zwanzig Jahre Krieg hinter sich. Gerade erst wurden wir geeint, und es muss eine Atmosphäre des Friedens wiederhergestellt werden. Wenn wir wieder kämpfen, so fürchte ich, dass unsere Wirtschaft die Belastung nicht tragen kann. Bei der Kriegsführung geht es nicht nur um Fäuste, es geht um Geld.«[24] Für den Krieg sprachen maßgebliche strategische Gründe. Sobald der nordkoreanische Führer Kim Il-Sung Stalin von der Notwendigkeit eines Angriffs auf den Süden überzeugt hatte, unterstützte Stalin die Intervention Chinas oder billigte sie wenigstens.[25] Die Entscheidung Chinas war höchstwahrscheinlich von Argwohn gegen die Vereinigten Staaten beeinflusst. Im Januar 1950 hatte Washington angekündigt, seine Unterstützung für die Kuomintang zu beenden, im Juni desselben Jahres diesen Beschluss aber wieder zurückgenommen. Die Furcht, Taiwan – ein unversenkbarer Flugzeugträger, so General MacArthur – könnte fallen, der Druck der Taiwan-Lobby im Kongress und die Offensive Nordkoreas im Juni veranlassten die US-Regierung, die Hilfen für Taiwan fortzusetzen und die Siebte Flotte in die Taiwan-Straße zu entsenden.[26]

Im August verletzten US-Streitkräfte nicht nur chinesischen Luftraum, sondern General MacArthur stattete Taiwan einen Besuch ab und erklärte öffentlich, dass eine Beschwichtigungsstrategie gegenüber China verfehlt sei.[27] Im selben Monat hatte Mao bereits die Warnung ausgesprochen: »Wenn die US-Imperialisten den Krieg gewännen, würden sie noch arroganter werden und uns bedrohen.« General Wu Xinquan, der im UN-Sicherheitsrat im Namen von China intervenierte, brachte das Dilemma noch umsichtiger auf den Punkt: »Nehmen wir an, eine Militäreinheit eines Landes, das den Vereinigten Staaten feindselig gegenübersteht, würde Hawaii besetzen, während eine weitere Einheit desselben Landes das Nachbarland der Vereinigten Staaten, Mexiko, angriffe. Nehmen wir an, der Aggressor würde dem amerikanischen Volk dann versichern: Unsere Truppen werden keine Angriffshandlungen ausführen. Ist es vorstellbar, dass das amerikanische Volk diese Versicherungen glauben würde?«[28] Während amerikanische Truppen nach Norden vorrückten, gab Peking strengere Warnungen heraus, eine Invasion in Nordkorea werde eine Intervention Chinas nach sich ziehen. Am 1. Oktober überschritten die Alliierten den 38. Breitengrad. Wenige Tage später marschierten chinesische Truppen ein. Verteidigung und Abschreckung waren zweifellos wichtig, aber es ist unwahrscheinlich, dass Maos Befehl, in den Krieg zu ziehen, ausschließlich auf Sicherheitskalkül beruhte. So riskant ein Krieg sein mochte, er konnte Mao die Chance bieten, seine Führung zu konsolidieren. Mao begriff auch, dass die Bitte Josef Stalins, China möge intervenieren, seine Position gegenüber Moskau stärken würde, wenn es in Verhandlungen um Militärhilfe, leichteren Zugang zu Finanzhilfen und Unterstützung für Chinas geplante Industrialisierung ging.[29]

Nach dem Waffenstillstand von 1953 rechtfertigte Peking die kolossalen Opferzahlen mit der Begründung, man habe einen Dominoeffekt verhindern müssen, der das junge chinesische Regime in der Wiege zu ersticken drohte. »Durch die Nutzung von Militärbasen in Japan übernahmen die Vereinigten Staaten das Abenteurertum der japanischen Militaristen, folgten dem Lauf der Geschichte seit dem Krieg von 1895 und wählten den Weg, China zu erobern«, behauptete Zhou Enlai. »Sie wollten China zunächst beruhigen, und nach der Besetzung Nordkoreas würden sie zum Angriff auf China übergehen.«[30] Zur gleichen Zeit stellte Mao jedoch fest, die Vereinigten Staaten seien so stark in den Kalten Krieg in Europa verwickelt und hätten sich so übernommen, dass ein langwieriger Krieg mit China mit vielen Nachteilen verbunden gewesen wäre.[31] Die Folge war, dass sich China allmählich einer weiteren wichtigen Komponente seines Revisionismus zuwandte: dem Aufbau einer starken Industrie als festem Fundament für Chinas Macht.[32] Was China langfristig im Sinn hatte, lag auf der Hand: in die Riege der führenden Mächte aufzusteigen und dafür eine starke wirtschaftliche Basis zu schaffen. China wollte eine neue wirtschaftliche Ordnung, in der die imperialistischen Mächte ihre wirtschaftlichen Privilegien verlieren und in der sich die Volksrepublik zum industriellen und technologischen Machtzentrum entwickeln würde.

China war aufgrund seiner zutiefst anarchischen Sicht auf die Weltwirtschaft so besessen von ökonomischer Macht. Man ging davon aus, dass eine starke Regierung eine starke Wirtschaft benötige, um sich die öffentliche Unterstützung zu sichern und damit zu verhindern, dass andere Mächte Zwietracht säten. »Wenn wir wirtschaftliche Probleme nicht lösen, wenn wir keine moderne Industrie aufbauen und wenn wir keinen Strom für die Produktion entwickeln können, dann werden die einfachen Leute nicht unbedingt hinter uns stehen.«[33] Ökonomische Stärke wurde überdies benötigt, um die Unabhängigkeit des Landes zu sichern und Verhandlungsmacht zu gewinnen. »Unsere Nation hat politische Unabhängigkeit erlangt, aber wenn unsere Nation vollständige Unabhängigkeit erringen will, ist die Durchführung der Industrialisierung notwendig«, erklärten Mao und Zhou. »Wenn die Industrie nicht entwickelt wird, kann ein Land zum Vasallen eines anderen Landes werden ... Sollen wir es der UdSSR überlassen, eine Schwerindustrie und eine nationale Rüstungsindustrie aufzubauen, während es uns überlassen bleibt, die Leichtindustrie zu entwickeln? Dürfen wir das tun? Nach meiner Meinung dürfen wir das nicht.«[34] Überdies galt wirtschaftliche Macht als Basis für militärische Stärke: »Ohne Industrie gibt es keine sichere Landesverteidigung, keinen Wohlstand für das Volk, kein Aufblühen und keine Stärke des Landes.«[35]

Erholung

Die Industrialisierung wurde zum Rückgrat von Chinas erstem Fünfjahresplan (1953 bis 1957). Rund 70 Prozent der Investitionen wurden in die Entwicklung neuer Fabriken, Bergwerke und anderer Infrastrukturprojekte gesteckt. Zu diesem Zeitpunkt befanden sich 20 Prozent der Schwerindustrie und 60 Prozent der Leichtindustrie in privater Hand, aber diese Periode des »gemäßigten Kapitalismus« wurde durch die staatlich gelenkte Industrialisierung abgelöst. Der Erfolg blieb nicht aus. Die Industrieproduktion sowie die Erzeugung von Stahl und Kohle wuchsen Jahr für Jahr um 15 Prozent. Gleichzeitig verfolgte China eine moderate Außenpolitik und bemühte sich um Stabilität. Aber die Vereinigten Staaten waren offenbar nicht bereit einzulenken. Dwight D. Eisenhower war soeben Präsident geworden und erklärte, es sei die größte diplomatische Niederlage in der Geschichte der Nation, dass China an die Kommunisten gefallen war. Innerhalb kürzester Zeit zog er die Siebte Flotte aus der Taiwan-Straße ab, sodass die Nationalisten über 70 000 Soldaten auf den Quemoy- und Matsu-Inseln, rund 15 Kilometer von der Stadt Xiamen entfernt, stationieren konnten. Peking eröffnete daraufhin das Feuer, versuchte aber eine Eskalation zu vermeiden. Unterstützt vom Geschrei der China-Falken in Pentagon und Kongress forderte der neue amerikanische Außenminister John Foster Dulles eine offensive Strategie im Pazifik. Überließe man den Chinesen Quemoy und Matsu, ereiferte er sich, würde man ihnen ermöglichen, ihr Ziel zu verfolgen, die USA aus dem Westpazifik zu vertreiben, zurück nach Hawaii und in die Vereinigten Staaten.[36] Vizepräsident Richard Nixon machte sich für ein asiatisches Pendant zur NATO stark, als er von seiner Asienreise zurückkehrte, auf die die Gründung des Manila-Pakts (Southeast Asia Treaty Organisation – SEATO) folgte.[37] Schon während des Koreakrieges waren Verteidigungsabkommen unterzeichnet worden: der Verteidigungspakt mit den Philippinen im August 1951, das ANZUS-Abkommen mit Australien und Neuseeland im September 1951, der Frieden von San Francisco mit Japan und gegen Ende des Koreakrieges der Verteidigungspakt mit Südkorea. Unterdessen begannen die Vereinigten Staaten die Franzosen in Vietnam mit hohen Summen zu versorgen, sie sicherten Laos und Kambodscha Unterstützung zu, unterzeichneten einen Verteidigungspakt mit den Philippinen, erkundeten Gelegenheiten, Birma zu unterstützen, und stärkten der thailändischen Regierung den Rücken. Das war Eindämmungspolitik in Reinform.

Schon während des Koreakrieges hatte China nach Möglichkeiten gesucht, sein sicherheitspolitisches Umfeld zu verbessern. 1952 erklärte Zhou Enlai in Moskau, China strebe eine regionale Strategie an, die ohne Entsendung von Streitkräften friedlich Einfluss ausübe.[38] Darauf folgte die asiatisch-pazifische Friedenskonferenz, zu der sich Delegierte aus 13 Ländern im neu errichteten Pekinger Friedenshotel unter dem Banner von Picassos berühmter Friedenstaube versammelten. 1954 einigten sich China und Indien auf die »Fünf Prinzipien der friedlichen Koexistenz«. Im selben Jahr ergriff China auf der Genfer Indochina-Konferenz die Gelegenheit, seine Beziehungen zu den Weltmächten, den großen Vier, voranzubringen und zu verhindern, dass sich die westlichen Länder gegen China zusammenschlossen. Die chinesische Delegation regte an, Vietnam, Kambodscha und Laos sollten einen neutralen Status erhalten und Bündnisse mit diesen Ländern verboten werden. »Unser Wunsch ist es, dass der Frieden in Indochina wiederhergestellt wird und dass Laos und Kambodscha friedliche, unabhängige, freundliche und neutrale Länder werden. Wenn sie sich Amerikas Bündnissen anschließen und amerikanische Militärbasen errichten, dann wird die Wiederherstellung des Friedens bedeutungslos.«[39] Auf dem Gipfel der blockfreien Staaten im indonesischen Bandung kaum ein Jahr später versprach China, Verhandlungen mit Taipeh aufzunehmen und die Spannungen im Fernen Osten abzubauen, was bei den asiatischen Ländern ein positives Echo fand. Ein indischer Delegierter sagte: »Das Ergebnis der Bandung-Konferenz ist ein Abbau der Angst unter den Nachbarn des kommunistischen China, wenn nicht tatsächlich ein Abbau der Spannungen.«[40]

Während sich China um ausgewogene Beziehungen mit den meisten seiner Nachbarn bemühte, verschlechterte sich das Verhältnis zu Russland aufgrund verschiedener Probleme, darunter Russlands Einmischung in die chinesische Innenpolitik, die Weigerung, die militärische Modernisierung Chinas voranzubringen, und Streit um die ideologische Führungsrolle. Bereits 1956 kritisierte China den Kreml für sein brutales Vorgehen in Ungarn 1958 betonte Mao mit mehr Nachdruck, China wolle einen eigenen Weg verfolgen, und kritisierte die unausgewogene Beziehung. »Ihr glaubt, die Russen seien ein überlegenes und die Chinesen ein unterlegenes, unbesonnenes Volk«, hielt Mao dem russischen Botschafter entgegen. »Ihr wollt Miteigentum, ihr wollt an allem Miteigentum: unserer Armee, unserer Marine, Luftwaffe, Industrie, Landwirtschaft, Kultur, Bildung.« Die Grenze des Erträglichen war erreicht, als China Moskaus neuen Ansatz des friedlichen Wettbewerbs nicht akzeptieren wollte. Die Grundannahme war, Atomwaffen würden traditionelle Kriege sinnlos machen und kommunistische Länder müssten nun mit den Blockfreien auf eine Friedenszone hinarbeiten. Für Peking war dieser Ansatz ein weiterer Versuch der Atommächte, mithilfe der nuklearen Abschreckung anderen einen Frieden zu unfairen Bedingungen aufzuzwingen. Wie Chruschtschow 1957 festhielt: »Jeder außer Mao dachte darüber nach, wie er den Krieg vermeiden könnte. Wir hatten die Parole ›Weiter im Kampf für den Frieden‹, aber plötzlich kam Mao Zedong und sagte, wir sollten keine Angst vor dem Krieg haben.« Es war Lin Biao, der das Dilemma am klarsten formulierte: »Die Chruschtschow-Revisionisten behaupten, wenn man ihrer allgemeine Linie der friedlichen Koexistenz, des friedlichen Übergangs und des friedlichen Wettbewerbs folge, würden die Unterdrückten befreit und eine Welt ohne Waffen und Streitkräfte und ohne Kriege würde entstehen«, fasste er zusammen. »Aber es ist eine unerbittliche Tatsache, dass Imperialismus und Reaktion, angeführt durch die Vereinigten Staaten, eifrig ihre Kriegsmaschinerie ankurbeln und täglich die blutige Unterdrückung des revolutionären Volkes und auch die Drohung mit und den Einsatz von bewaffneter Gewalt gegen unabhängige Länder betreiben. Unsinn von der Art, wie ihn die Chruschtschow-Revisionisten verbreiten, hat in einer Reihe von Ländern bereits viele Menschenleben gefordert.« Die Partnerschaft brach zusammen, als Nikita Chruschtschow 1959 Peking besuchte. Er wurde in den Bergen außerhalb des Zentrums in einem moskitoverseuchten Bungalow untergebracht – zweifellos eine Vergeltung für Maos unterkühlten Aufenthalt in der russischen Datscha. 1960 stellte Moskau die Wirtschaftshilfe an Peking ein. China war auf sich gestellt.

Revolutionsexport

Unterdessen lagen Chinas innenpolitische Reformen brach. Die landwirtschaftliche Produktion wurde im Fünfjahresplan weitgehend vernachlässigt. Angesichts der Fortschritte in den Fabriken und der Expansion der Städte konnten ländliche Regionen nicht mehr mithalten. Die Fixierung auf das industrielle Wachstum bedeutete, dass China enorme Preise für ausländische Maschinen bezahlen musste, was sich nur finanzieren ließ, wenn man die ohnehin armen Bauern mit hohen Steuern belastete. 1955 beschloss der Nationale Volkskongress, die Bauern Schritt für Schritt in Kooperativen zu organisieren, um die landwirtschaftliche Produktion zu steigern. Nicht einmal einen Tag später entschied Mao persönlich, die Kooperativen sollten innerhalb von knapp zwei Jahren auf die Beine gestellt werden. Dieser Plan erwies sich als Fehlschlag: Die landwirtschaftlichen Erzeugnisse reichten nach wie vor nicht aus, und die Regierung hatte sich mit den hohen Infrastrukturausgaben übernommen. In der Partei zeigten sich Risse, aber Mao drückte den zweiten Fünfjahresplan durch. Beim »Großen Sprung nach vorn« legte die Regierung regelmäßig einen Zeitplan vor, der angab, wie lange es dauern würde, um mit der Industrieproduktion Großbritanniens oder der Vereinigten Staaten gleichzuziehen. Je größer der Rückstand, desto enger wurde der Zeitplan gefasst – auf zwanzig Jahre, auf fünfzehn Jahre, auf sieben Jahre, auf zwei Jahre, bis Zhou Enlai pragmatisch feststellte, es werde sich »innerhalb eines nicht sehr langen historischen Zeitraums ereignen«. Der Große Sprung gehört zu den dunkelsten Kapiteln der neueren Geschichte Chinas, denn er forderte zwischen 20 und 42 Millionen Menschenleben. Zwischen 1960 und 1969 wuchs das chinesische Bruttoinlandsprodukt überhaupt nicht, denn die Verluste in der Landwirtschaft machten den Zuwachs im Industriesektor zunichte.

In diesen Zeitraum fällt auch die Verschlechterung von Chinas internationalen Beziehungen. Zwar unterzeichnete die Regierung Abkommen mit Ländern wie Birma, Sri Lanka, Pakistan und Afghanistan. Und Anfang der 1960er Jahre hatte sie auch Grenzstreitigkeiten mit Nepal, Birma, Nordvietnam und der Äußeren Mongolei beigelegt. Aber mehrere Nachbarn warfen China vor, billige Industrieprodukte zu Dumpingpreisen auf den Markt zu werfen und Auslandschinesen zu manipulieren. 1960 trug Peking einen Konflikt mit der indonesischen Regierung aus, die chinesische Migranten schlecht behandelt hatte, und kündigte an, 600 000 Landsleute aus Südostasien nach Hause zu holen. Auch die Spannungen um Vietnam nahmen rasch zu. China kritisierte fast alle Länder der Region, sie würden ihre Souveränität an die Imperialisten verkaufen, verhielt sich aber bei der Gründung der *Southeast Asian Community* – immerhin eine Initiative gegen die Konkurrenz der Großmächte – äußerst zurückhaltend.[41] Als 1966 die Kulturrevolution ausbrach, erntete sie Spott in Birma, Kambodscha, Indonesien, Nepal und Sri Lanka. Zu mehreren Ländern wurden die diplomatischen Beziehungen abgebrochen.

Auch mit dem Verhältnis zu Indien ging es bergab. 1959 warf Premierminister Jawaharlal Nehru China vor, Truppen nach Ladakh zu entsenden, der westlichen Sektion der umstrittenen Grenze zwischen beiden Ländern, und bestellte als Drohgebärde gegen diese Nadelstiche Chinas sowjetische Rüstungsgüter. 1962 eskalierte der Grenzkonflikt in einem kurzen Krieg, wobei China in indisches Territorium vordrang, sich aber rasch zurückzog und erklärte, Delhi habe seine Lektion gelernt. 1965 zog China erneut an der Grenze zu Indien Truppen zusammen, diesmal um Pakistan im Kaschmirkonflikt gegen Indien zu unterstützen. Japan nahm eine Sonderstellung ein. 1958 nahm Peking einen kleinen Zwischenfall –

ein japanischer Student riss auf einer Briefmarkenausstellung in Nagasaki die chinesische Fahne herunter – zum Anlass, einen Boykott gegen die prowestliche Regierung von Premierminister Kishi zu verhängen. Kurz nach dem Rückschlag von 1958 entsandte Japan einen ehemaligen Premierminister, um die Unstimmigkeiten auszuräumen, und beide Seiten beschlossen ein Jahr später, ihre Handelsbeziehungen wiederaufzunehmen. Als 1964 Eisaku Satō Premierminister wurde, kühlten die Beziehungen ab, und Peking wies seine Diplomaten an, Handelsgespräche zu verschleppen.[42] Bis zum Ende der 1960er Jahre erwiesen sich die chinesisch-japanischen Beziehungen jedoch als bemerkenswert stabil, bezeichnend dafür war die Eröffnung einer japanischen Handelsmission in Peking 1966, der Beginn der wissenschaftlichen Zusammenarbeit und Gespräche über eine Fluggesellschaft. Tokio zeigte sich ausgesprochen pragmatisch, sogar während der Kulturrevolution. Bis 1967 war China der größte Abnehmer japanischer Industrieprodukte geworden. Im selben Jahr verlängerten beide Seiten ihr Handelsabkommen, obgleich sich Japan offiziell weigerte, Pekings drei außenpolitische Prinzipien zu akzeptieren, was für Japan bedeutet hätte, seine Beziehungen zu Taiwan und den Vereinigten Staaten abzubrechen. Das chinesische Interesse am Aufbau engerer Beziehungen mit Japan wird durch eine Äußerung Zhou Enlais beim Besuch einer Delegation 1964 illustriert: »China hat praktisch alle Rohstoffe, die Japan benötigt. Japan kann China mit verschiedensten Technologien und Ausrüstungsgütern versorgen … beide haben große Märkte. Weil beide Märkte ihre ökonomische Reichweite ausdehnen, werden ihre Bedürfnisse wachsen.

Daher werden die Gelegenheiten zu liefern, was der andere braucht, noch weiter zunehmen.«

Während sich Indien an Russland annäherte, entfremdete sich China zunehmend von seinem Verbündeten. Ende der 1960er Jahre veränderte sich das Sicherheitsumfeld dramatisch. Die Sowjets hatten begonnen, Truppen an die chinesische Grenze zu verlegen, Luftwaffenstützpunkte auszubauen und vermehrt taktische Atomraketen in Stellung zu bringen.[43] In der Mongolei wurden russische Panzer und Flugabwehrstaffeln stationiert. Unterdessen umwarb Moskau Japan, warf China vor, die Kommunisten in Birma zu unterstützen, bemühte sich um die Normalisierung seiner Beziehungen zum neu etablierten Suharto-Regime in Indonesien, baute seine Zusammenarbeit mit Indien aus und versuchte, einen Keil zwischen China und Nordvietnam zu treiben. Die kurzen Grenzscharmützel des Jahres 1969 am Ussuri im Osten und entlang der Grenze zu Xinjiang im Westen markierten ein historisches Tief in den chinesisch-sowjetischen Beziehungen.

Im Hinblick auf die Vereinigten Staaten versuchte China eindeutig, eine neue militärische Konfrontation zu vermeiden, aber das hinderte Peking nicht daran, erneute Bombardierungen der Insel Quemoy anzuordnen, um damit sowohl gegenüber den Vereinigten Staaten als auch der eigenen Bevölkerung Entschlossenheit zu demonstrieren und eine Propagandaoffensive gegen Washingtons Einmischung in Südvietnam und Thailand loszutreten.[44] 1961 warnte Außenminister Chen Yi, China werde militärisch reagieren, falls die Vereinigten Staaten, gefolgt von den Manila-Pakt-Staaten (SEATO), nach Laos vordringen sollten, um die dortigen, sowjetisch gestützten Rebellen zu bekämpfen. Der Beginn des Vietnamkriegs 1965 sollte die Beziehungen weiter verkomplizieren. Bei Friedensgesprächen 1967 drohte China: »Das eigentliche Ziel der Friedensgesprächsintrige, die von den Vereinigten Staaten ausgeheckt wurde, besteht darin, Verhandlungen durch Schmeicheleien herbeizuführen, um somit ihre Position in Vietnam zu konsolidieren«, erklärte Zhou Enlai. »Solange die Vereinigten Staaten ihre Truppen nicht abziehen, können sie endlose Gespräche mit euch führen, sodass sie endlos dort bleiben können.«[45]

Aber die Vereinigten Staaten deuteten die Möglichkeit einer Wiederannäherung an. Schon in den letzten Jahren von Lyndon B. Johnsons Präsidentschaft hatte Washington Angebote gemacht und Peking aufgefordert, sich nicht zu isolieren.[46] Ein wichtiges Signal war die Bezahlung der Telefonrechnung, die vom Weißen Haus autorisiert wurde: 600 000 Dollar an Zahlungsrückständen gegenüber dem chinesischen Postministerium. Kurz nach den Wahlen von 1969 deutete die Regierung Nixon die Möglichkeit an, Handelsembargos aufzuheben, und bemühte sich, das amerikanische Engagement in Vietnam zurückzufahren. Das führte dazu, dass sich der thailändische Premierminister für eine unabhängigere Außenpolitik einsetzte und Präsident Marcos von den Philippinen feststellte wenn sich Amerika zurückziehe, müsse sein Land lernen, mit China zu leben. Auch die birmesische Regierung mäßigte ihre Kritik an China und akzeptierte über das birmesische Rote Kreuz eine kleine Charge an Hilfsgütern, die China für Erdbebenopfer bereitstellte. Der Weg schien geebnet für eine größere Neuorientierung der chinesischen Außenpolitik.

Und so kam es auch: Zhou Enlai begann, ausländische Delegationen zu empfangen, und das Außenministerium öffnete die Pforten seiner Botschaften. An diesem Wendepunkt in der asiatischen Machtpolitik hatten innenpolitische Machtkämpfe jedoch maßgeblichen Einfluss auf Chinas Reaktion. Just als Washington seinen Richtungswechsel in Südostasien ankündigte, war China noch im Begriff, seine Rotgardisten zu demobilisieren. Als die Spannungen mit Moskau ihren Höhepunkt erreichten, gewannen die moskaufreundlichen Generäle um Lin Biao in der chinesischen Führung enorm an Einfluss, und zwar auf Kosten der gemäßigten Kräfte um Zhou Enlai und auf Kosten Maos persönlich. Wie John W. Garver minutiös rekonstruiert, war es diese interne Machtverschiebung, die Peking veranlasste, sich an die Sowjets zu binden, obwohl Mao bereits 1970 angedeutet hatte, China würde die Sowjets gerne gegen Amerika eintauschen. Zwei Ereignisse waren Wasser auf die Mühlen des prosowjetischen Lagers. Im November 1969 unterzeichneten die Vereinigten Staaten ein Kommuniqué mit Japan, in dem es hieß, Okinawa, Südkorea und Taiwan seien maßgeblich für Japans Sicherheit. Und im April 1970 begannen amerikanische Soldaten in Ostkambodscha Einheiten der Vietnamesischen Volksarmee zu verfolgen. Dies führte dazu, dass China seine regulären Gespräche auf Botschafterebene in Warschau verschob. Erst als Lin Biao wegen eines angeblich geplanten Staatsstreichs kaltgestellt wurde und sein Flugzeug über der mongolischen Ebene abstürzte, konnten Zhou und Mao auf die Angebote Washingtons reagieren und die diplomatischen Möglichkeiten ergreifen, die sich während der Turbulenzen der Kulturrevolution allmählich manifestiert hatten.

Revolution und Revisionismus

Hatte China seine Hoffnung auf eine Annäherung an Amerika je ganz aufgegeben? Keineswegs. Was sich zunächst änderte, war nicht so sehr Chinas Verhalten als vielmehr seine Umgebung. Gewiss hatte Zhou Enlai schon in den 1950er Jahren die Diplomatie in Richtung Pragmatismus gelenkt, doch dieser Kurs wurde im Zuge der Kulturrevolution und angesichts interner Opposition verworfen. Es war die Aussicht auf einen Durchbruch im Verhältnis zu den Vereinigten Staaten, mit der sich die Sicherheitsperspektive drastisch veränderte. Dasselbe galt für die pragmatische Reaktion Tokios auf die Kulturrevolution, für den schrittweisen Ausbau der Handelsbeziehungen beider Länder und für die entspanntere Haltung einiger südostasiatischer Länder. Damit eröffneten sich bedeutende Möglichkeiten für moderate Politiker in Peking und für Mao selbst, der – zumal sich sein Gesundheitszustand verschlechterte – wohl zu dem Schluss gekommen sein musste, revolutionärer Eifer würde China ruinieren. Die Folgen der sich anbahnenden diplomatischen Wende waren, wie wir in den nächsten Kapiteln sehen werden, dramatisch, aber an Chinas wichtigsten Bestrebungen, die zum Aufbau der Nation beitragen sollten, änderte sich nichts: flexible Politik, unvermindertes Festhalten an den ehrgeizigen Bestrebungen! Die damit verbundenen Ansprüche, so viel stellte sich heraus, waren durch und durch revisionistisch. Um sie zu erreichen, musste China die Manövrierfähigkeit der Supermächte einschränken und auf lange Sicht seine Macht immer weiter ausbauen, bis es alle anderen asiatischen Länder überragte. Dieser Revisionismus hatte nichts mit bösen Absichten oder einem autoritären Plan zur Erlangung der Weltherrschaft zu tun, wie einige Kongressabgeordnete in Washington hartnäckig behaupteten. Chinas Revisionismus, sein Verlangen, die Struktur der asiatischen Ordnung zu verändern und sich selbst an die Spitze zu stellen, war das Ergebnis gerechtfertigter Interessen. Interessant an der Entwicklung der 1960er Jahre war, dass China im Erscheinungsbild revisionistischer wurde und zugleich weniger revisionistisch in dem, was es erreichte, das heißt in der Ansammlung von Macht. Revolutionäre Diplomatie war der Nadir von Chinas Revisionismus und nicht sein Zenith.

Kapitel 3

Normalisierung

»Es dauert eine gewisse Zeit, bis aus einem Affen ein Mensch wird«, erwiderte Mao Zedong, als ihn Zhou Enlai über die erste Verhandlungsrunde mit Henry Kissinger im Juli 1971 informierte. Der Sicherheitsberater des US-Präsidenten war in Peking eingetroffen, als Lin Biao und seine Anhänger immer noch gegen eine Annäherung an die Vereinigten Staaten protestierten. Aber Mao schienen Kissingers Zusagen verlässlich genug. Die Abmachung war klar: Wenn China beim Rückzug der US-Truppen aus Vietnam keine Schwierigkeiten machte, würde auf diese sogenannte Vietnamisierung des Krieges eine schrittweise Verringerung der amerikanischen Militärpräsenz in Südostasien, Südkorea und Taiwan folgen. Überdies signalisierte Kissinger, seine Regierung werde die taiwanesischen Nationalisten weder bei einem Angriff auf das Festland noch bei der Erklärung ihrer Unabhängigkeit unterstützen, sie werde China als eine der fünf wichtigen Mächte anerkennen und die »Fünf Prinzipien der friedlichen Koexistenz« befürworten.[1] Von diesem Augenblick an zeichnete sich der diplomatische Kurswechsel immer deutlicher ab. Im Oktober 1971 besuchte Kissinger China erneut. Im selben Monat stimmte die Generalversammlung der Vereinten Nationen in einer spannungsgeladenen Marathonsitzung mit überwältigender Mehrheit für die Aufnahme des kommunistischen Chinas und den Ausschluss der nationalistischen Regierung. Im November stand das Programm für Präsident Nixons Besuch in China. Im Dezember zeigte Peking angesichts eines fünftägigen amerikanischen Bombardements in Nordvietnam kaum eine Reaktion. Im Februar 1972 unterschrieb Nixon schließlich das Shanghai-Kommuniqué, das die Grundsätze der chinesisch-amerikanischen Zusammenarbeit festlegte. Aber nach dieser ohnehin komplizierten Ouvertüre ging es nicht störungsfrei weiter. 1976 verstarben Zhou Enlai und Mao Zedong. Die radikale Viererbande erlangte die Macht und stellte Deng Xiaoping kalt. Erst bei der 3. Plenarsitzung des 11. Zentralkomitees im Dezember 1978 fand der revolutionäre Auftakt der modernen chinesischen Politik ein Ende, wodurch die Entspannung zwischen China, den Vereinigten Staaten und dem Großteil der übrigen Welt konsolidiert werden konnte.

Die Entspannung

Auf diese Entwicklung gab es unterschiedliche Reaktionen, aber im Allgemeinen fielen sie positiv aus. Nach dem Shanghai-Kommuniqué umwarb die Sowjetunion China zwar weiterhin mit Angeboten zur Verbesserung der Beziehungen, verstärkte aber zugleich ihre militärische Präsenz in Asien, schlug eine regionale Sicherheitskooperation vor und suchte die Annäherung an Indien. Sinnathamby Rajaratnam, der Außenminister Singapurs, sprach von der fundamentalsten

Veränderung der politischen Landschaft in Asien seit 1945. Singapur war ebenso wie Japan, Thailand, Malaysia, Laos und Australien darauf bedacht, China die Hand zu reichen. Hingegen machten sich Indien, Indonesien, Südkorea, die Philippinen und Kambodscha eher Sorgen um die strategischen Folgen. Der indonesische Außenminister Adam Malik erklärte, es sei an der Zeit, dass die asiatischen Länder in ihren internationalen Beziehungen mehr Unabhängigkeit zeigten: »Bei der Entwicklung unseres Landes müssen wir auf uns selbst bauen.« Ebenso kündigte der philippinische Präsident Ferdinand Marcos an, die Politik seines Landes werde sich künftig mehrgleisig ausrichten. Der Asiatisch-Pazifische Rat (ASPAC) – eine antikommunistische Organisation, der Japan, Australien, Neuseeland, die Philippinen, Südkorea, Südvietnam, Malaysia und Taiwan angehörten – erklärte Beitrittserleichterungen für erforderlich, lief sich jedoch kurze Zeit später aufgrund interner Differenzen zu China tot.[2]

Der Handel half China, die Beziehungen zu den Nachbarländern wiederherzustellen. Die Handelswege führten dabei häufig über Hongkong.[3] Japan gewann als Chinas wichtigster Handelspartner in Asien erneut eine Vorrangstellung. Eine bedeutende Geste war, dass Japan den chinesischen Handelsniederlassungen 1972 diplomatischen Status einräumte. Japans Unterstützung galt als maßgeblich für die Umsetzung von Zhou Enlais Programm der Vier Modernisierungen, das 1975 auf dem Nationalen Volkskongress offiziell vorgestellt wurde. Die Modernisierungen konzentrierten sich auf Landwirtschaft, Industrie, Landesverteidigung und Technologie. Im Februar 1978 wurde ein langfristiges Handelsabkommen unterzeichnet, das die Ausweitung des bilateralen Handels auf 20 Milliarden Dollar bis 1985 vorsah. Japan sollte – im Tausch gegen Kohle und Erdöl – Technologie, Baumaterial und Maschinenteile exportieren.[4]

Unterdessen versuchte China, brisante Konflikte wie den Territorialstreit im Ostchinesischen Meer zu entschärfen. Die Kontrolle über dieses Gebiet war 1972 wieder ganz nach oben auf die politische Agenda gerückt, als die Vereinigten Staaten die Ryukyu-Inseln und die Kontrolle über die Senkaku- oder Diaoyu-Inseln an Japan zurückgaben. Die Inseln hatten lange als geografische Fixpunkte gegolten, die Japan gegen Einfluss vom Kontinent – ob kaiserlich oder kommunistisch – abschirmten. China weigerte sich, Japans Kontrolle über die Inseln anzuerkennen, und machte eigene Ansprüche geltend. »Wir warnen die japanischen Militaristen in aller Deutlichkeit, dass das chinesische Volk niemals japanischen Banditen erlauben wird, auf unserem heiligen Territorium herumzutrampeln«, hatte 1972 eine Zeitung gemeldet.[5] 1978 waren die Spannungen angewachsen, als China hundert Fischkutter in das Gebiet geschickt und eine rechtsgerichtete japanische Gruppe auf einer der Inseln einen Leuchtturm errichtet hatte. Aber die Waagschale der japanischen Politik neigte sich zugunsten der Annäherung, denn die Beziehungen zwischen den Vereinigten Staaten und Russland hatten sich 1977 erneut verschlechtert.[6] Deng Xiaoping erbot sich, eine antijapanische Klausel aus einem Bündnisvertrag mit den Sowjets aus dem Jahr 1950 zu streichen, um Japan entgegenzukommen. 1978 wurde ein Freundschaftsvertrag unterzeichnet, gefolgt von einer Stellungnahme Dengs, dass Territorialdispute die Beziehungen nicht belasten sollten. »Es spielt keine Rolle, ob diese Frage für einige Zeit zurückgestellt wird, sagen wir für zehn Jahre. Unsere Generation ist nicht klug genug, um in dieser Frage eine gemeinsame Sprache zu finden. Unsere nächste Generation wird zweifellos klüger sein.« Verhandlungen um die Seegrenze scheiterten einige Jahre nach diesem *Gentlemen's Agreement* dennoch. China demonstrierte 1980 kurzzeitig seine Frustration durch Erkundungsaktivitäten, die aber bald wieder eingestellt wurden. Der stellvertretende Premierminister Yao Yilin regte eine gemeinsame Ölförderung in der Umgebung der Senkaku-Inseln an. Bis in die frühen 1990er Jahre blieb es dann in den Gewässern zwischen China und Japan relativ ruhig.

Im Südchinesischen Meer sah die Lage anders aus. Bereits 1949 hatte Zhou Enlai erklärt, das Meer gehöre zu China, und die berühmt-berüchtigte Karte mit der sogenannten Neun-Striche-Linie vorgelegt.[7] Der Premierminister bekräftigte dies 1951 in San Francisco, als Japan im Friedensvertrag mit den Alliierten seine Ansprüche auf die umstrittenen Inseln im Südchinesischen Meer aufgab. Als die Franzosen 1956 aus Indochina abzogen, landeten chinesische Truppen auf dem östlichen Teil der Paracel- oder Xisha-Inseln. 1958 versuchten chinesische Fischer, sich auf dem westlichen Teil der Paracel-Inseln anzusiedeln, und die chinesische Regierung erklärte, dass die 12-Meilen-Zone, die Hoheitsgewässer markiert, auch für die Inseln im Südchinesischen Meer gelte. Noch angespannter wurde die Lage in den 1970er Jahren, als alle Anspruchsteller auf den Inseln, Inselchen und den umgebenden Gewässern vermehrt Präsenz zeigten. 1971 entdeckten US-amerikanische

Aufklärungsflugzeuge chinesische Konvois, die mit Baumaterial die Paracel-Inseln ansteuerten.[8] 1974, kurz nach der Evakuierung amerikanischer Truppen aus Vietnam, landeten chinesische Soldaten auf den Paracel-Inseln, was zu bewaffneten Zusammenstößen mit südvietnamesischen Truppen führte. Unterdessen hielt China in internationalen Seerechtskonferenzen an seiner Haltung fest, was zahlreiche Länder veranlasste, ebenfalls auf ihre maritimen Ansprüche zu pochen. Chinesische Archäologen suchten nun auch auf den Inseln nach antiken Relikten. Sie bargen Porzellan, Kupfermünzen und Steintafeln, die angeblich aus der Tang-Dynastie stammten. »Diese Funde zeigen wiederum unumstößlich, dass die Paracel-Inseln seit der Antike chinesisches Siedlungsgebiet waren.«[9] In Gesprächen mit dem vietnamesischen Diktator Le Duan bekräftigte Vizepremier Deng Xiaoping, dass sowohl die Paracel- als auch die Spratly-Inseln chinesisch seien, zeigte sich aber verhandlungsbereit. »Dieses Problem wird natürlich Gegenstand künftiger Gespräche sein.«[10]

Dann nahm die Situation eine neue Wendung. Deng wurde zwei Jahre lang kaltgestellt, und Hardliner spien in chinesischen Zeitungen Gift und Galle: »Die Spratly-Inseln gehören zum heiligen Territorium Chinas!« Entscheidender war allerdings, dass die Wiedervereinigung von Vietnam nach dem Fall von Saigon 1975 Hanoi veranlasste, sich vermehrt um sowjetische Hilfe zu bemühen. Daraufhin forderte Moskau Zugang zur Cam-Ranh-Bucht, einem Hafen, der als Drehkreuz für die expandierende russische Pazifikflotte dienen sollte. Angesichts wachsender Spannungen wurde eine sowjetische Sondereinheit auf einem Panzerkreuzer ins Südchinesische

Meer entsandt.[11] Daraufhin beschuldigte Peking Hanoi, es mache sich zum Vorposten der sowjetischen Expansionspläne im Indischen Ozean und Pazifik. Nach der vietnamesischen Strafexpedition in Kambodscha ordnete Peking seinerseits einen Militärschlag an, »um Vietnam eine Lektion zu erteilen«.

Im Februar 1979 marschierten Hunderttausende Soldaten in Vietnam ein. Sie rückten rasch Richtung Hanoi vor, verfügten aber nur über wenige hundert Panzer, und es gab kaum Unterstützung aus der Luft – dennoch drohte Hanoi eingenommen zu werden. Entgegen allen Erwartungen griffen die Sowjets nicht ein. Als China sich im März schließlich zurückzog und Verhandlungen aufnahm, war der Krieg zu Ende. Die Gespräche von 1979 und 1980 führten zwar nicht zum Durchbruch, trugen aber zur Deeskalation bei und ebneten den Weg für eine schrittweise Normalisierung Mitte der 1980er Jahre.

China hatte bereits signalisiert, es sei daran interessiert, die Konflikte im Südchinesischen Meer auf diplomatischem Weg zu lösen, als der stellvertretende Premierminister Li Xiannian 1978 die Einladung zu einem Staatsbesuch auf den Philippinen annahm. In den 1980er Jahren versuchten sämtliche Anwärter, ihre Präsenz zu erweitern: Sie errichteten Anlagen auf umstrittenen Inseln, entsandten noch mehr Patrouillenboote in die fraglichen Gewässer und schickten sich an, natürliche Ressourcen wie Erdöl und Fisch auszubeuten. Das musste zwangsläufig zu Zwischenfällen führen, und genau dazu kam es 1988. Es begann mit einem Versteckspiel rund um das Chigua Jiao (Johnson South Reef), ging weiter mit Abfangaktionen, Schusswechseln und eskalierte schließlich in blutigen Gefechten der Marineartillerie. Dabei starben rund 70 Vietnamesen. China eignete sich noch sechs weitere Riffe an, begann dann jedoch erneut zu deeskalieren und regte an, die Souveränitätsfrage zurückzustellen und über eine gemeinsame Ausbeutung der Ressourcen im Südchinesischen Meer nachzudenken – ganz im Sinne des *Gentlemen's Agreement* mit Japan. Dementsprechend erklärte Deng Xiaoping gegenüber einer vietnamesischen Delegation: »Die eine Alternative heißt, all diese Inseln mit Gewalt zurückzuholen; die andere, diese Frage zurückzustellen und die Inseln gemeinsam zu erschließen.«

Auch die Beziehungen zu Indien bewegten sich auf eine Normalisierung zu. Während des Bangladeschkrieges 1971 hatten chinesische Truppen die indische Grenze bedroht. 1975 töteten, aus nach wie vor unbekannten Gründen, chinesische Soldaten in Arunachal Pradesh vier indische Grenzposten.[12] Doch der Zwischenfall eskalierte nicht, denn Premierministerin Indira Gandhi benötigte ihre ganze Kraft, um ihre innenpolitischen Gegner in Schach zu halten: Während des Ausnahmezustands wurde die indische Armee nicht in Marsch gesetzt, um die Grenze zu verteidigen, sondern um innere Proteste zu unterdrücken. Zudem versuchte Neu-Delhi, seine Abhängigkeit von der Sowjetunion zu vermindern. 1976 schlug Indien, zum ersten Mal seit dem Grenzkrieg von 1962, China den Austausch von Botschaftern vor. 1978 bereiste eine chinesische Wirtschaftsdelegation drei Wochen lang Indien, gefolgt von einem Besuch des Präsidenten der Gesellschaft des Chinesischen Volkes für die Freundschaft mit dem Ausland, Wang Bingnan, der den Weg für Grenzverhandlungen ebnete. Im selben Jahr reiste der neue indische Premierminister Morarji Desai nach Washington und unterstrich dort die Wichtigkeit engerer Beziehungen. Gleichzeitig belebte Neu-Delhi die Verhandlungen mit Pakistan neu. Diese Entwicklung erweiterte den Handlungsspielraum aller Beteiligten erheblich. 1979 lud China den indischen Außenminister Atal Bihari Vajpayee zu Gesprächen über bilaterale politische und wirtschaftliche Beziehungen ein. Desais Möglichkeiten, positiv zu reagieren, waren eng begrenzt. Die Opposition, darunter Indira Gandhi, warf ihm vor, zu weich zu sein und sich bei China einzuschmeicheln. Dennoch widerstand er der Aufforderung, härter aufzutreten. Ein Streit um tibetische Hirten in Bhutan, der sogenannte Yak-Krieg, belastete die Annäherung nicht. 1981 gingen die Grenzverhandlungen in die erste Runde; sie endeten zwar ergebnislos, aber mit der Zusage des chinesischen Außenministers Huang Hua, sein Land werde, ungeachtet der Hängepartie in Territorialfragen, die Zusammenarbeit in Wissenschaft und Handel weiter fördern.

Guerilleros auf glattem Parkett

Ob es nun um Japan, Vietnam oder Indien ging – China griff immer häufiger auf juristische Doppelbödigkeit und wirtschaftliche Kooperation zurück, um territoriale Spannungen zu entschärfen. Die 1970er Jahre stellten in dieser Hinsicht einen bedeutsamen Wendepunkt dar. Was allerdings nichts daran änderte, dass sich China weiterhin um Machtmaximierung bemühte: Sie blieb das überragende Ziel. Chinas Sicherheitsumfeld und die Entscheidung für wirksamere politische

Maßnahmen waren jedoch Veränderungen ausgesetzt. Aus seiner unterlegenen Position heraus würde China weiterhin seinen »Guerillakampf« führen, aber diesmal auf dem Parkett internationaler Treffen und Handelsmessen. Sobald die Viererbande ausgeschaltet war, erkannte man rasch, was dem Aufbau einer kohärenten, starken Nation entgegenstand: Instabilität, weitgehend verursacht durch Personenkult, kontraproduktive Autarkiebestrebungen und internationale Isolation. Was diese Phase wirklich zu einer Wendezeit machte, war die Tatsache, dass sich mehrere Experimente mit Wirtschaftsreformen im Innern – vor allem die von Zhao Zhiyang in der Provinz Sichuan durchgeführten – als fruchtbar und so vielversprechend erwiesen, dass sie eine Alternative zum wirtschaftlichen Kollektivismus der vergangenen Jahrzehnte zu bieten schienen. Durch den Erfolg der neu aufgebauten Industriezweige wurde auch die Aufmerksamkeit der chinesischen Führung geweckt. Der sehnliche Wunsch der Bevölkerung, der wirtschaftlichen Not zu entkommen, und die aufflackernde Hoffnung, es könne eine Alternative geben, verlieh der Entwicklung zusätzlich Schwung. Dieser Schwung wiederum ließ sich nur dank Pekings positiverem internationalem Umfeld beibehalten, denn in vielerlei Hinsicht änderten die Großmächte ihre Haltung, nicht aber China. Und auf die Korrekturen, die von den Großmächten vorgenommen wurden, folgten Verhaltensänderungen der kleineren Länder. Australiens Botschafter in China, Stephen FitzGerald, fasste dies wie folgt zusammen: »Die gegenwärtigen Versuche Chinas, der politischen Quarantäne zu entrinnen und seine Beziehungen zu Ländern, von denen es nicht anerkannt wird, neu zu ordnen, ist die Wiederaufnahme einer Politik, die mit wechselndem Maß an Öffentlichkeit und Enthusiasmus schon seit 1954 versucht wurde. Der Unterschied zu heute ist, dass diese Länder nicht nur gesprächsbereit sind, sondern selbst die Initiative ergreifen.«[13]

Davon völlig unbeeinflusst blieben Chinas revisionistische Agenda und die vier großen Bestrebungen. Unter Dengs Führung betonte China immer wieder, es wolle eine neue internationale Ordnung herstellen. Das setzte nach wie vor eine globale Umverteilung wirtschaftlicher Macht voraus und bedeutete, dass China die Industriestaaten einholen musste. Auf der richtungweisenden 3. Plenarsitzung des 11. Zentralkomitees 1978 wurde zum Beispiel das Vorhaben bekräftigt, »auf dem neuen langen Marsch voranzukommen, um aus China noch vor dem Ende des Jahrhunderts ein modernes, mächtiges sozialistisches Land zu machen« sowie »Amerika einzuholen und Großbritannien zu übertreffen«, was praktisch hieß, dass es auch galt, alle Nachbarländer zu übertreffen. 1981 betonte Deng Xiaoping erneut das Ziel, Chinas Bruttoinlandsprodukt bis 2001 zu vervierfachen und bis Mitte des 21. Jahrhunderts ein hohes Einkommensniveau zu erreichen.[14] Die strategischen Auswirkungen dieses wirtschaftlichen Übergangs lagen auf der Hand. Erstens hieß dies, dass China zur starken, unabhängigen Wirtschaftsmacht aufsteigen würde. Ganz gleich welche Rolle ausländischen Firmen in den ersten Jahrzehnten der großen Öffnung zukommen würde, das langfristige Ziel lautete, Chinas Abhängigkeit von ausländischen Akteuren zu verringern und die wichtigsten ökonomischen Aktivposten selbst zu kontrollieren.[15] »Im gegenwärtigen Stadium muss ein Entwicklungsland, das seine Volkswirtschaft voranbringen will, zuallererst seine natürlichen Ressourcen in der Hand behalten und allmählich die Kontrolle durch ausländisches Kapital abschütteln«, erklärte Deng. Und im Hinblick auf die technische Entwicklung fügte er hinzu: »Wir müssen uns auf eigene Anstrengungen stützen, unsere eigene Kreativität entwickeln und an der Politik der Unabhängigkeit und Selbstständigkeit festhalten. Aber Unabhängigkeit bedeutet nicht, dass man vor der Welt die Tür verschließt.«

Ebenso wichtig waren die politischen Auswirkungen, die China in Erwägung zog. Seit Mitte der 1980er Jahre wuchs zum Beispiel in Peking die Überzeugung, China könne in einer sich herausbildenden multipolaren Welt zu einem der Hauptakteure aufsteigen. Der Anfang hierzu wäre Chinas Führungsrolle in der Dritten Welt. In diesem Sinne erklärte 1981 etwa Zhang Mingyang, Direktor des Weltinstituts für internationale Probleme, die wachsende Einigkeit unter den Entwicklungsländern sei die treibende Kraft hinter der Multipolarisierung der globalen Ordnung.[16] Dies führe, so Zhang Mingyang, gleichzeitig zu einer Pluralisierung von Werten und Interessen sowie zu einem verminderten Einfluss der Supermächte. Allmählich wurde jedoch deutlich, dass China eine autonome Rolle als eine der Weltmächte anstrebte. 1981 erklärte Außenminister Wu Xueqian in einem Interview mit der *Far Eastern Economic Review,* die Entwicklung in Richtung Multipolarität werde manche Staaten veranlassen, zum Schutz ihrer Interessen unabhängiger zu handeln.[17] Noch 1985 wies Deng Xiaoping die Idee eines »Großmächtedreiecks«, bestehend aus der Sowjetunion, den Vereinigten Staaten und China, zurück, aber schon fünf Jahre später bekräftigte er, China dürfe seine eigene Bedeutung nicht herabsetzen: »Wenn die Welt dreipolar, vierpolar oder fünfpolar wird … wird China einer der Pole sein.«[18] Diese Verbindung zwischen ökonomischer Macht und internationalem Einfluss war insgesamt sehr wichtig. Dazu Deng: »Die Rolle, die wir in den internationalen Angelegenheiten spielen, wird durch das Ausmaß unseres Wirtschaftswachstums bestimmt. Je höher sich unser Land entwickelt, je mehr sein Wohlstand steigt, desto eher sind wir in der Lage, auch auf der internationalen Bühne eine noch wichtigere Rolle zu spielen. Bereits heute spielen wir keine unbedeutende Rolle in der Welt. Doch mit einer solideren materiellen Basis, mit größeren materiellen Kräften werden wir sie ausbauen können.«[19] Die chinesische Führung hielt außerdem an der Rückgabe Taiwans und am Aufbau militärischer Schlagkraft fest. In einem aufschlussreichen Zeitschriftenbeitrag hieß es »Viele amerikanische Führer denken, solange die Vereinigten Staaten sich gegen den Sowjetexpansionismus stellen, werde sich China wenig um die Taiwan-Frage scheren. Wenn manche Leute immer noch denken, die chinesisch-amerikanischen Beziehungen könnten nur auf dem Widerstand gegen das hegemoniale Vorgehen anderer Länder gründen, kommt das einem Nachgeben gleich. Wenn sie denken, China werde diesem Nachgeben zustimmen, dann träumen sie.«[20]

Der Aufbau einer starken Wirtschaft würde, so die weitere Überlegung, unweigerlich zu militärischer Stärke führen. Die militärische Aufrüstung gehörte sogar zu den Vier Modernisierungen. »Wir müssen uns bemühen, mehr Zeit für die Verbesserung unserer militärischen Ausrüstung zu gewinnen, und unsere Armee gut ausbilden und trainieren, um unnötige Verluste zu vermindern. Wenn wir eine relativ lange kriegsfreie Zeit gewinnen können, werden wir in der Lage sein, mit der Modernisierung unserer Armee fortzufahren, ihre Schlagkraft zu stärken und uns auf die Verteidigung vorzubereiten«, erklärte Deng Xiaoping. Aber die Wirtschaft stand an erster Stelle. Beharrlich verwies Deng darauf, dass die ersten drei Modernisierungen Vorrang hätten und das Militär zum Zuge käme, sobald die drei anderen Ziele erreicht seien.[21] 1981 wurden die Militärausgaben von 21 Milliarden Yuan auf 17 Milliarden Yuan gekürzt.[22] 1985 wurde eine Million Soldaten in den zivilen Sektor versetzt, zehn Jahre später folgten weitere 500 000. Zugleich stellte man mehr Finanzmittel bereit, um das Militär auf den Krieg unter modernen Bedingungen vorzubereiten, wie die neue Richtlinie für Militäreinsätze lautete. Davon profitierten vor allem die Rüstungsprogramme für Nuklearwaffen, Militärflugzeuge, U-Boote, Raketen, die Bewaffnung der Bodentruppen und die Kommunikation. In den 1980er Jahren tat sich China jedoch schwer damit, eine wettbewerbsfähige Rüstungsindustrie aufzubauen, während immer mehr Entwicklungsprogramme in den zivilen Sektor verlagert wurden.

Die Aussicht, dass China zur Weltmacht und zur führenden Macht in Asien aufsteigen könnte, war für andere Nationen beunruhigend, und die Chinesen wussten das. Chinesische Führer wurden nicht müde zu betonen, ihr Land strebe keine Vormachtstellung an, verzichte auf Aggression und würde stets Teil der Dritten Welt bleiben. Solche Aussagen passten jedoch nicht zu Chinas verändertem strategischem Kalkül.

Richtig ist allerdings, dass China bewaffnete Konflikte für weniger wahrscheinlich hielt. Vor 1978 lautete die Parteilinie, Krieg sei unvermeidbar, aber das änderte sich in den folgenden Jahren. Da die Spannungen mit den Sowjets abflauten, erwog die chinesische Führung, ein friedlicher Aufstieg sei – zumindest bis auf Weiteres – möglich. In offiziellen Verlautbarungen wird durchgehend deutlich, dass China nach wie vor damit rechnete, sein Wachstum werde mit den Interessen anderer Länder kollidieren. Bei einem Treffen mit US-Präsident Jimmy Carter sprach Deng Xiaoping davon, dass ein großer Krieg nur aufgeschoben sei: »Um unsere Vier Modernisierungen zu realisieren, brauchen wir über einen längeren Zeitraum ein friedliches Umfeld. Aber selbst jetzt noch glauben wir, dass die Sowjetunion einen Krieg beginnen wird. Wenn wir uns aber gut und richtig verhalten, ist es möglich, ihn hinauszuzögern. China hofft, einen Krieg noch zweiundzwanzig Jahre aufschieben zu können.« Diese Haltung fand Widerhall in einem bedeutsamen Leitartikel, der die Chinesen aufrief, alles Erdenkliche zu tun, um den Krieg hinauszuzögern und so für China Zeit zu gewinnen.[23]

Mit Japan wurde vereinbart, den Streit um das Ostchinesische Meer auch ohne Lösung erst einmal zurückzustellen. In ähnlichem Sinne schlug Peking Indien vor, die Zusammenarbeit fortzusetzen und den Grenzkonflikt künftigen Verhandlungen zu überlassen. Im Hinblick auf Taiwan bemühte sich Peking um Beschwichtigung, aber Führer wie Hu Yaobang stellten auch klar, dass China den Einsatz militärischer Gewalt nicht ausschloss, und deuteten sogar an, es brauche eine gewisse Zeit, um Taiwan von Chinas Stärke zu überzeugen.

1985 verkündete die Zentrale Militärkommission, es sei »möglich, dass über einen relativ langen Zeitraum kein größerer Krieg ausbrechen wird«. Das scheint im Einklang zu stehen mit dem 24-Schriftzeichen-Diktum, das Anfang der 1990er Jahre auftauchte:[24] »Beobachte gelassen. Sichere unsere Position. Bewältige Angelegenheiten gelassen. Verbirg unsere Fähigkeiten und warte auf den rechten Zeitpunkt. Verstehe es, dich unauffällig zu verhalten. Beanspruche niemals die Führung.« Gleichzeitig gibt es eine Fülle von Belegen dafür, dass chinesische Beobachter damit rechneten, gegenüber anderen asiatischen Mächten die Oberhand zu gewinnen.[25] Reformen in Indien führten zu nichts;[26] das Wirtschaftswachstum in Südostasien blieb nach wie vor instabil.[27] Und auch das japanische Wunder verlor allmählich an Glanz.[28] Deng Xiaoping ermunterte zudem die Provinz Guangdong, mit den »Vier Kleinen Drachen« – Südkorea, Taiwan, Singapur und Hongkong – gleichzuziehen. 1975 hatte Mao Zedong das Vorhaben gebilligt, eine ozeantaugliche Marine aufzubauen. 1987 gab der gefeierte Oberkommandierende der Marine Liu Huaqing den Plan bekannt, das militärische Gleichgewicht zugunsten Chinas verschieben zu wollen, zunächst bis zum Jahr 2000 gegenüber Taiwan, bis 2025 gegenüber Japan und den Philippinen und bis 2050 sogar gegenüber Hawaii.

Die Öffnung

Die 1980er Jahre waren eine Zeit, in der sich die große Öffnung festigte. Während die chinesische Regierung an den Prinzipien der wirtschaftlichen Souveränität und Stärkung aus eigener Kraft festhielt, stand es ausländischen Unternehmen nunmehr frei, in der Volksrepublik aktiv zu werden. 1980 verabschiedete der Nationale Volkskongress Regelungen zur Einrichtung einer Sonderwirtschaftszone in Guangdong und Shenzhen. Zur Optimierung ihrer Außenhandelspolitik wurden vier verschiedene Ministerien und Kommissionen im neu geschaffenen Ministerium für Außenwirtschaftsbeziehungen und Handel (MOFERT) zusammengefasst. Gleichzeitig erhielten die Provinzen mehr Befugnisse für den Aufbau eigener Außenhandelsstrukturen und die Ausweitung von Wirtschaftsbeziehungen ins Ausland. Asien stand offenkundig im Zentrum von Chinas Politik der wirtschaftlichen Öffnung: Während der 1980er Jahre normalisierten sich die Wirtschaftsbeziehungen zu den meisten asiatischen Ländern. In zwölf Ländern wurden Handelsniederlassungen eröffnet.

In Südostasien wurde das Verhältnis zu Thailand zu einem der wichtigsten diplomatischen Erfolge. Thailändische Unternehmen gehörten zu den ersten, die in China investierten, und chinesische Firmen erhielten für Bauprojekte und die Kooperation beim Austausch von Arbeitskräften Zugang zum thailändischen Markt. Die beiden anderen Haupthandelspartner in Südostasien wurden Singapur und die Philippinen. In Malaysia ging es langsamer voran, aber bei einem Pekingbesuch 1985 erklärte der malaysische Premierminister

Mohamed Mahathir, »während Politik die erste Dekade der chinesisch-malaysischen Beziehungen dominierte, sollte die Wirtschaft die nächste Dekade dominieren«. Aufgrund kritischer Stimmen im Inland wurde das erste Handelsabkommen erst 1988 unterzeichnet. Ebenso kündigte der indonesische Außenminister Mochtar 1984 an, sein Land wünsche, die direkten Handelsbeziehungen zu China wiederaufzunehmen.[29] Zwar hatte der direkte Handel offiziell bereits begonnen, aber Indonesien verweigerte der Volksrepublik die Genehmigung zur Einrichtung einer Handelsniederlassung, denn das indonesische Militär befürchtete, die Volksrepublik könnte die Niederlassung zur Durchführung subversiver Aktivitäten missbrauchen. 1986 handelten Vertreter beider Länder durch Vermittlung Singapurs ein Abkommen aus. China lockte die südostasiatischen Länder mit seinem wachsenden Markt, der Chancen für Exportsteigerungen vor allem im landwirtschaftlichen Sektor bot. Auch lieferte China Erdöl zu Freundschaftspreisen an Länder wie Thailand, die Philippinen und Singapur. 1988 wurde der Grenzhandel mit dem Erzfeind Vietnam wiederaufgenommen, und beide Seiten begannen die unbefestigten grenzüberschreitenden Straßen instand zu setzen, die während des langen Konflikts zerstört worden waren.[30]

Ebenfalls ausgeweitet wurden die Handelsbeziehungen zu Japan und Südkorea. Die chinesische Führung befürchtete, die Flut japanischer Investitionen im Ausland und die Verlagerung von Teilen der japanischen Industrie nach Ostasien würden an China vorübergehen und stattdessen Taiwan begünstigen. »Wir wüssten es zu schätzen, wenn alle Unternehmen in Ihrem Land die Zusammenarbeit mit uns verstärkten.

Wir hoffen, die japanische Regierung wird sie zu einer länger-
fristigen Perspektive ermutigen. China mangelt es an finan-
ziellen Mitteln, so dass es nicht in der Lage war, viele seiner
Ressourcen zu entwickeln«, teilte Deng Xiaoping Premierminister Yasuhiro Nakasone bei einem Tokiobesuch 1984 mit.
»Wenn sie entwickelt sind, werden wir in größerem Umfang
Japans Bedarf decken können. Und wenn Japan heute in China investiert, wird es künftig großen Nutzen daraus ziehen.«
Die Vertiefung der Verbindungen zu Südkorea und Japan veranlasste wiederum taiwanesische Unternehmen, eine Locke-
rung der Restriktionen gegen Investitionen ihres Landes in
China zu fordern. Zwar gab Taipeh seine Politik des »dreimal
Nein« – kein direkter Austausch durch Post, Handel oder Flug-
und Schiffsverkehr – nicht komplett auf, aber viele Barrieren
gegen direkten Handel, Investitionen und Besuche wurden
gesenkt. Während dieser Periode festigte Hongkong seine Position als wirtschaftliche Schnittstelle. Mitte der 1980er Jahre
liefen bereits rund 80 Prozent der ausländischen Investitionen in China über die britische Kronkolonie. Und mehr als
drei Millionen Bürger der Provinz Guangdong arbeiteten für
Produzenten aus Hongkong.

Der Handel half zudem, die Beziehungen zur Sowjetunion
zu glätten. 1984 unterzeichneten Peking und Moskau ein Abkommen zur wirtschaftlichen und technischen Zusammenarbeit und richteten eine Kommission ein, die seine Umsetzung
überwachen sollte. 1985 einigte man sich auf den Bau von
sieben neuen Industriebetrieben in China. Infolge dieser beiderseitigen Politik der vorsichtigen Annäherung kam es zu
einem sprunghaften Anstieg des Handels zwischen dem fern-

östlichen Teil Russlands und Grenzprovinzen wie Heilongjiang und Xinjiang.[31] Moskau übernahm bei der Wiederherstellung freundschaftlicher Beziehungen die Führungsrolle. 1985 wurde der antichinesische Staatschef der Mongolei ersetzt. 1986 hielt Michail Gorbatschow in Wladiwostok eine bedeutende Rede, in der er ankündigte, die Truppen entlang der Grenze zu reduzieren, im Osten keine zusätzlichen Raketen zu stationieren und einen Rückzug aus der Mongolei zu erwägen. Doch damit war China noch nicht zufrieden und forderte von Russland die Einstellung der Hilfen für Vietnam. 1987 begannen Grenzverhandlungen; 1989, als die Sowjetunion bereits auf den Zusammenbruch zusteuerte, billigte Moskau den Chinesen die Kontrolle über die Spratly-Inseln zu. Außerdem übte es Druck auf Vietnam aus, sich aus Kambodscha zurückzuziehen, und zog seine Marine aus der Cam-Ranh-Bucht ab. Im Mai desselben Jahres besuchte Gorbatschow Peking – eine Demutsgeste. Die sowjetische Bedrohung gab es nicht mehr. Und während ihres allmählichen Schwindens hatte sich der Handel verzehnfacht.

Der Niedergang der Sowjetunion ermutigte andere Länder, sich um eine Normalisierung der Beziehungen zu China zu bemühen. Schon 1985 unternahm Laos erste Schritte, aber China reagierte darauf erst 1989. 1988 trat Vietnam diskret an China heran, um die Beziehungen wiederaufzunehmen, aber Peking sperrte sich, bis Hanoi begann, seine Truppen aus Kambodscha abzuziehen. Trotz innenpolitischer Kritik setzte auch die indische Regierung die Arbeit am Aufbau engerer Beziehungen fort. Wieder erwies sich der Handel als Katalysator: »Wir können es uns nicht leisten, einander nicht zu verstehen«, erklärte Deng einer indischen Delegation, die 1982 Peking besuchte. »Wenn wir die internationale Wirtschaftsordnung ändern wollen, müssen wir vor allem die Frage der Beziehungen zwischen dem Süden und dem Norden lösen, aber gleichzeitig Wege finden, um die Süd-Süd-Kooperation zu stärken.« Zwei Jahre später wurde ein erstes Handelsabkommen geschlossen. Nach sechs Verhandlungsrunden um die Grenzfragen brachen die Beziehungen kurzzeitig ab, als das indische Parlament im Dezember 1986 die Gründung des Bundesstaats Arunachal Pradesh beschloss. Dieser Schritt brachte die chinesische Regierung auf, und Deng Xiaoping warnte Indien davor, umstrittenes Territorium in Besitz zu nehmen. In den Monaten, die auf den indischen Parlamentsbeschluss folgten, wurden auf beiden Seiten der Grenze Truppen mobilisiert, und die Medien berichteten von Scharmützeln. Diesmal eskalierte die Gewalt jedoch nicht, und nach einem Treffen der Außenminister beider Länder in New York mäßigten die Regierungen ihre Haltung. Die Spannungen nahmen 1987 mit dem sogenannten Sumdorong-Chu-Konflikt jedoch erneut zu. Während beide Regierungen ihre Unnachgiebigkeit erklärten, kam es zu einem besorgniserregenden Truppenaufmarsch entlang der Grenze. China war insbesondere besorgt, Indien würde noch mehr Truppen in umstrittene Gebiete wie Tawang und Demchok entsenden. Im Mai 1987 jedoch reiste der indische Außenminister nach Peking, um dieser kurzen Episode des Unfriedens ein Ende zu setzen. Ungeachtet kritischer Stimmen in den Medien und des Widerstands einiger Mitglieder der Kongresspartei, trat Rajiv Gandhi 1988 seinen historischen Staatsbesuch in China an. In Peking traf er zu ausführlichen Gesprächen mit Deng Xiaoping zusammen. »Die Welt verändert sich, also muss sich auch das Denken der Menschen ändern«, sagte Deng. Von da an gewann die Zusammenarbeit an Tempo, der Austausch intensivierte sich, und das Geschäft blühte, auch wenn der Grenzstreit ungelöst blieb.

China erkannte nun auch die Bedeutung multilateraler Organisationen: 1980 bezog es wieder seinen Platz in der UN-Interimskommission für die Internationale Handelsorganisation, 1983 trat es dem Welttextilabkommen bei, und 1986 schloss es sich »wieder« dem Allgemeinen Zoll- und Handelsabkommen (GATT) an.[32] Diese Mitgliedschaften trugen erstens dazu bei, die Exporteinnahmen zu steigern, die für die Modernisierungspläne der Regierung benötigt wurden. Zweitens förderten sie Chinas Image als aufstrebende Macht, die sich gegenüber anderen Akteuren weitgehend kooperativ verhält. Drittens bemühte Peking sich, Taiwan auszumanövrieren. Dieselbe Kombination aus politischen und wirtschaftlichen Interessen bewog Peking, den Regionalorganisationen Asiens nicht länger fernzubleiben: 1986 nahm es seinen Platz in der Asiatischen Entwicklungsbank (ADB) als alleiniger rechtmäßiger Repräsentant Chinas wieder ein, während Taiwan unter der abgeänderten Bezeichnung Taipeh, China, Mitglied bleiben durfte.[33] 1988 schloss sich China der Pacific Economic Cooperation Conference (PECC) an, einem nichtstaatlichen Forum, das auf Initiative Australiens ins Leben gerufen worden war.[34] Zwar lehnte Peking es noch 1981 ab, dem ASEAN-Bündnis eine Vermittlerrolle bei der Beilegung des Kambodschakonflikts einzuräumen, kündigte aber 1984 an, es wünsche »eine dauerhafte, stabile, gutnachbarschaftliche und freundliche Beziehung« zu dieser Institution. 1985 wurde China von Indonesien zur ersten ASEAN-Wirtschaftskonferenz eingeladen.[35] Bei seinem Thailandbesuch 1988 setzte sich Premierminister Li Peng für die Aufnahme von Wirtschaftsbeziehungen zur ASEAN-Zone ein. Im selben Jahr nahm Peking Verhandlungen über eine Mitgliedschaft im Pacific Basin Economic Council (PBEC) auf, einem halboffiziellen Forum, das von Japan und Australien gefördert wurde. Obgleich die Nachwirkungen der Tiananmen-Krise sich als Hindernis erwiesen, zeigte China auch reges Interesse, sich der Asiatisch-Pazifischen Wirtschaftsgemeinschaft (APEC) anzuschließen. 1989 wurden Gespräche mit Peking aufgenommen, um eine Formel zu finden, die es ermöglichen sollte, dass sowohl die Volksrepublik als auch Taiwan beitreten konnten. Die chinesische Regierung stimmte der Mitgliedschaft von Taiwan und Hongkong als Wirtschaftseinheiten zu, und 1990 wurde grünes Licht für den Beitritt Chinas gegeben.

Ein weiterer wichtiger Faktor bei der Entwicklung der regionalen Handelspolitik war die Rolle der Provinzen, die Verbindungen zu den Nachbarländern aufbauten. Die Verfassung von 1982 gab den landesregionalen Einheiten mehr Gestaltungsspielraum für ihre Wirtschaftsdiplomatie. So durften sie zum Beispiel eigene Ämter und Kommissionen für den Außenhandel einrichten. Viele Provinzen organisierten Handelsmessen, entsandten Wirtschaftsdelegationen und etablierten Vertretungen in chinesischen Botschaften, und Küstenprovinzen investierten massiv in Verbindungen zu Japan, Taiwan und Hongkong. In den 1980er Jahren bemühte sich die Provinz Jilin intensiv um eine regionale wirtschaftliche Zusammenarbeit entlang des Grenzflusses Tumen, da sie darin die Chance sah, zur Drehscheibe für den Handel Chinas mit Nachbarländern wie Russland und Südkorea zu werden. 1985 erließ die Provinz Yunnan Übergangsbestimmungen zum Grenzhandel, und wenige Jahre später besuchte deren Gouverneur Myanmar, um dort Kaufhäuser zu eröffnen und für chinesische Waren zu werben.[36] Kaum war 1988 der Handel mit Vietnam wieder in Gang gekommen, drängte die Provinz Guangxi auf eine baldige Beilegung des Grenzkonflikts, flexible Zollregelungen und den Wiederaufbau der Verkehrsinfrastruktur zu den Grenzstädten.

Auf stabilem Kurs

Die Wirtschaftsreformen und die Charmeoffensiven erwiesen sich als höchst wirkungsvoll: China hängte die meisten seiner Nachbarn ab und ergriff wirtschaftliche Chancen, die sonst vielleicht jenen zugefallen wären. Noch 1978 waren die ausländischen Direktinvestitionen in China praktisch zu vernachlässigen, 1989 betrugen sie bereits 3 Milliarden Dollar und setzten auch danach ihren Höhenflug fort. Gleichzeitig stagnierte oder verminderte sich der Zufluss ausländischer Direktinvestitionen in verschiedenen anderen asiatischen Ländern. In Indien zum Beispiel sanken die Investitionszuflüsse nach 1987 in fünf aufeinanderfolgenden Jahren, auf den Philippinen in den fünf Jahren nach 1988 und in Thailand in den fünf Jahren nach 1990.[37] Im Warenexport war der Trend noch nicht so deutlich. Chinas Anteil an den Exporten aus der Region stieg leicht von 9 Prozent 1978 auf 12 Prozent 1988. Aber da hatte es Indien bereits in den Schatten gestellt und schickte sich an, ganz Südostasien zu überflügeln, dessen Exportwachstum von 25 Prozent 1988 auf 12 Prozent 1992 sank. Chinas angestrebte Konsolidierung als Nation stand nun auf solidem wirtschaftlichem Boden, und das war die wichtigste Leistung der Ära Deng Xiaoping.

Überdies hatte sich auch Chinas Nachbarschaftspolitik gründlich gewandelt: Sie wurde professioneller, breitgefächert, multilateral und flexibler. Dennoch hatte diese neue Flexibilität ihre Grenzen: Keine der vier großen Bestrebungen wurde revidiert; beim Ziel, verlorenes Territorium zurückzugewinnen, gab es keine nennenswerten Konzessionen. Und obgleich China verstärkt mit den Supermächten zusammenarbeitete, hielt es an dem Ziel fest, deren Privilegien durch eine Änderung der globalen Ordnung zu beschneiden. Um dies zu erreichen, so die Überzeugung der chinesischen Führung, musste sie einen stabilen Kurs verfolgen. Daran änderte auch die Tiananmen-Krise von 1989 nichts.

Kapitel 4

Revisionismus aus dem Diplomatenkoffer

Am 24. Juni 1989, keine 20 Tage nachdem die letzte Gruppe protestierender Studenten vom Tiananmen-Platz vertrieben worden war, stöhnte die chinesische Hauptstadt erneut vor Frustration. Auslöser war die Nachricht, dass ein uncharismatischer Apparatschik aus Shanghai zum neuen Generalsekretär der Kommunistischen Partei ernannt worden war. Jiang Zemin war eine Kompromisslösung. In Shanghai war es der energische Bürgermeister Zhu Rongji gewesen, der die Reformen vorangetrieben hatte, nicht er. Aber der zweiundsechzigjährige Politiker hatte als Leiter der Propagandaoffensive gegen die Protestbewegung bei den Hardlinern in der Partei gepunktet. Als neuer Staatsführer hatte Jiang zwei wichtige Aufgaben zu bewältigen: das Vertrauen der chinesischen Bevölkerung zurückzugewinnen und nach der Tiananmen-Katastrophe auf diplomatischer Ebene für Schadensbegrenzung zu sorgen. Die zweite Aufgabe erwies sich als nicht besonders schwierig. So laut die Rufe der Empörung in den westlichen Gesellschaften auch schallen mochten, die diplomatischen Reaktionen fielen bemerkenswert gedämpft aus. Die amerikanische Regierung verhängte Sanktionen, achtete aber darauf, sich von der Kritik aus dem Kongress nicht zu sehr mitreißen zu lassen. »Unsere Außenpolitik muss die Möglichkeit der vollständigen Rückkehr Chinas in die internationale Gemeinschaft offenhalten, ja sogar aktiv unterstützen«, erklärte US-Außenminister James Baker.[1] In Europa froren Belgien und Italien ihre Wirtschaftshilfe ein, gleichzeitig warnte aber die britische Premierministerin Margaret Thatcher, übereilte Sanktionen könnten in Hongkong Panik auslösen. Besonders Chinas asiatische Nachbarn waren darauf bedacht, nicht überzureagieren: »Wir können die Menschenrechtsverletzungen der chinesischen Regierung nicht tolerieren, aber wir dürfen China auch nicht in eine Position der Isolation von der internationalen Gemeinschaft treiben«, stellte der japanische Außenminister fest.[2] Die südkoreanische Regierung bemerkte nur, das Blutvergießen auf dem Tiananmen-Platz sei »bedauerlich«. Brunei, das den ASEAN-Vorsitz innehatte, bezeichnete Tiananmen als strikt innenpolitische Angelegenheit. Die einzige Ausnahme bildeten die Philippinen, die sich entschlossen, die politischen Beziehungen einzufrieren und überdies chinesische Importe zu stoppen, wobei letztere Maßnahme aber nicht zuletzt dazu diente, das wachsende Handelsbilanzdefizit einzudämmen. China geriet also nicht so sehr in die Defensive, wie oft behauptet wird. In dem Jahrzehnt, das auf die Tiananmen-Krise folgte, waren Chinas Nachbarn mindestens so entschlossen zu verhindern, dass der Riese wieder in den Hintergrund schlitterte, wie die neue chinesische Führung selbst.

Die Wende

In den gesamten 1990er Jahren gewann Chinas Zusammenarbeit mit den Nachbarländern deutlich an Dynamik. 1993 betonte Ministerpräsident Li Peng in seinem Jahresbericht, dass »die Entwicklung segensreicher und freundschaftlicher Beziehungen mit den Nachbarstaaten und das Streben nach einem friedlichen und ruhigen Umfeld wichtige Aspekte der Außenpolitik unseres Landes sind«. 1997 formulierte Jiang Zemin die diplomatischen Prioritäten wie folgt: Respektierung der Souveränität anderer Länder und unterschiedlicher Formen der politischen, wirtschaftlichen und kulturellen Zusammenarbeit; Nichteinmischung; Zurückstellung von Differenzen und die Suche nach gemeinsamen Grundlagen für Kooperation; die Lösung von Meinungsverschiedenheiten mit friedlichen Mitteln und die Förderung der Multipolarität. Dies führte dazu, dass China viel in die regionale Zusammenarbeit investierte, was als Indikator zunehmender Flexibilität gelobt wurde. 1991 trat es der Asiatisch-Pazifischen Wirtschaftsgemeinschaft (APEC) und dem Tumen River Area Development Programme (TRADP) bei, einem von den Vereinten Nationen unterstützten Programm zur Entwicklung Nordostasiens. Im selben Jahr wurde China von Malaysia eingeladen, einem ASEAN-Treffen auf Ministerebene als Gast beizuwohnen. Damals bestand die ASEAN nur aus sechs Mitgliedern; Vietnam, Myanmar, Laos und Kambodscha sollten zwischen 1997 und 1999 beitreten. 1992 schlug der ASEAN-Generalsekretär die Einrichtung von zwei gemeinsamen Komitees vor, eine Idee, der China gerne zustimmte. 1994 wurde China gemeinsam mit den Vereinigten Staaten, Japan, Südkorea und sieben weiteren Ländern in das ASEAN-Regionalforum (ARF) aufgenommen. 1995 schloss sich China der Greater Mekong Subregion (GMS) an, einem Projekt, mit dem die Asiatische Entwicklungsbank die Kooperation im Mekongbecken fördern wollte. 1996 wurde das Land als Dialogpartner der ASEAN akzeptiert, und man nahm Verhandlungen über eine Mitgliedschaft in der Central Asia Regional Economic Cooperation (CAREC) auf. Überdies war China die treibende Kraft hinter den »Shanghai Five«, einer Kooperationsplattform, an der Kasachstan, Kirgisistan, Russland, Tadschikistan und Usbekistan beteiligt waren. Präsident Jiang Zemin nutzte den inoffiziellen China-ASEAN-Gipfel von 1997 für eine Botschaft an seine Amtskollegen: »Geben Sie den Wirtschaftsbeziehungen und dem Handel, der wissenschaftlichen und technischen Zusammenarbeit zwischen unseren beiden Seiten Vorrang im Einklang mit dem Prinzip der Nutzung der jeweils vergleichbaren Vorteile und des beiderseitigen Wohls und verstärken Sie die Zusammenarbeit in den Bereichen Rohstoffe, Technologie, Bankwesen, Datenverarbeitung, Erschließung und Förderung von Humanressourcen und Investitionen, um einander bei der Erreichung gemeinsamen Fortschritts zu unterstützen.«[3] Im Jahr danach richteten die ASEAN, China, Japan und Südkorea die ASEAN-plus-drei-Konferenzen ein, und bereits 1999 wurde von einem Freihandelsabkommen innerhalb der Gruppierung gemunkelt.[4]

Die aktive Beteiligung an Regionalorganisationen führt uns zu einem zweiten Aspekt, der sich in Chinas Beziehungen zu Asien veränderte: die Kommunikation. 1994 schlug Außenminister Qian Qishen vor, Dialogmechanismen auf mehreren Ebenen und mit mehreren Kanälen zu schaffen. China ergriff begierig die Gelegenheit, die Kommunikation zu verbessern. Die Häufigkeit offizieller bilateraler Besuche stieg geradezu exponentiell an, was auch der schrittweisen Erweiterung der relevanten Ministerien und der Vergrößerung der chinesischen Botschaften vor allem Ende der 1990er Jahre zu verdanken war. »Offenbar kamen die Chinesen zu der Auffassung, dass der bilaterale Austausch einen Gradmesser des Fortschritts darstellt«, bemerkte ein Diplomat aus Singapur, »aber es dauerte eine Weile, bis sie lernten, durch diesen Austausch auch in der Praxis Fortschritte zu erzielen. Oft war die Sprache ein Problem, auch die persönlichen Fähigkeiten, aber definitiv auch das Fehlen klarer Instruktionen aus Peking.«[5] Ein anderer Experte meinte:»Der sprunghafte Anstieg der Unterredungen ging nicht mit der entsprechenden Steigerung der Qualität unserer Gespräche einher. Die chinesische Führung wurde zweifelsfrei selbstbewusster, aber die Funktionäre der unteren Ebenen brauchten mindestens ein Jahrzehnt, um die traditionellen Schuldzuweisungen und ihr schulmeisterliches Verhalten abzulegen.«[6]

Die offiziellen Treffen wurden von zahlreichen neuen informellen Dialogen flankiert, den sogenannten Track-2- und Track-1,5-Treffen. Eine Unmenge solcher Besprechungen fand rund um die Partnerschaft mit der ASEAN statt und konzentrierte sich zumeist auf Handelsfragen und die Ermittlung von Chancen zur Vertiefung der wirtschaftlichen Zusammenarbeit. Andere Plattformen waren der Northeast Asia Cooperation Dialogue (NEACD) und der Rat für Sicherheit und Zusammenarbeit in Asien-Pazifik (CSCAP). Gespräche auf Unternehmensebene waren eine weitere Schiene, in die China viel investierte. Während der Amtszeit von Jiang Zemin wurden in mindestens neun asiatischen Ländern gemeinsame Wirtschaftskommissionen eingerichtet.

Die Ausweitung der wirtschaftlichen Zusammenarbeit fiel mit einer dritten Entwicklung zusammen: der Zunahme der Akteure auf dem diplomatischen Parkett. Zum Beispiel übernahmen Provinzen die Führung bei der Schaffung von Synergien mit Nachbarländern. Xinjiang und die Innere Mongolei standen hinter Chinas Beitritt zu CAREC. Yunnan und Guangxi drängten unermüdlich auf besseren Zugang zu Südostasien. Die Provinz Sichuan brachte die Idee einer neuen südwestlichen Seidenstraße ins Spiel, um den Export nach Bangladesch und Indien zu fördern. Im Jahr 2000 taten sich die Küstenprovinzen mit den benachbarten Ländern in subregionalen Initiativen um das Perlflussdelta, den Golf von Tonkin, das Gelbe Meer und die Bohai-Bucht zusammen.

Eine vierte Veränderung bestand darin, dass China als verantwortungsvoller Geschäftspartner wachsende Erwartungen weckte. Für die meisten asiatischen Länder blieb der Exportanteil nach China gering – 1995 lag er im Durchschnitt bei rund 5 Prozent.[7] Aber die Erwartungen waren hoch, vor allem bei exportorientierten Produzenten, die in China investieren wollten. Von 1991 bis 1995 lockte China ausländische Direktinvestitionen in Höhe von 12 Milliarden Dollar aus Taiwan, 8 Milliarden aus Japan, 4 Milliarden aus Singapur, 2 Milliarden aus Südkorea und 2 Milliarden aus anderen südostasiatischen Ländern an – Ende des Jahrhunderts hatten sich diese

Zahlen mehr als verdoppelt.[8] Um diesen Zufluss zu erleichtern, unterzeichnete China 16 bilaterale Investitionsschutzabkommen mit asiatischen Ländern. Der Hunger nach dem chinesischen Markt nahm nach der asiatischen Finanzkrise von 1997 und 1998 noch zu. Von diesem Zeitpunkt an wuchs die chinesische Wirtschaft sehr viel stärker als die der meisten seiner Nachbarländer. China machte sich die Krise geschickt zunutze. Dank seiner Rücklagen konnte es eine Billion Dollar in neue Infrastruktur investieren. Die Stimulierung durch die Investitionen, geringe kurzfristige Auslandsschulden und Kapitalmarktkontrollen sorgten überdies dafür, dass sich China aus der Abwertungsspirale heraushalten konnte, die die anderen asiatischen Länder erfasst hatte. Die so gewonnenen Vorteile waren enorm. Nicht nur konnte sich China als stabiler Markt für Investoren behaupten, seine Entscheidung, den Yuan gegenüber anderen asiatischen Währungen nicht abzuwerten, ermöglichte der Führung, China als Musterbild der Solidarität und des Verantwortungsbewusstseins darzustellen. »Im Lauf der vergangenen Finanzkrise in Südostasien hat sich China nach Kräften am Rettungsprogramm der internationalen Finanzorganisationen beteiligt. China hat den Preis bezahlt und das Opfer für die Stabilität der asiatischen Wirtschaft gebracht, indem es seine Währung nicht abgewertet hat«, konstatierte 1999 Long Yongtu, Generaldirektor im Ministerium für auswärtige Beziehungen. »Trotz der durch die südostasiatische Finanzkrise ausgelösten Schwierigkeiten hat China auf dieser Sitzung beschlossen, zu seiner Verpflichtung zu stehen.« Und als wäre das noch nicht genug, machte es sich bereit, der Welthandelsorganisation beizutreten.

Auch in Sicherheitsfragen versuchte China, Verantwortung zu demonstrieren, so etwa bei Grenzverhandlungen. Gegenüber Vietnam, Laos, Tadschikistan und Kasachstan zum Beispiel machte Peking Zugeständnisse bei einzelnen umstrittenen Gebieten. 1995 begann China zudem mit der Entwicklung eines neuen Sicherheitskonzepts, das darauf angelegt war, die Nachbarn zu beruhigen und den Unterschied zum amerikanischen Unilateralismus zu betonen. Als das Konzept bekannt gemacht wurde, stellte sich heraus, dass es sich stark auf die »Fünf Prinzipien der friedlichen Koexistenz« stützte, Souveränität und Gleichheit betonte, aber zugleich setzte es einen neuen Schwerpunkt auf den informellen Sicherheitsdialog, die Zusammenarbeit in Fragen neuer Sicherheitsrisiken, die Verhinderung der Verbreitung von Massenvernichtungswaffen, die Vertrauensbildung in Konfliktzonen und die Rolle regionaler Organisationen.

Die Streitkräfte wurden ebenfalls ein wichtiges Instrument, um guten Willen zu zeigen. Anfang der 1990er Jahre wurden mit Russland, Indien und – wenn auch widerstrebend – Japan Gespräche auf hoher militärischer Ebene in Gang gesetzt. Die chinesische Marine lief Häfen in Thailand, auf den Philippinen, in Malaysia, Pakistan, Indien, Sri Lanka, Nordkorea, Singapur, Australien, Neuseeland, Russland und den Vereinigten Staaten an. Mit Indien, Russland und den zentralasiatischen Ländern kam Peking überein, die Streitkräfte in der gesamten Region zu reduzieren. Im Jahr 1999 entsandte China 200 Soldaten zu einer Mission der Vereinten Nationen in Osttimor, nachdem es zuvor eine Intervention unter der Führung Australiens unterstützt hatte. All dies veranlasste eine wachsende

Zahl von Beobachtern zu der Schlussfolgerung, China strebe nach Verständigung und der Beibehaltung des Status quo. In einem vielgelesenen Artikel schrieb Alistair Ian Johnston, China sei ein engagierter Akteur innerhalb der bestehenden Ordnung. Die Fernostexperten Bates Gill und James Reilly meinten, Chinas flexiblere Haltung in Fragen von Souveränität und Intervention ebne den Weg zu »stärkerer Integration in die internationale Gemeinschaft, größerer Akzeptanz internationaler Normen, zur Durchführung neuer multilateraler Maßnahmen der Vertrauensbildung, um mehr militärische Transparenz aufseiten Chinas zu schaffen, während das regionale Misstrauen gegenüber China abgebaut und die Last der UN-Friedenssicherung besser verteilt sowie die internationale Unterstützung dafür gestärkt wird«.[9] Der australische Professor Stuart Harris sagte dazu: »Statt wie bisher den Schwerpunkt auf politisch-strategische Fragen zu legen, ist China zu einer umfassenderen Sicht nationaler Interessen gelangt und sieht ein, dass das internationale System China gegenüber nicht durchweg feindlich eingestellt ist.« Stephen Roach, Chefökonom bei Morgan Stanley, der den China-Optimismus zu seinem Markenzeichen machte, behauptete, hier trete eine neue, wohlwollende asiatische Führungsmacht hervor. Oder etwa nicht?

Standfestigkeit

Mag sein, dass China in dieser Ära einen verbindlicheren Stil pflegte, aber seine Kernziele, seine Interessen und selbst seine anarchische Weltsicht blieben davon unberührt. Nirgends zeigt sich dies deutlicher als in seiner Haltung gegenüber den südostasiatischen Ländern, Südkorea, Japan, der Sowjetunion und Taiwan. Nehmen wir zum Beispiel Vietnam: 1989 – nach fast einjährigen Verhandlungen über das Engagement Hanois in Kambodscha – hatte Peking keinerlei Zugeständnisse bei seinen Kernforderungen gemacht, Vietnam müsse Zehntausende der dort stationierten Soldaten abziehen, ehe China die Unterstützung für die bewaffneten Gegner von Präsident Hun Sen einstellte, und die Roten Khmer müssten bei der politischen Umgestaltung Kambodschas Einfluss erhalten. Geschickt Moskaus Wunsch nach einer Normalisierung der Beziehungen nutzend, verlangte China, die Sowjets sollten stärkeren Druck auf Vietnam ausüben. Auch Vietnams verzweifelte Bemühungen um amerikanische Wirtschaftshilfe, die Washington ebenfalls an Vietnams Rückzug aus Kambodscha knüpfte, kamen den Chinesen zupass: Sie mussten sich nur in Geduld üben. Geheimverhandlungen mit dem stellvertretenden vietnamesischen Außenminister im Frühling 1989 waren ergebnislos geblieben, bis Hanoi im April erklärte, seine Soldaten würden Kambodscha bis Ende des Jahres verlassen. Im Juni zollte China Vietnam in einer ersten Geste gegenüber dem vietnamesischen Außenminister Anerkennung dafür, dass sein Land so zurückhaltend auf Chinas hartes Vorgehen auf dem Tiananmen-Platz reagiert hatte. Im

Juli lobte die *Shanghai Liberation Daily* Hun Sen dafür, Kambodschas Wirtschaft vorangebracht zu haben. Im November wurde endlich eine UN-Resolution verabschiedet, die den Roten Khmer indirekt eine Funktion in der Übergangsregierung zubilligte. Es dauerte allerdings noch weitere zwei Jahre, bis die Spannungen nachließen. Unterdessen versorgte China die Roten Khmer weiterhin mit Mörsern, Flugabwehrgeschützen, Raketenabschussvorrichtungen und schwerer Artillerie. Am Ende hatte Peking sich durchgesetzt: Vietnam hatte sich aus Kambodscha zurückgezogen und, ebenso wichtig, Russland aus Vietnam. Wachsender Unmut zwischen Peking und den Roten Khmer und ein Angriff der Roten Khmer auf chinesische Friedenstruppen in Kambodscha erledigten den Rest. Im September 1990 kam der stellvertretende Premierminister Võ Nguyên Giáp anlässlich der Asienspiele nach China und war damit der höchstrangige offizielle Besucher aus Vietnam seit 1979. Ungefähr ein Jahr später forderte der Chef der Kommunistischen Partei Đỗ Mười Peking zu einem Gipfeltreffen auf, das die Normalisierung besiegelte.

Die Verbesserung der Beziehungen zu Kambodscha förderte auch Chinas Verhältnis zu den übrigen südostasiatischen Staaten. Der erste war Indonesien: Schon im Februar 1989 hatten sich China und Indonesien auf eine Normalisierung geeinigt; seit dem Abbruch der Beziehungen nach dem Vorwurf, China unterstütze einen kommunistischen Staatsstreich, waren mehr als zwei Jahrzehnte vergangen. Indonesien verfügte gegenüber China über einen hohen Handelsüberschuss, und mächtige Industriemagnaten hatten Präsident Suharto gedrängt, seine Vorbehalte aufzugeben. Sein Außenminister

Ali Alatas sah engere Verbindungen mit China als wichtigen Faktor, um gegenüber Thailand Einfluss in der Region zu gewinnen.[10] Im Juli 1990 nahmen Peking und Jakarta ihre diplomatischen Beziehungen offiziell wieder auf. Singapur folgte drei Monate später. Nach der Tiananmen-Krise hatte Peking seinen Handelsminister in den Stadtstaat geschickt und auf Kritik verzichtet, als Singapur den USA anbot, auf seinem Boden Militäreinrichtungen zuzulassen.[11] Als Nächstes schloss sich Laos an, ein enger Verbündeter Vietnams.[12] Mehr als die Hälfte der in Laos getätigten ausländischen Investitionen stammten aus China, und die wirtschaftlichen Verbindungen weiteten sich rasch aus.[13] 1991 wurden diplomatische Beziehungen zu Brunei aufgenommen. China hatte schon im Oktober 1989 eine erste Handelsdelegation in das winzige Sultanat entsandt. Und die Gastgeber zeigten sich gern bereit, Öl zu verkaufen. Etwas später knüpfte China Beziehungen zu den Philippinen. Bereits 1992 verlangte Manila von den Vereinigten Staaten die Aufgabe ihrer Marinebasis in der Subic-Bucht. 1993 besuchte Präsident Fidel Ramos China. Auch Malaysia bemühte sich um eine Verbesserung der Beziehungen zu China. 1993 reiste Premierminister Mahathir Mohamed an der Spitze einer 290-köpfigen Wirtschaftsdelegation nach Peking. Abgesehen von den Wirtschaftsbeziehungen sah Mahathir China als entscheidenden Faktor in seinen Bemühungen um eine unabhängigere Außenpolitik und den Aufbau einer ostasiatischen Wirtschaftsgemeinschaft, der East Asia Economic Caucus (EAEC), als Alternative zur APEC.

China schickte sich aber auch an, enger mit der ASEAN zusammenzuarbeiten.[14] Oft heißt es, China habe die Initiative zu ersten Kontakten ergriffen, und tatsächlich war man vor allem an den Ressourcen, Technologien und der Industrie der Mitgliedsstaaten interessiert.[15] Obgleich chinesische Experten betonten, es gehe um gegenseitige Ergänzung auf wirtschaftlicher Ebene, lag auf der Hand, dass Peking das große Investitionskapital aus Japan, Taiwan, Südkorea und anderen Industrieländern an sich ziehen wollte. Überdies war es daran interessiert, den traditionell großen Einfluss Japans einzuschränken und sich den Bemühungen Tokios um den Aufbau besser strukturierter und juristisch verbindlicher Regionalorganisationen zu widersetzen. 1992 schlug Japan vor, die Agenda des ASEAN-Japan-Forums zu erweitern, das der tatkräftige Premierminister Fukuda Takeo 1977 ins Leben gerufen hatte. Aber China stellte sich quer. Die ASEAN-Mitglieder waren darauf erpicht, nach China zu exportieren, und das Sekretariat der Organisation bemühte sich eifrig, den Aufbau engerer Wirtschaftsbeziehungen zu erleichtern. Die südostasiatischen Länder sahen eine Partnerschaft zwischen der ASEAN und den Regionalmächten als Möglichkeit, einen Vorteil zu erringen. So wie Peking hoffte, mittels der regionalen Organisationen Ängste abzubauen, setzten seine Nachbarn darauf, durch regionale Programme Einfluss auf Chinas Ambitionen zu nehmen.

Doch wieder einmal wurde der Fortschritt durch mehrere Rückschläge zunichte gemacht. Sogar mehr noch als in den 1980er Jahren wurde China als aggressiver Moloch wahrgenommen, der im Südchinesischen Meer den starken Mann markierte. Im Rückblick war diese Einschätzung nicht ganz zutreffend. China bewies auf jeden Fall Hartnäckigkeit und hielt an seinem Anspruch auf alle Inseln innerhalb der Neun-Striche-Linie fest. Ebenso bestand es folglich darauf, Anspruch auf die Hoheitsgewässer (12-Meilen-Zone) und die sogenannten ausschließlichen Wirtschaftszonen (200-Meilen-Zone) rund um die meisten dieser Inseln zu erheben. Ferner beharrte es darauf, dass ausschließliche Wirtschaftszonen für die zivile Schifffahrt offenstehen müssten, nicht aber für Militärschiffe – ein Anliegen, das vor allem darauf zielte, die Bewegungsfreiheit der amerikanischen Marine einzuschränken. Ebenso standhaft widersetzte es sich auch den Einwendungen anderer Länder und der störenden Einmischung durch andere Mächte wie die Vereinigten Staaten. Aber es trat nicht aggressiver auf als zum Beispiel Vietnam und die Philippinen: Alle Seiten versuchten, ihre Claims abzustecken.

Aufschlussreich ist die Entwicklung der militärischen Einrichtungen. 1990 hatte China die Woody-Insel, die zur Paracel- oder Xisha-Gruppe gehört, zu einem Militärstützpunkt inklusive einer langen Landebahn ausgebaut, aber die Philippinen hatten dasselbe bereits viel früher auf der Kalayaan-Insel, Taiwan auf der Taiping-Insel und Vietnam auf den Spratly-Inseln getan, und Malaysia hatte mit einem ähnlichen Projekt auf dem Shallow-Riff begonnen.[16] In einem Bericht aus dem Jahr 1992 hieß es, dass auf 21 Inseln einige tausend Soldaten, Seeleute und Bauarbeiter ansässig seien. Im Jahr 1999 standen 27 Inseln im Spratly-Archipel unter vietnamesischer, 8 unter philippinischer und 7 unter chinesischer Besatzung. China hatte 260 Soldaten dort stationiert, Vietnam hingegen 600 und die Philippinen 595.[17] Ebenso wenig war China das einzige Land, das seine Gebietsansprüche auch per Gesetz festzuschreiben versuchte. Die Verfassung Vietnams von 1975 hatte bereits den Anspruch auf die Zuständigkeit für weite Teile des Südchinesischen Meeres geltend gemacht. Die Verfassung der Philippinen von 1987 ging sogar noch weiter und enthielt sehr konkrete Klauseln darüber, wie seine Anteile am Meer zu verwalten seien. Mit seinem 1992 erlassenen Gesetz über das Küstenmeer und die Anschlusszone war China also ziemlich spät dran. Auch war es nicht das erste Land, das Wirtschaftsaktivitäten nutzte, um seinen Ansprüchen Nachdruck zu verleihen. Alle Länder förderten die Fischereiindustrie, Malaysia, die Philippinen und Indonesien überdies auch den Tourismus auf den und um die strittigen Inseln.[18]

Die Liste der Zwischenfälle ist lang. 1991 meldete Vietnam, China habe Truppen auf der Woody-Insel stationiert. Im Februar 1992 wurde Chinas Gesetz über das Küstenmeer verabschiedet, und vier Monate später gab das Land eine Abmachung mit der Crestone Corporation zur Suche nach Erdölvorkommen in einem Gebiet bekannt, in dem Vietnam bereits Felder für eigene Bohrungen abgesteckt hatte. China erbot sich, die Produktion zu teilen, solange es die Oberhoheit behielte. Vietnam lehnte ab und beauftragte seinerseits eine norwegische Firma mit der Exploration. Immer wieder stellten vietnamesische Schiffe den chinesischen Forschungsschiffen nach. Im Juli 1992 besetzte China das Da-Lac-Riff und setzte Berichten zufolge drei konventionelle U-Boote zum Patrouillendienst rund um das Riff ein. Im Jahr 1993 verärgerte die chinesische Regierung Indonesien, indem sie eine neue Landkarte vorlegte, auf der die Natuna-Inseln als Teil des chinesischen Hoheitsgebietes ausgewiesen waren. Peking erklärte später, es beanspruche Natuna nicht, es gebe jedoch Überschneidungen bei den ausschließlichen Wirtschaftszonen. 1995 machten sich chinesische Truppen die Abwesenheit der philippinischen Marine auf dem Mischief-Riff während des Monsuns zunutze und errichteten dort drei Gebäude. Darauf folgten mehrere Konfrontationen zwischen chinesischen Fischerbooten und philippinischen Marineschiffen rund um das Riff, aber die Philippinen unternahmen nichts, um das Riff zurückzugewinnen.

Gleichzeitig nahm China an Gesprächen mit mehreren seiner Nachbarstaaten teil. Im Lauf der Zeit bekamen die Dialoge allmählich einen offizielleren Charakter, was China nutzte, um die Kooperation im Südchinesischen Meer auszuweiten. Allerdings weigerte es sich weiterhin hartnäckig, territoriale Zugeständnisse zu machen, und lehnte die Teilnahme nicht betroffener Staaten ebenso ab wie internationale Vermittlungsbemühungen. 1990 beteiligte sich China überdies am ersten indonesischen Arbeitstreffen zu den Konflikten im Südchinesischen Meer, beharrte aber darauf, diese Initiative auf Wissenschaftler zu beschränken. Beim zweiten Treffen 1991 legte China konkrete Vorschläge auf den Tisch, bei denen es um Fahrrinnen, den Austausch von meteorologischen Daten und die Seenotrettung ging. Im Jahr 1992 regte China eine Zusammenarbeit in der Meeresforschung an, 1993 warb es für vertrauensbildende Maßnahmen, ein Thema, das 1995 als Schwerpunkt für die fünfte und letzte dieser Arbeitstagungen aufgegriffen wurde. Der größte Schwachpunkt der Treffen war, dass China sie als Instrument nutzte, um Druck abzubauen, während die anderen Teilnehmer China noch mehr unter Druck setzten. Im Jahr 1992 deutete der chinesische Außenminister Qian Qichen an, China sei an einem auf mehreren Ebenen und Kanälen angesiedelten Dialogverfahren zu Sicherheitsfragen mit der ASEAN interessiert, wolle Konflikte aber auch durch stille Diplomatie lösen. Bei Jiang Zemins historischem Besuch in Hanoi 1994 einigten sich beide Seiten auf die Einrichtung einer gemeinsamen Arbeitsgruppe, um die strittigen Territorialansprüche auf die Spratly-Inseln zu besprechen – die aber letztlich keine Fortschritte erzielte. Auch das ASEAN Regional Forum (ARF) konnte den Territorialstreit nicht lösen.[19] China wurde zwar aktives Mitglied des Forums und unterstützte verschiedene Vorhaben im Bereich Vertrauensbildung, weigerte sich aber, in dem Gremium Gespräche über das Südchinesische Meer zu führen. Der einzige wesentliche Fortschritt, der in den 1990er Jahren erzielt wurde, war ein Abkommen über die Grenze zu Vietnam im Golf von Tonkin, die bezeichnenderweise fast vollständig mit Chinas Neun-Striche-Linie übereinstimmte.

Die Dekade brachte für China aber auch größeren Einfluss. Einerseits wurde immer deutlicher, dass die ASEAN gespalten war. Zum Beispiel fand Vietnam 1997 keine Unterstützung für seinen Versuch, die chinesischen Erkundungen auf dem vietnamesischen Kontinentalsockel offiziell zu verurteilen. Der malaysische Verteidigungsminister Syed Hamid Albar meinte dazu: »Wir in Südostasien sind generell der Ansicht, dass sich China bisher als regionaler Akteur vernünftig und verantwortungsbewusst verhalten hat. Sein Eintreten für die gemeinsame Erforschung der Bodenschätze im Südchinesischen Meer mit anderen Staaten der Region und die jüngst angedeutete Bereitschaft, bei der Lösung der Spratly-Frage das Völkerrecht zu beachten, führt uns zu der Ansicht, dass es mit seinen Nachbarn in Frieden zusammenleben will.« Die ASEAN-Länder blieben auch in der Frage gespalten, ob ein Verhaltenskodex für das Südchinesische Meer erforderlich sei. China war gegen einen solchen Kodex und meinte, es sei besser, mit den verschiedenen Anwärtern bilaterale Vereinbarungen auszuhandeln. Die Philippinen und Vietnam setzten sich weiterhin für einen regionalen Kodex ein, aber sie erhielten keine Unterstützung von Malaysia und waren untereinander uneins, ob sich der Kodex auf die Spratly-Inseln – die von vier ASEAN-Mitgliedern beansprucht wurden – und auf die Paracel- oder Xisha-Inseln – auf die neben China nur Vietnam Anspruch erhob – beschränken sollte. Andererseits zeigte China in diesem Gebiet verstärkte Präsenz. Ende der 1990er Jahre besaß es die bei weitem größte Fischereiflotte, und seine junge Ölindustrie erwarb wichtiges Know-how für Offshore-Bohrungen. China bereitete sich auch auf einen energischen Ausbau seiner Marine vor. Über weite Teile der 1990er Jahre hatte sich die Südflotte nur auf ein schwaches Rückgrat aus vierzehn Jianghu-Fregatten und acht Luda-Zerstörern gestützt, aber die Bestellung von russischen Zerstörern und U-Booten sowie 1999 der Auftrag für Fregatten des Typs Jiangwei II und Zerstörer der Klasse Luhai – beides Neuentwicklungen – leiteten die rapide Modernisierung der Marine in den folgenden Jahrzehnten ein.

Grenzverkehr an der Taiwan-Straße

Weiter nördlich präsentierte sich Taiwan als der größte Kontrahent, auch wenn taiwanesische Politiker ab 1989 ihre Gegenspieler in der Volksrepublik nicht mehr als »kommunistische Banditen« bezeichneten. Das war nicht nur von symbolischer Bedeutung. Darin spiegelte sich auch Taipehs wachsendes Selbstbewusstsein, das wiederum eine entspanntere Haltung gegenüber dem Festland zuließ. Das Tiananmen-Massaker löste zwar Proteste aus, aber selbst die größte Demonstration zur moralischen Unterstützung für die chinesischen Studenten vor dem Präsidentenpalast mobilisierte nicht mehr als 10 000 Teilnehmer. Im Übrigen verhielt sich Taiwan bemerkenswert vorsichtig. Seit 1987 das Reiseverbot aufgehoben worden war, hatten 900 000 Taiwanesen das Festland besucht. Dies ermutigte Firmen, Investitionsprojekte zu prüfen, und führte zugleich dazu, dass die Bürger Taiwans die wachsenden Freiheiten, die sie seit Aufhebung des Militärrechts im gleichen Jahr genossen, noch mehr zu schätzen wussten. Eine Umfrage im Jahr 1989 ergab, dass nur 52 Prozent der Taiwanesen ihre nationale Identität als chinesisch ansahen. Gerade weil Taiwan in seinem eigenen politischen Prozess mehr Selbstbewusstsein entwickelte, wurde es gegenüber China entspannter.[20] »Je mehr man auf dem Festland sieht, desto mehr weiß man zu schätzen, was man in Taiwan hat«, sagte der stellvertretende Generalsekretär der Kuomintang. Taiwan bekräftigte seine Absicht, an den Asienspielen teilzunehmen, und die Regierung erwog, Gespräche mit dem Festland zu führen. Eine weitere Geste des Selbstbewusstseins war, dass 1990 der taiwanesische Verteidigungshaushalt zusammengestrichen wurde. Zehn Tage nach dem Tiananmen-Massaker schlug Präsident Lee Teng-hui vier Prinzipien für den Umgang mit dem Festland vor, wobei die Hauptbotschaft darin bestand, dass alle Verhandlungen über etwaige künftige Vereinbarungen auf Augenhöhe stattfinden sollten.[21] Taipeh gab auch die selbstschädigende Gewohnheit auf, abrupt sämtliche Beziehungen zu Ländern abzubrechen, die Peking diplomatisch anerkannten, und entschied sich stattdessen für eine flexiblere Politik.

In den 1990er Jahren hielt Peking dagegen weitgehend an seiner entschiedenen, oft auch gereizten Haltung fest. Im Vorfeld der taiwanesischen Präsidentenwahlen von 1990 warnte es vor den Folgen, sollte die Demokratische Fortschrittspartei gewinnen. Peking schlug das Angebot aus, offizielle Kontakte herzustellen, forderte, zuerst solle der direkte Handel etabliert werden, und widersetzte sich energisch Taiwans Bemühungen, dem GATT-Abkommen beizutreten. Unterdessen machte Taiwan weitere Zugeständnisse. 1992 zum Beispiel erlaubte es Banken, direkt mit Geldinstituten auf dem Festland zusammenzuarbeiten, um den Handel zu erleichtern.

Erst im Januar 1995 entwickelte Peking eine pragmatischere Vision davon, wie mit den Beziehungen zur Insel umzugehen sei. In seinen acht Vorschlägen zur Wiedervereinigung versicherte Jiang Zemin, politische Differenzen sollten die wirtschaftliche Zusammenarbeit weder beeinträchtigen noch behindern.[22] Wegen der taiwanesischen Nationalratswahlen desselben Jahres und der Präsidentschaftswahlen 1996 gingen die Vorschläge jedoch ein wenig unter. In den Jahren 1995 und 1996 führte China als Reaktion auf Lee Teng-huis Besuch in den Vereinigten Staaten Raketentests und Militärübungen amphibischer Verbände durch. Kurze Zeit später wurden die Gespräche aber wiederaufgenommen. 1996 wurden Versandstandards eingeführt, um den Handel zu erleichtern, 1997 schließlich wurde das Verbot des direkten Handels gelockert. Im April 1997 folgte die Einrichtung direkter Seeverbindungen zwischen Fuzhou und Xiamen auf dem Festland und Kaohsiung auf Taiwan. Im März 1998 wurde eine regelmäßig befahrene Route für die Containerschiffe über die Taiwan-Straße eingeweiht. Bis zu einem weiteren stürmischen Wahlkampf im Jahr 2000 blieben die Beziehungen entspannt.

Korea und Japan

Mit Südkorea kam es zu einem wichtigen Durchbruch. Ende der 1980er Jahre überwand Seoul, hauptsächlich wegen ökonomischer Interessen, seine anfängliche Zurückhaltung. Die großen südkoreanischen Konzerne fürchteten, ihnen könnten Chancen entgehen, wenn die Beziehungen nicht offiziell wiederaufgenommen würden. Ein wichtiges Signal war, dass die Firmen die Asienspiele in China im Vorfeld mit Millionenbeträgen sponserten. Im Juni 1989 genehmigte Seoul erstmals Direktinvestitionen einer chinesischen Firma – um Fernsehgeräte zu produzieren. Peking erlaubte im Gegenzug der Korean Air, zu den 11. Asienspielen Peking anzufliegen. Im Oktober 1989 einigten sich beide Seiten darauf, Handelsniederlassungen im Partnerland einzurichten. Anfangs weigerte sich China, eine Zweigstelle in der Hauptstadt zuzulassen, solange die politischen Beziehungen noch nicht wieder vollständig hergestellt seien, gab dann aber nach. 1992 wurden schließlich die diplomatischen Beziehungen wiederaufgenommen, aber bis zum Ende des Jahrzehnts litt das Verhältnis unter der atomaren Abschreckungspolitik Pjöngjangs, die mit dem Start einer Langstreckenrakete 1998 ihren vorläufigen Höhepunkt erreichte. Es wurde mit schwankendem Erfolg verhandelt, bis Nordkorea 2003 aus dem Atomwaffensperrvertrag austrat. Im Zuge dieser Ereignisse äußerte Seoul immer wieder sein Missfallen über Chinas Zögern, Druck auf das Regime von Kim Yong-Il auszuüben.

Auch in den Beziehungen zwischen Peking und Tokio wurde Nordkorea zum Stein des Anstoßes, aber hier standen andere Unstimmigkeiten im Vordergrund. In den ersten drei Jahren nach der Tiananmen-Krise entwickelten sich die Beziehungen kontinuierlich weiter. Die japanischen Exporte nach China stiegen von 8 Milliarden Dollar 1989 auf 16 Milliarden Dollar 1992, womit China zu Japans zweitgrößtem Exportmarkt nach den Vereinigten Staaten wurde. Im selben Jahr besuchte Jiang Zemin Japan, und Kaiser Akihito absolvierte einen sechstägigen Staatsbesuch in China: Zum ersten Mal in tausend Jahren gemeinsamer Geschichte betrat ein japanischer Kaiser das Reich der Mitte. »Es war eine spannungsvolle Reise«, erinnerte sich ein japanischer Diplomat. »Für den Kaiser war es ein Balanceakt zwischen dem Wunsch Chinas, eine Entschuldigung für vergangene Kriegsverbrechen zu erhalten, und der japanischen Öffentlichkeit, die keine Demütigung tolerierte.«[23] Aus chinesischer Sicht waren die Vorteile enorm:

Prestige im Inland, Anerkennung von Chinas zunehmender Macht und die Bestätigung, dass China wichtige Freunde besaß, während es zu dieser Zeit in anderen Teilen der Welt keinen guten Ruf genoss.

Aber selbst wenn der Besuch in der Geschichte beider Länder eine neue Seite aufschlagen sollte, verschob Peking seine roten Linien kein bisschen. Die erste rote Linie blieb weiterhin Chinas Widerstand gegen Japans Oberhoheit über die Senkaku- oder Diaoyu-Inseln. Das wurde mit der Verabschiedung des Küstenmeergesetzes klar, in dem China die Inseln für sich beanspruchte, obwohl Jiang Zemin Japan versichert hatte, das Problem zu vertagen. 1993 wurden zwei Vermessungsschiffe in die ausschließliche Wirtschaftszone rund um die Inseln entsandt; 1994 steuerten 15 Vermessungsschiffe die Inseln an.[24] 1995 stiegen erstmals japanische Kampfflugzeuge als Warnung gegen chinesische Jets auf. 1996 reagierte Peking erbittert auf ein Gesetz, mit dem nun wiederum Japan die ausschließliche Wirtschaftszone um die Inseln für sich geltend machte. Von da an nahmen die Spannungen um das Gebiet zu.

Eine zweite rote Linie betraf Japans Aufrüstung, und diese Linie wurde zunehmend missachtet. Japan beteiligte sich nicht nur am Golfkrieg, sondern Umfragen ergaben auch, dass die Mehrheit der Bevölkerung gewillt war, den Pazifismusartikel (Artikel 9) aus der Verfassung zu streichen. In den 1990er Jahren brachte Japan seine Streitkräfte gründlich auf Vordermann. Zwischen 1990 und 2002 nahm es nicht weniger als 15 Zerstörer, 5 Korvetten, 3 große Landungsschiffe und 5 Jagd-U-Boote in Betrieb – 6 weitere sollten folgen. Es begann mit dem Bau von 94 modernen Varianten des Kampfflugzeugs

F-16 und erwarb 4 AWACS-Flugzeuge (Airborne Warning and Control System) sowie 178 Seahawk-Helikopter für die Jagd auf U-Boote. Mit der militärischen Aufrüstung überschritt Japan auch eine dritte rote Linie: Es erlaubte den Vereinigten Staaten, ihre Militärpräsenz auf seinem Territorium auszuweiten. Dies wurde durch ein neues Sicherheitsabkommen bestätigt, das Präsident Bill Clinton 1996 unterschrieb. Noch dazu vereinbarten Japan und die Vereinigten Staaten die gemeinsame Entwicklung eines Raketenabwehrsystems. Damit drohte sich das militärische Gleichgewicht im Ostchinesischen Meer zu Chinas Nachteil zu verschieben.

All dies führte zu tiefer Frustration, die sich am deutlichsten darin äußerte, dass Jiang Zemin bei jeder sich bietenden Gelegenheit Japans Aggressionen in der Vergangenheit ansprach. Wichtiger noch, die Entwicklung bestärkte China in seinem Entschluss, mit Japan gleichzuziehen – sowohl wirtschaftlich als auch militärisch. Die Folgen wurden jedoch erst nach der Jahrtausendwende sichtbar.

Das bröckelnde Reich

Natürlich gab es auch noch das Verhältnis zu Russland. Als die chinesische Führung Michail Gorbatschow im Mai 1989 in der Großen Halle des Volkes empfing, musste er durch die Hintertür eintreten, weil die Demonstranten auf dem Tiananmen-Platz den Haupteingang blockierten. Es war ein historisches Treffen. Auch wenn Peking unter Waffen stand, Deng Xiaoping muss den Eindruck gewonnen haben, dass sich das

Blatt gewendet hatte. Einen Monat vor Gorbatschows Abreise waren die Sowjets in Tiflis selbst mit Protesten konfrontiert worden. Dramatische Inflationsraten machten großen Teilen Osteuropas schwer zu schaffen. Während die Staatenlenker konferierten und Tischreden hielten, ratterten ganze Zugladungen voller Panzer über die Grenze der Mongolei zurück an ihre sibirischen Stützpunkte. Raketen wurden von der Grenze abgezogen. China hatte einen sterbenden Rivalen vor sich, ein Reich, das praktisch in die Knie gezwungen war. Die neue chinesische Führung musste sich nur seinen Untergang bestmöglich zunutze machen.

Im Januar 1990 hatte Moskau alle seine Mig-23-Kampfflugzeuge aus Vietnam zurückgeholt. Russland akzeptierte die ersten großen chinesischen Bergbauprojekte auf seinem Boden, und die Gespräche über strittige Grenzverläufe wurden wiederaufgenommen. Im Vergleich zu Chinas Territorialansprüchen im Meer und dem Grenzstreit mit Indien war die Grenzziehung zu Russland relativ unkompliziert. Ein Abkommen aus dem Jahr 1986 diente als Bezugsrahmen, und die Grenze war größtenteils durch natürliche Gegebenheiten wie Flüsse und Wasserscheiden definiert. Bis 1989 hatte China die Beilegung aller Streitpunkte auf einmal verlangt, ließ aber diese Forderung zugunsten eines schrittweisen Vorgehens wieder fallen. In einer ersten Vereinbarung überließ Russland China 700 Inseln und 1500 Hektar Land.[25] Dabei wurde China auch das Recht zugesprochen, die Grenzflüsse für die Schifffahrt zu nutzen.[26] In einer zweiten Vereinbarung von 1994 konnte der Streit um einen kurzen Grenzabschnitt zwischen der Mongolei und Kasachstan beigelegt werden. Umstritten blieben drei Inseln – die Bolschoi Ussurijsk- oder Heixiazi-Insel, die Tarabarow- oder Yinlong-Insel und die Bolschoi Ostrow- oder Abagaitu Zhouzhu-Insel –, für die erst 2004 ein Konsens erreicht wurde.

Waren die Tiananmen-Proteste immer noch eine demütigende Erfahrung für China, so sollte auch Russland im folgenden Jahrzehnt Demut lernen. Bereits 1992 hatte Präsident Boris Jelzin einen Besuch in Peking wegen einer schweren politischen Krise zu Hause abgebrochen.[27] Im selben Jahr übertrafen Chinas Bruttoinlandsprodukt und seine Industrieproduktion die Ergebnisse Russlands. Das bröckelnde Reich erwies sich als nützlicher Partner für Chinas umfassendere strategische Interessen wie etwa die Schaffung einer multipolaren Weltordnung und die Eindämmung der einzigen verbliebenen Supermacht.

Hatte Peking zunächst noch das Vorgehen des Westens gegen die irakische Invasion in Kuwait unterstützt, begannen Peking und Moskau bald, die Vereinigten Staaten zu kritisieren, weil sie die Kontrolle über den Nahen Osten anstrebten, und wandten sich auch gegen andere Formen amerikanischer Einmischung – auf dem Balkan, in Osteuropa und in Ostasien.[28] Beide stützten sich auch gegenseitig im Widerstand gegen westliche liberale Werte und unterstrichen die Bedeutung der Souveränität angesichts von Abspaltungsversuchen, sei es vonseiten der Kämpfer in Tschetschenien, Demonstranten in Xinjiang oder Politikern in Taiwan. Die gemeinsame Erklärung aus dem Jahr 1997 enthielt alle zentralen Punkte, auf die es China ankam: »Eine immer größer werdende Anzahl von Ländern kommt zu der übereinstimmenden Meinung, dass gegenseitige Achtung, Gleichheit und beiderseitiger Vorteil … notwendig sind«, hieß es darin. »Jeder Staat hat das Recht, ausgehend von seinen konkreten Voraussetzungen, unabhängig und selbständig und ohne die Einmischung seitens anderer Staaten den Weg für seine Entwicklung zu wählen.«[29] Mindestens ebenso bedeutend war die Tatsache, dass ein schwaches Russland dazu beitragen konnte, Chinas Macht zu vergrößern. Wie im Falle Japans hoben hochrangige Besucher zwar Pekings Prestige, aber Russland wurde für China auch wichtigster Lieferant für Rüstungsgüter, Technologie und Rohstoffe. Zugleich bestand darin auch die größte Herausforderung, denn Russland war darauf bedacht, mit China zusammenzuarbeiten, doch wie ein chinesischer Funktionär verriet: »Diese Kooperation war weitgehend ein Feigenblatt für Russlands Niedergang, und wir konnten es uns noch nicht leisten, es fallen zu lassen.«[30]

China füllte das Vakuum, das die Implosion der Sowjetunion in der Mongolei und Zentralasien hinterlassen hatte, konfrontierte also Russland mit seiner eigenen Schwäche. Als Moskau seine Hilfen für die Mongolei zusammenstreichen musste, suchte sich Ulan Bator neue Freunde: die Vereinigten Staaten, Japan und China. China ging es vor allem darum, dass die Mongolei neutral blieb; auch wollte man dort aufkommende Ängste vor einer Rekolonialisierung des Landes beruhigen. 1994 wurde eine Vereinbarung getroffen, in der es hieß: »Keine Partei wird einem Drittstaat erlauben, sein Territorium so zu nutzen, dass die staatliche Souveränität und Sicherheit der anderen Partei beeinträchtigt werden könnte.«[31] Von da an wuchs Chinas Einfluss rapide. Hatte China 1994 noch nur

16 Prozent der mongolischen Exporte abgenommen, so stieg dieser Anteil bis 2003 auf 54 Prozent. China wurde auch Großinvestor im Bergbausektor und brach das russische Monopol als Lieferant von Mineralölerzeugnissen.[32]

Auch in Zentralasien schwand der russische Einfluss, was aber vor allem dem Westen, dem Iran und der Türkei nutzte.[33] Westliche multinationale Konzerne sicherten sich die meisten Ölverträge und nahmen auch einen Großteil der Exporte der Region ab. 2003 zum Beispiel betrug der Anteil Chinas bzw. Russlands an den Gesamtexporten Kasachstans, Kirgisistans, Tadschikistans, Usbekistans und Turkmenistans nicht mehr als 12 bzw. 16 Prozent. Die meisten Länder, insbesondere Kasachstan, waren darauf erpicht, stärker mit China ins Geschäft zu kommen, hatten aber Zweifel hinsichtlich der langfristigen Absichten des Handelspartners und kritisierten die Behandlung ethnischer Minderheiten in der Autonomen Region Xinjiang, im äußersten Nordwesten Chinas. Kasachstan setzte sich an die Spitze einer Offensive, die China wieder zu seiner Politik der militärischen Zurückhaltung zurückführen sollte, und verlangte 1995 eine offizielle Erklärung, die Sicherheitsgarantien bot. Im selben Jahr protestierte Kasachstan gemeinsam mit Kirgisistan und Usbekistan gegen Chinas Atomwaffentests in Lop Nor. Im Verbund mit Russland, Kirgisistan und Tadschikistan arbeitete Kasachstan daran, China zur Unterzeichnung der Vereinbarung von 1996 über militärische Vertrauensbildung in der Grenzregion zu bewegen. Im selben Jahr schlug die chinesische Planungskommission eine panasiatische globale Energiebrücke (Pan-Asian Global Energy Bridge) vor, eine Pipeline-Verbindung zwischen dem zentralasiatischen und dem pazifischen Leitungsnetz. Chinesische Firmen machten konkrete Vorschläge, aber die kasachische Regierung scheute das Risiko einer übergroßen Abhängigkeit.[34] Dennoch hatte China nach einem Jahrzehnt langsamer Fortschritte an Boden gewonnen. Die zentralasiatischen Länder garantierten China, sie seien bereit, den islamistischen Terrorismus zu bekämpfen und die Sezessionisten aus Xinjiang in Schach zu halten. Mit der Gründung der Shanghaier Organisation für Zusammenarbeit (SOZ), der Nachfolgerin der »Shanghai Five«, hatte China ein für alle Seiten annehmbares Forum geschaffen, um der Region Vorschläge zu unterbreiten – und seinen Entscheidungen mehr Gewicht zu verleihen, ohne zu großes Misstrauen zu erwecken.

Strategische Chancen

Kurz bevor Jiang Zemin auf dem 16. Parteitag 2002 sein Amt als Generalsekretär des Zentralkomitees der KPCh niederlegte, erklärte er, China stehe am Beginn einer Zeit der strategischen Chancen, in der das Land dank relativer internationaler Stabilität, Frieden und Wirtschaftswachstum die Gelegenheit habe, eine Wohlstandsgesellschaft aufzubauen.[35] Die neue Zeit »erleichtert Unternehmen den Zugang zu mehr Kapital, vor allem erlaubt sie Direktinvestitionen von multinationalen Konzernen, die ihnen ermöglichen werden, ihre wirtschaftliche Entwicklung und Neustrukturierung zu beschleunigen«, erläuterte Jiang. Sie »wird sie ermutigen, neue Märkte zu erschließen und zu nutzen sowie den Außenhandel und die wirtschaftliche Zusammenarbeit mit anderen Ländern zu entwickeln, indem sie ihre Vorteile voll zum Tragen kommen lassen. Überdies ermöglicht sie ihnen, sich schneller moderne Technologien und Managementkompetenzen anzueignen, sodass sie in der Lage sein werden, ihre Vorteile auch als Spätstarter zu nutzen und rasante technologische Fortschritte zu erzielen.«[36]

Unter Jiang Zemin scheute die chinesische Diplomatie keine Mühe, um diese Zeit der Chancen zu nutzen. Die Transformation war mit Händen zu greifen. Der auswärtige Dienst wurde größer, jünger und klüger. Die neue Diplomatengeneration hatte ihr Handwerk gelernt. Chinesische Botschaften in allen asiatischen Ländern expandierten ebenso wie die Zentren der Diplomatie in Peking: Viele der soliden Gebäude an der Chang'an Straße, der Hauptstraße unweit der Verbotenen Stadt, auch jene der Internationalen Abteilung der Kommunistischen Partei und des Handelsministeriums wurden in dieser Periode errichtet. Das Außenministerium öffnete die Pforten seines neuen Sitzes im Pekinger Chaoyang-Bezirk 1996 und war bald umringt von den vornehmen Bürogebäuden der Erdölkonzerne, Banken und Handelsgesellschaften. Die meisten asiatischen Länder vergrößerten ihre Botschaften im Viertel Sanlitun oder gestalteten sie um, die kleinen, wie Laos und Kambodscha, wurden dabei sogar von der chinesischen Regierung unterstützt.

Die Nachbarschaftspolitik wurde ausgeweitet und sehr viel aktiver betrieben. China ergriff eine Initiative nach der anderen, vor allem im Hinblick auf den Handel und die unteren politischen Ebenen. Das geschah sowohl in bilateralem wie in multilateralem Rahmen. Zweifellos eröffneten sich diese Chancen auch durch das sich verändernde Umfeld des Landes. In den 1980er Jahren war es China gelungen, die Aufmerksamkeit einer wachsenden Zahl japanischer, taiwanesischer und westlicher Firmen zu wecken, die billige Arbeitskräfte suchten, ab den 1990er Jahren aber konnte es seine Position als Fertigungszentrum festigen. Der Beitritt zur Welthandelsorganisation 2001 war dabei gewiss hilfreich.

Um die Jahrtausendwende hatte China die beiden Hauptkonkurrenten in seiner Liga, Indien und Südostasien, abgehängt. In der Low-End-Fertigung gerieten Japan und Südkorea bereits unter Druck. Auf der strategischen Ebene war von der Sowjetunion nichts mehr zu befürchten, Indien war relativ geschwächt, und die ASEAN als Block stellte auch keine Gefahr dar. Die Welt tendierte zur Multipolarität, aber ein Faktor stand dieser Entwicklung im Weg: Amerikas militärische Vorherrschaft und sein unverhohlener Unilateralismus. In Asien erschien dies besonders besorgniserregend im Zusammenhang mit der Remilitarisierung Japans und stellte eine Bedrohung für Chinas Schwachpunkt – seine Küste – dar. Aber erneut hatte eine Veränderung der regionalen Ordnung eingesetzt: Das Gleichgewicht der Macht war in Bewegung geraten. Es gab keinen Grund zur Euphorie, keinen Grund für Selbstzufriedenheit und ganz bestimmt keinen Grund für diplomatische Abenteuer oder die Eskalation von Territorialstreitigkeiten, aber die Entwicklung gab China mehr Selbstvertrauen bei seinem Kurs der Reformen, der allmählichen Öffnung und der strategischen Zurückhaltung. Es war Revisionismus vom Feinsten: still und effektiv.

Kapitel 5

Friedliche Entwicklung

Neun Jahre nach der Tiananmen-Krise stand Jiang Zemin in der Großen Halle des Volkes, direkt an dem berühmt-berüchtigten Platz, vor Dutzenden Journalisten und mit Präsident Bill Clinton an seiner Seite. Diesmal hatte niemand eine Hintertür benutzen müssen. Strahlend vor Selbstbewusstsein und scherzend lieferte sich der Staatschef mit seinem amerikanischen Amtskollegen einen Schlagabtausch über Fragen, die von Wirtschaftsreformen bis zu Menschenrechten reichten. Jiangs selbstsichere Haltung überraschte niemanden. Seine Gäste konnten quasi zusehen, wie Tausende Bauarbeiter die Skyline von Peking mit immer neuen Wohnblöcken füllten: dicht und hoch, wie Nadeln in einem Nadelkissen. In Shanghai hatten Wolkenkratzer die moskitoverseuchten Sümpfe des Stadtbezirks Pudong verdrängt. Zwischen 1989 und der Jahrtausendwende wuchs die chinesische Wirtschaft im Schnitt jährlich um 10 Prozent. Mit diesen Ergebnissen überflügelte das Land seine Nachbarn. Chinas Anteil an der Wirtschaftsleistung Asiens stieg von 6 Prozent 1989 auf 19 Prozent 2002, sein Anteil an der Industrieproduktion der Region von 8 auf 28 Prozent, sein Anteil an Asiens Exporten von 6 auf 19 Prozent, und von den in die Region fließenden ausländischen

Direktinvestitionen konnte es seinen Anteil von 16 auf 55 Prozent steigern. In Japan hingegen stagnierte die Wirtschaft, Indien konnte seine Industrialisierungsziele nicht erreichen, und das Wachstum in Südostasien wurde weitgehend von der Inflation aufgefressen.[1] Im Hinterland hatte China mit sozialen Unruhen und Sezessionsbestrebungen zu kämpfen, doch die Tageszeitung *Renmin Ribao* prahlte davon unbeeindruckt: »Neben einem Gleitflug beim Wachstum der Exporte blieben Investitionen und Konsum stark. Der Anstieg der Inlandsnachfrage hat nicht nur die offenen Rechnungen für den Ausbau der heimischen Infrastruktur beglichen, den Lebensstandard der Menschen gehoben, das anhaltende, rapide Wachstum der chinesischen Wirtschaft gestützt, sondern der chinesischen Wirtschaft in der turbulenten Weltwirtschaft auch mehr Handlungsspielraum verschafft.«[2]

Dennoch war Chinas Ringen um Macht und Wohlstand keineswegs vorüber. Bei einer Umfrage aus dem Jahr 2002 zeigten sich nur 50 Prozent der Chinesen zufrieden mit der wirtschaftlichen Lage. Das Ministerium für öffentliche Sicherheit berichtete, im Jahr 2000 sei es zu 40 000 Großdemonstrationen gekommen, im Vergleich zu 8700 im Jahr 1993. 2001 warnte eine vom Zentralkomitee der Partei beauftragte Forschungsgruppe, Chinas wacklige wirtschaftliche Entwicklung könne »wachsende Gefahren und Zwänge mit sich bringen« und »die Zahl der Demonstrationen kann in die Höhe schnellen, die soziale Stabilität schwer beeinträchtigen und sogar die reibungslose Umsetzung von Reform- und Öffnungsbestrebungen stören«.[3] Der wachsende Einfluss ausländischer Firmen sorgte ebenfalls für Nervosität. 2002 wurden 25 Prozent der Industrieproduktion Chinas und 45 Prozent seiner Exporte von ausländischen Firmen erzeugt. Meinungsführer und Entscheidungsträger warnten nun vor einer zu starken Einbindung in die Globalisierung. »Die Globalisierung ist ein zweischneidiges Schwert, das ein Dornendickicht lichten, aber auch dem Diener Wunden zufügen kann«, erklärte Professor Wang Yizhou von der Universität Peking. »In diesem Kontext sollte ein neues Sicherheitskonzept eingeführt werden, das wirtschaftlichen, sozialen und politischen Aspekten gleich viel Aufmerksamkeit schenkt.«[4] Zhang Boli, ein stellvertretender Direktor der Wirtschaftsabteilung des Zentralkomitees, formuliert es so: »Globalisierung ist nach wie vor eine Spiegelung der alten unfairen und irrationalen internationalen Ordnung und hat die Polarisierung zwischen Reich und Arm weiter verschärft.«[5]

Auch das Sicherheitsumfeld wurde schwieriger. Indien und Japan rechtfertigten durch den Verweis auf die chinesische Bedrohung eine massive Anhebung ihres Verteidigungshaushalts.[6] Japanische Zeitungen kündigten an, es sei geplant, bis 2014 einen 40 000-Tonnen-Flugzeugträger zu bauen und mehr als 200 F-15-Kampfjets zu kaufen. Aber die größte Herausforderung ging von den Vereinigten Staaten aus. Die *Quadrennial Defense Review* des Jahres 2001 verlagerte die Aufmerksamkeit vom Atlantik auf den Pazifik. In der *National Security Strategy* von 2002 hieß es, China verfolge einen überholten Weg, indem es seine militärischen Fähigkeiten ausbaue und damit seine Nachbarn bedrohe.[7] Insbesondere seit der Raketenkrise an der Taiwan-Straße im Jahr 1996 hatte Washington seine Militärpräsenz in der Region verstärkt. Seit den 1990er Jahren wurde die Siebte Flotte durch 10 modernisierte U-Boote der Los-Angeles-Klasse sowie 18 moderne Zerstörer der Arleigh-Burke-Klasse ergänzt. Ihre Entschlossenheit zeigten die Vereinigten Staaten auch, indem sie weiterhin Flugzeuge und Schiffe in die ausschließliche Wirtschaftszone Chinas schickten. Nachdem eine neue Generation von Schleppsonarschiffen in Betrieb gegangen war, schickten sich die Amerikaner an, den Meeresboden rund um China zu kartieren. Militärische Kontakte zu Zentralasien und zur Mongolei wurden aufgebaut. Mit den militärischen Übungen unter dem Namen Centrazbat 97 zeigte die NATO Präsenz bis vor Chinas westliche Haustür.

Und diese Präsenz verstärkte sich noch nach den Terroranschlägen des 11. September. »Ein Überblick über die derzeitige globale Realität zeigt, dass die Mentalität des Kalten Krieges weiter fortbesteht und Hegemoniestreben und Machtpolitik immer wieder zum Vorschein kommen«, beklagte Jiang Zemin. »Die Tendenz zu engeren Militärbündnissen ist auf dem Vormarsch. Neue Formen der Kanonenbootpolitik greifen um sich. Es treten zunehmend regionale Konflikte auf.«[8] Die Stimmung sank weiter, als ein Bericht des Repräsentantenhauses, der *Cox Report*, erschien, in dem China beschuldigt wurde, Militärtechnologie zu stehlen, und es 2001 zu einer Kollision zwischen einem chinesischen Kampfjet und einem amerikanischen EP-3-Aufklärungsflugzeug kam.

Fünf Tage nach Hu Jintaos Amtsübernahme am 19. März 2003 fand diese Einschätzung Jiangs ihre Bestätigung durch Washingtons Entscheidung, im Irak einzumarschieren. Die Vereinigten Staaten missachteten die Bitten aus Peking, Moskau und Paris, sich verstärkt um eine diplomatische Lösung zu bemühen. Unterdessen forderte Verteidigungsminister Donald Rumsfeld lauthals einen Regimewechsel in Nordkorea. Rumsfeld war es auch, der zuvor, gemeinsam mit einer Gruppe neokonservativer Gesinnungsgenossen, gefordert hatte, Amerika müsse den militärischen Druck auf China verstärken, »um den Demokratisierungsprozess in China voranzutreiben«.[9]

Aber 2003 war zugleich ein weiteres Jahr, in dem China Selbstvertrauen bewies. Es wurde zum weltweit größten Exporteur von Industrieerzeugnissen, und Shanghai erhielt den Zuschlag für die Ausrichtung der Weltausstellung von 2010. China weihte den Drei-Schluchten-Staudamm ein, nahm die Arbeiten am Weltfinanzzentrum Shanghai wieder auf, plante die weltgrößte Schiffswerft, begann mit dem Bau der längsten Brücke der Welt, nahm die längste Ölpipeline der Welt in Betrieb und startete nicht zuletzt seine erste bemannte Weltraummission. Angesichts von Amerikas Unilateralismus und der daraus folgenden Frustration anderer Länder bot sich für China eine neue Gelegenheit, seine friedlichen Absichten zu unterstreichen. »Unter den gegenwärtigen internationalen Umständen hat China nur die Wahl eines friedlichen Aufstiegs«, erklärte Zheng Bijian 2003 auf dem »Boao Forum«, Chinas Äquivalent zum Weltwirtschaftsforum, das jedoch statt im Gebirge am Meeresufer der chinesischen Insel Hainan stattfindet. Das Treffen war in jenem Jahr praktisch darauf ausgerichtet, dass asiatische Staatsführer die angebliche Bedrohung durch China bestritten und sich der Doktrin des friedlichen Aufstiegs verschrieben.

Im folgenden Jahr erläuterte Staatspräsident Hu Jintao während des »Boao Forums« seine politischen Prioritäten für Asien. Die Grundlinie sei nach wie vor, dass Chinas Entwicklung zum Frieden beitragen solle. Hu wiederholte, China werde alle Länder gleichberechtigt behandeln und versuchen, Streit durch Dialog beizulegen. Außerdem versprach er mehr Gespräche auf politischer Ebene, die Vertiefung der wirtschaftlichen Bindungen durch Handel, Investitionen, Freihandelsvereinbarungen, die Stärkung regionaler Wirtschaftsinstitutionen und eine bessere makroökonomische Koordination, die Ausweitung der zivilen Kommunikationsmöglichkeiten und verstärkte militärische Zusammenarbeit. Für all das konnten die Gastgeber mehrere wichtige Ergebnisse der jüngsten Zeit vorlegen. 2003 hatte China den »Vertrag über Freundschaft und Zusammenarbeit« sowie ein Freihandelsabkommen mit der ASEAN geschlossen. Mit Indien hatte es eine »Gemeinsame Erklärung über die Prinzipien für Beziehungen und umfassende Zusammenarbeit« unterzeichnet. Im Hinblick auf Japan trat Peking eher zurückhaltend auf, nachdem der japanische Premierminister Junichiro Koizumi im Frühling 2003 den Yasukuni-Schrein besucht hatte, um der Toten der vergangenen Kriege zu gedenken. Ungeachtet der Unmutsäußerungen aus dem eigenen Außenministerium, schüttelte Premierminister Wen Jiabao am Rande des ASEAN-Gipfels Koizumi die Hand und insistierte auf einigen vordringlichen Aspekten der Zusammenarbeit. Wichtiger noch, China hatte als Gastgeber für die ersten Sechs-Parteien-Gespräche zur Lösung der koreanischen Nuklearfrage fungiert – nicht ohne auf den »kreativ gestalteten sechseckigen Verhandlungstisch, an dem alle Delegierten gleichberechtigt Platz haben« und auf die »bequemen Sofas in vier Ecken« für den informellen Austausch hinzuweisen.[10]

Noch stärker als die »Dritte« sollte die »Vierte Generation« der chinesischen Führung für die Reife ihrer Asienpolitik im Gedächtnis bleiben, für die rasche Vertiefung der wirtschaftlichen Beziehungen, die Ausweitung des bilateralen und multilateralen Dialogs und das Bestreben, die Eindämmung neuer Sicherheitsbedrohungen wie Piraterie und Terrorismus als Chance für Vertrauensbildung und Zusammenarbeit zu nutzen. Während China weiter an seinem Narrativ der friedlichen Entwicklung arbeitete, sah eine wachsende Zahl von Beobachtern in diesem Bekenntnis die Bestätigung eines tiefgreifenden Wandels der Außenpolitik Chinas, seines strategischen Kalküls, ja sogar seiner Identität. So meinte die amerikanische Professorin und Diplomatin Susan Shirk: »Was den chinesischen Ansatz auszeichnet, ist die Bereitschaft, den Interessen seiner Nachbarn entgegenzukommen, um Vertrauen aufzubauen und den chinesischen Einfluss zu mehren.«[11] Aber auch damals war das Entgegenkommen Chinas begrenzt, wie wir an drei wichtigen Fragen der chinesisch-asiatischen Beziehungen beobachten können: den Territorialstreitigkeiten, Taiwan und den Handelsbeziehungen.

Südostasien und das Südchinesische Meer

Südostasien blieb der Eckpfeiler der chinesischen Nachbarschaftspolitik. Zur Zeit des Führungswechsels in China hatte die Region noch mit den Nachwirkungen der Finanzkrise zu kämpfen und litt unter der wachsenden Gewalt in Indonesien, auf den Philippinen, in Thailand und Myanmar. Bei all diesen Problemen erreichte die ASEAN wenig und spielte eine unbedeutende Rolle. Die Organisation konnte nicht einmal bei der Einrichtung einer Freihandelszone Fortschritte erzielen. Das Jahr 2005, ein wichtiger Termin für einen Konsens zur Frage nichttarifärer Handelshemmnisse, verstrich ungenutzt, und auch die Abschaffung von Zollschranken zum vereinbarten Zeitpunkt 2010 gelang nicht. Stattdessen beschränkten sich die Mitgliedsstaaten auf bilaterale Handelsabkommen mit großen Volkswirtschaften außerhalb der Region. Der Bericht einer Gruppe hochrangiger ASEAN-Experten, der für stärkere Institutionen und strengere Regeln als Leitlinien der Integration plädierte, stieß weitgehend auf taube Ohren. »Das Regionalprojekt erhielt häufig mehr Unterstützung von China als von unseren Regierungen«, hieß es darin.[12]

Dennoch blieb die ASEAN für China wichtig. Der Multilateralismus der ASEAN lieferte eine praktische Tarnung für bilaterale Verhandlungen mit kleineren Mitgliedsländern. China befand sich in einer geradezu idealen Situation: Die ASEAN erwies sich als zu schwach, um ein Gegengewicht zu China zu bilden, war aber dennoch sichtbar und erweckte den Eindruck, die Zügel in der Hand zu halten. »Zwei Dinge sind wichtig, damit unsere Nachbarn gelassen bleiben: Das eine ist die militärische Vorherrschaft der Vereinigten Staaten, das andere ist die Aussicht auf regionale Zusammenarbeit«, erklärte ein Wissenschaftler an der Chinesischen Akademie für Sozialwissenschaften (CASS). »Auf den zweiten Punkt setzen wir mehr Vertrauen.«[13]

Nach wie vor wurde dem Südchinesischen Meer bei den Kontakten zwischen China und der ASEAN viel Aufmerksamkeit zuteil, und in dieser Frage blieb Unnachgiebigkeit das Markenzeichen Pekings. Im Mai 2009, 60 Jahre nachdem Zhou Enlai die Karte mit der Neun-Striche-Linie vorgelegt hatte, präsentierte die chinesische Regierung den Vereinten Nationen eine neue Karte des Südchinesischen Meeres – mit einer fast identischen Neun-Striche-Linie. »China besitzt die unbestreitbare Oberhoheit über die Inseln im Südchinesischen Meer und die angrenzenden Gewässer«, hieß es in einer diplomatischen Note an den UN-Generalsekretär, »und es genießt Hoheitsrechte und Jurisdiktion über die fraglichen Gewässer sowie über den Meeresboden und dessen Untergrund.«[14] Überdies erklärten Länder wie Malaysia, Vietnam, die Philippinen und Brunei gegenüber den Vereinten Nationen, sie würden nur die 12-Meilen-Zone rund um die Inseln im Südchinesischen Meer beanspruchen und nicht die ausschließliche Wirtschaftszone von 200 Meilen, während China keine derartigen Zugeständnisse machte. Interventionen in diesem Gebiet schienen zudem zu demonstrieren, dass China auf die vollständige ausschließliche Wirtschaftszone pochte.[15] Weitgehend mit derselben Haltung schloss China die Möglichkeit aus, Länder von außerhalb der Region oder internationale Organisationen einzubeziehen.

Doch obwohl der Kern der chinesischen Agenda unverändert blieb, zeigten sich drei wichtige Änderungen. Die erste betraf eine neue Welle von Gesprächen; die Dialoge lieferten allerdings nicht den geringsten Beitrag zur Beilegung des Streits. Im November 2002 wurde die »Erklärung über das

Verhalten der Parteien im Südchinesischen Meer« *(Declaration on the Conduct of Parties in the South China Sea)* unterzeichnet und zog mehrere Treffen hochrangiger Vertreter nach sich, deren Hauptleistung darin bestand, weitere Treffen zu vereinbaren, die sogenannten gemeinsamen Arbeitsgruppen. Später schlug China die Schaffung einer weiteren Plattform vor: eine Arbeitsgruppe namhafter Persönlichkeiten und Experten. Die Erklärung selbst wurde auf Chinas Wunsch hin bewusst vage gehalten. Und sogar der relativ aussagekräftige Artikel 5, der zur Zurückhaltung und zum Verzicht auf die Besiedlung bisher unbesiedelter Inseln aufrief, wurde locker interpretiert. Zwischen »Besiedlung« und Nichtstun gab es schließlich eine ganze Reihe von Optionen: das Aufstellen von Schildern, den Ausbau von Landepisten, die Errichtung von Türmen zur Vogelbeobachtung und noch vieles mehr. Dasselbe galt für Artikel 6, der besagte: »Vorbehaltlich einer umfassenden und dauerhaften Beilegung der Streitigkeiten können die beteiligten Parteien forschen oder kooperativ tätig werden.«[16] Damit waren unilaterale Aktivitäten natürlich nicht ausgeschlossen, womit wir bei der zweiten Neuerung wären: China rüstete auf, um seine Präsenz in dieser juristisch vertrackten Lage auszuweiten. Durch die Indienststellung von neuen Zerstörern, Fregatten, U-Booten und Flugkörperschnellbooten konnte die Marine überzeugender auftreten, wobei die große Militärübung von 2010 offensichtlich einen Wendepunkt darstellte. Die Küstenwache und andere Polizeibehörden wurden ebenso vergrößert wie die moderne zivile Flotte aus Trawlern und Vermessungsbooten. Die Inbetriebnahme der Hochseebohrinsel CNOOC 981 unterstrich Chinas Ambitionen, auch durch Erkundungen im Südchinesischen Meer seinen wachsenden Energiehunger zu befriedigen. »Große Hochseebohrinseln sind unser mobiles nationales Territorium und eine strategische Waffe«, sagte der Vorsitzende Wang Yilin dem Vernehmen nach.

Andererseits, und das war die dritte Neuerung, beschädigten interne Unstimmigkeiten zunehmend die Glaubwürdigkeit der ASEAN. China hatte die Differenzen bei den Verhandlungen vor der »Erklärung über das Verhalten der Parteien im Südchinesischen Meer« und auch in den Jahren danach nicht vergessen, und diese Streitigkeiten dauerten nach wie vor an. Das lag nicht zuletzt daran, dass sich die territorialen Spannungen unter den ASEAN-Mitgliedern selbst verstärkten. Beim ASEAN Regional Forum im Juli 2010 weigerten sich Kambodscha, Laos, Myanmar und Thailand, sich der Kritik anderer Länder an China anzuschließen. Im selben Jahr rügte der kambodschanische Ministerpräsident Hun Sen Versuche Vietnams und der Philippinen, China in die Enge zu treiben. »Die Frage sollte nicht auf internationale oder multilaterale Ebene gehoben werden«, betonte er. 2012 erreichte der Zwist seinen Höhepunkt.[17] Im April hinderten zwei chinesische Überwachungsschiffe die philippinischen Behörden daran, chinesische Fischer zu verhaften, die am Scarborough-Riff geschützte Arten gefangen hatten. Trotz der öffentlichen Empörung rückte China nicht von seinem Standpunkt ab. Peking entsandte eine Fregatte und 30 Fischerboote, um seine Entschlossenheit zu demonstrieren. Unterdessen wehrte Kambodscha Versuche Manilas ab, den Zwischenfall in einem Kommuniqué der ASEAN-Außenminister zu erwähnen, was zum Scheitern des Gipfels führte. »Ich habe meinen Kollegen erklärt, dass ein Treffen der ASEAN-Außenminister kein Gerichtshof ist, kein Ort, an dem ein Urteil über einen Streit gesprochen wird«, kommentierte der kambodschanische Außenminister Hor Namhong. Indonesien und Malaysia stellten sich anfangs hinter Hanoi und Manila, doch das war nur von kurzer Dauer. In einem Interview sagte der malaysische Verteidigungsminister, die Absichten Chinas bereiteten ihm keine Sorgen: »Nur weil du Feinde hast, bedeutet das nicht, dass deine Feinde meine Feinde sind.« China gewann durch das alles nicht wirklich viel, aber es konnte immerhin diplomatischen Widerstand gegen seine zunehmende Präsenz verhindern.

Japan und Indien

Um Chinas Beziehungen zu Japan war es nicht besser bestellt. Die beiden Länder traten in eine schwierige Anpassungsphase ein, wobei Japan überdies mit dem sich verschiebenden Gleichgewicht der Kräfte in der Region zurechtkommen musste. Im Jahr 2004 gab China offiziell erstmals mehr für Verteidigung aus als Japan, und 2012 verdrängte China Japan von Rang zwei der größten Volkswirtschaften. Zeitgleich erfolgte eine rapide Modernisierung der chinesischen Marine im Ostchinesischen Meer: Zwischen 2003 und 2012 nahm die Flotte vier leistungsfähige russische Zerstörer, sechs neue Fregatten der Jiankai-Klasse, vier russische U-Boote der Kilo-Klasse und drei U-Boote der Song-Klasse in Dienst. Die Handelsbeziehungen wurden stetig ausgeweitet, der Zustrom von Investitionen schwoll an, und die Zahl der bilateralen Gespräche nahm zu, ohne dass in der strittigsten Frage – der Geschichte – Fortschritte erzielt wurden: Premierminister Koizumi besuchte weiterhin regelmäßig den Yasukuni-Schrein, worauf China regelmäßig mit Erbitterung reagierte. Spannungen flammten auf, als ein neues Buch zur japanischen Geschichte erschien, in dem nicht das ganze Ausmaß der japanischen Gräueltaten im japanisch-chinesischen Krieg zur Sprache kam. Bei solchen Streitigkeiten wurde Chinas wachsende Macht besonders deutlich. Boykottdrohungen und Verzögerungen bei der Zollabfertigung machten japanische Unternehmen nervös. Peking war weder empfindlicher geworden noch intoleranter: Seine Reaktionen waren durchaus vorhersehbar, aber es konnte nun mehr Gewicht in die Waagschale werfen.

Das galt auch für den Territorialstreit. Wie in den vorhergehenden Jahrzehnten erkannte Peking die japanischen Hoheitsrechte an den Senkaku- oder Diaoyu-Inseln nicht an und akzeptierte auch die Mittellinie nicht, die als Grenze zwischen den ausschließlichen Wirtschaftszonen im Ostchinesischen Meer vorgeschlagen wurde. Aber jetzt besaß China zwei entscheidende Instrumente, um seine Entschlossenheit zu zeigen: seine großen Erdölkonzerne und seine Marine. Die Ölkonzerne, CNOOC und Sinopec, hatten ein Auge auf eine große Meeresbodenfläche im Ostchinesischen Meer geworfen. In einem Teil dieses Gebiets, in dem auch die Senkaku- oder Diaoyu-Inseln liegen, überschneiden sich die ausschließlichen Wirtschaftszonen Chinas und Japans. China begann nicht hier, aber direkt an der Mittellinie zu bohren. Pinghu, eines der Gasfelder, liegt nur 35 Kilometer davon entfernt. Die Förderung auf dem Pinghu-Feld begann im April 1999, und das Gas wurde mit einer sogar von Japan mitfinanzierten Pipeline nach Shanghai und Ningbo geschickt. Allerdings gibt es sieben weitere Felder, die noch näher an der von Japan beanspruchten ausschließlichen Wirtschaftszone liegen: Chunxiao, Tianwaitian, Duanqiao, Baoyunting, Canxue, Longjing und Wuyunting.

2003 ließ China in Chunxiao bohren, mit nur 4 Kilometern Abstand zu der von Japan beanspruchten ausschließlichen Wirtschaftszone. Handelsminister Shoichi Nakagawa verdeutlichte einer chinesischen Delegation das Problem, indem er zwei Strohhalme in ein Glas Orangensaft steckte und erklärte, China sauge das gesamte Gas aus einem Feld, das sich in Japans 200-Meilen-Zone erstrecke. »Die Bohrplattformen befinden sich in China, aber das Gas ist in Japan.« In der Folge schlug China eine gemeinsame Erschließung vor, aber nur auf der japanischen Seite der Mittellinie. 2008, nach zwölf Verhandlungsrunden, unterzeichneten Tokio und Peking ein Memorandum zur gemeinsamen Erschließung des Ostchinesischen Meeres. Die Vertreter Japans feierten das Ergebnis zunächst als Sieg, aber das für die Zusammenarbeit vorgesehene Gebiet war klein. Abgesehen von Longjing wurden die strittigen Gasfelder in dem Dokument nicht berücksichtigt. China erlaubte japanischen Firmen eine Beteiligung an seinen anderen Feldern, aber nur wenn sie die chinesische Oberhoheit anerkannten. 2009 begann China unilateral mit der Entwicklung des Gasfelds Tianwaitian. Obwohl Tokio mit einer Klage vor dem Internationalen Seegerichtshof drohte, bewegte sich

Peking nicht. Die Bohrungen in Chunxiao und Tianwaitian wurden fortgesetzt, während in dem für die gemeinsame Erschließung vorgesehenen Gebiet nichts geschah.

Gleichzeitig war die chinesische Marine stärker darauf bedacht und auch besser in der Lage, Flagge zu zeigen. Bis dahin hatte sie kaum über Möglichkeiten verfügt, den japanischen Patrouillenbooten an der Mittellinie, dem Durchgangsverkehr amerikanischer Kriegsschiffe und den Übungen, die beide Länder im Ostchinesischen Meer abhielten, etwas entgegenzusetzen. 2004 gab Tokio zudem bekannt, für die Senkaku-Inseln sei die japanische Küstenwache zuständig. Eine Vereinbarung mit den Vereinigten Staaten im Jahr 2005 bekräftigte, der Status Taiwans bereite beiden Staaten Sorge, was Chinas Eindruck bestärkte, durch die japanisch-amerikanische Achse zur See unter Druck gesetzt zu werden. Das sollte sich ändern.

2003 und 2004 wagten sich chinesische U-Boote erstmals in die Nähe japanischer Hoheitsgewässer. Im Jahr 2003 entsandte China fünf Marineschiffe in ein Gebiet östlich der Mittellinie, 2005 richtete ein chinesischer Zerstörer seine Kanonen auf ein japanisches Aufklärungsflugzeug der japanischen Selbstverteidigungsstreitkräfte. Die chinesische Marine unternahm nun auch ausgedehnte Patrouillen in wichtigen japanischen Meereskorridoren. Diese Korridore sind zwar internationale Gewässer, aber China verweigert sich Japans Bitte, im Voraus informiert zu werden, wenn Kriegsschiffe sie benutzen. Im Jahr 2008 fuhren vier chinesische Marineschiffe durch die Tsugaru-Straße. Zwei U-Boote und acht Zerstörer passierten 2010 die Miyako-Straße. Und 2012 fuhren drei Marineschiffe durch die Osumi-Straße. Ein wichtiges Signal war, dass einige dieser Reisen in den Westpazifik mit Übungen bei Okinotorishima endeten. Obgleich China keinen Anspruch auf das winzige Atoll hat, spricht es aber Japan das Recht ab, rund um die angebliche Insel eine ausschließliche Wirtschaftszone zu beanspruchen.[18] Okinotorishima ist eine strategisch wichtige Insel: Zu Japan gehören noch mehrere andere Inseln in ihrer Nachbarschaft, und fügt man zu ihnen Okinotorishima hinzu, kann Tokio über eine ausschließliche Wirtschaftszone verfügen, die sich von Hokkaido bis zur amerikanischen Insel Guam erstreckt. Okinotorishima ist damit tatsächlich ein Grundpfeiler für die Errichtung einer abschreckenden, rechtlich gesicherten Barriere, die China den Zutritt zum Pazifischen Ozean verwehren könnte, zumindest wenn man den japanischen Anspruch auf die Inseln akzeptiert und Chinas traditionellem Argument folgt, Marineschiffe müssten für die Passage durch eine 200-Meilen-Zone von dem betreffenden Land eine Genehmigung einholen.

Dass Kriegsschiffe auf die Höhenzüge des Himalaja vordringen, ist eher unwahrscheinlich, daher erregte es weniger Aufsehen, als China Ansprüche entlang der Grenze zu Indien signalisierte. Dies beschränkte sich hauptsächlich auf das Zurücklassen von leeren Zigarettenschachteln und gemalten Schildern in den strittigen Gebieten. China und Indien unternahmen mehrmals neue Schritte, um eine Eskalation zu verhindern. 2002 wurden Landkarten des fraglichen Grenzabschnitts ausgetauscht. 2003 folgte eine richtungsweisende Einigung, die Ziele und Richtlinien für die Beziehung zwischen den beiden Ländern vorgab. Der Nathu-La-Pass, ein Gebirgspass auf einer Höhe von 4000 Metern, wurde wieder geöffnet. Premierminister Wen Jiabao sprach von »Bergen des Friedens«. Aber so weit war es noch lange nicht.

In den folgenden Jahren berichteten Medien auf beiden Seiten immer wieder von Zwischenfällen: Übertretungen von Grenzpatrouillen, Boote auf strittigen Bergseen und Hubschrauber im Luftraum des anderen Landes. Gleichzeitig scheuten beide Seiten keine Mühe, ihre Präsenz in dem unwirtlichen Gebiet auszuweiten. Während neue chinesische Anlagen den Großteil der Aufmerksamkeit auf sich zogen, beeilte sich Indien, ein instabiles Gewirr von unbefestigten Patrouillenstraßen aufzubauen, das mit Schutzunterkünften und Beobachtungsposten durchsetzt war. 2012 besaß Indien westlich der kontrollierten Grenze sehr viel mehr militärische Stützpunkte als China – hauptsächlich im Shyok-Tal, rund um den Pangon-Tso-See und in Gebieten südlich davon. Dasselbe galt für den östlichen Sektor. China hatte sich offenbar für eine andere Vorgehensweise entschieden. Zwar wurde die Zahl der Grenzpatrouillen erhöht, aber wichtiger war die Modernisierung großer Anlagen in einigen hundert Kilometern Entfernung von der Grenze – Luftwaffenstützpunkte, Abschussrampen für taktische Flugkörper und Bahnstationen, die als Umschlagplatz für große Armeekontingente tiefer im Hinterland dienten. China förderte auch die wirtschaftliche Entwicklung entlang wichtiger Grenzflüsse wie Sengge, Yarlung Tsangpo und Xibaxa Qu.

Gleichzeitig machte keine Seite wesentliche Zugeständnisse. 2005 erkannte China Sikkim offiziell als Teil Indiens an, aber das war kaum als Entgegenkommen zu werten. Überdies konnte Peking Indien umgekehrt dazu bewegen, Tibet als

Teil Chinas anzuerkennen. China weigerte sich nach wie vor, kleine Territorien wie Tawang, Demchock, Kaurik und Skipki La aufzugeben. 2011 und 2012 wurden Maßnahmen ergriffen, um Zwischenfälle zu vermeiden, die aber ergebnislos blieben: Neue Übergriffe ließen die Emotionen hochkochen. Das erklärt auch, warum die naheliegende Lösung, Arunachal Pradesh mit 90 000 Quadratkilometern, kontrolliert von Indien, gegen Aksai Chin mit 38 000 Quadratkilometern zu tauschen, nicht realisiert wurde. »Jeder derartige Tausch«, gestand ein chinesischer Diplomat offen ein, »wäre auf indischer Seite politischer Selbstmord und würde auf chinesischer Seite sehr schlecht aufgenommen.«[19]

Beziehungen zu Taiwan

In Taiwan hatte China es mit einem trotzig entschlossenen Präsidenten zu tun, der in einer Situation wirtschaftlicher Unsicherheit zu überleben versuchte. Teilweise infolge der geplatzten Dotcom-Blase in den Vereinigten Staaten war Taiwan in die Rezession gerutscht, und die Arbeitslosenzahlen schossen in die Höhe.[20] Je schlimmer die wirtschaftliche Lage wurde, desto heftiger beschuldigte Präsident Chen Shui-bian Peking, seine Kurzstreckenraketen einzusetzen – »staatlich gesponserten Terrorismus« nannte er das –, um die Wiedervereinigung zu erzwingen. 2003 versprach er eine Volksabstimmung über die Beziehungen zum Festland. Obgleich Chen 2004 wiedergewählt wurde, kam seine Volksabstimmung nicht voran, und seine Gegner von der Kuomintang verzeichneten im Parlament einen erheblichen Zuwachs. Ebenso bedeutsam war die Weigerung Washingtons, eine wichtige Lieferung von Zerstörern mit Raketenabwehrtechnik abzusegnen. In den vorangegangenen Jahren war überdies klargeworden, dass die taiwanesische Geschäftswelt, die auf dem Festland bereits sehr viel investiert hatte, unermüdlich für Zurückhaltung warb. Um die Beziehungen zu Taiwan zu stabilisieren, schlug Chinas Staatspräsident Hu Jintao eine »zweihändige Strategie« vor, die eine harte Seite – darunter eine politische Kontaktsperre für den Kreis um Präsident Chen, diplomatische Isolierung und militärische Macht – mit einer weichen verband, die dafür sorgte, dass die Tür für Verhandlungen mit der Kuomintang und mehr wirtschaftlichen Austausch offen blieb. Dies wurde mit dem Antisezessionsgesetz vom März 2005 bekräftigt.

Das Gesetz hielt am Ein-China-Prinzip fest, machte Vorschläge für weitere Gespräche, behielt sich aber auch Gewaltanwendung vor, sollte Taiwan seine Unabhängigkeit erklären. Besonders die letzte Klausel sorgte in Taipeh für Unmut, aber das Ein-China-Prinzip ließ auch ganz bewusst Optionen zu Taiwans endgültigem Status in einem wiedervereinigten China offen.[21] Zudem verschob sich die Hauptzielrichtung von der Wiedervereinigung auf die Ablehnung unilateraler Unabhängigkeit und – einstweilen – die Aufrechterhaltung des Status quo. Kaum einen Monat nach der Verabschiedung lud Peking Lien Chan, den Vorsitzenden der Kuomintang, zu einem Treffen mit der höchsten Führungsriege in der Großen Halle des Volkes ein. Das gemeinsame Kommuniqué, das auf den Besuch folgte, sah eine vielfältige wirtschaftliche Zusammenarbeit zwischen der Insel und dem Festland und sogar einen gemeinsamen Markt vor. Beide Seiten verpflichteten sich, direkte See- und Luftverkehrsverbindungen zu öffnen, Investitionen und Handel zu stärken und die Kooperation in der Landwirtschaft zu fördern. Bereits im Juli kündigte Peking an, die Importzölle auf 15 taiwanesische Obstsorten abzuschaffen. Einige Monate später bot die Regierung taiwanesischen Investoren in China einen Kredit von 30 Milliarden Dollar an und genehmigte Überflugrechte für taiwanesische Frachtflugzeuge.

In den folgenden Jahren verfolgte China konsequent die angekündigte zweigleisige Strategie, während sich das Gleichgewicht der Macht allmählich zu seinen Gunsten verschob. Hunderte Kurzstreckenraketen waren nun als wirkungsvolle Abschreckung stationiert, und während Taiwans Marine allmählich zum alten Eisen gehörte, baute China seine Kapazitäten weiter aus, um die Taiwan-Straße blockieren zu können, was dank seiner modernisierten Marine und seinem rasch wachsenden Bestand an modernen Kampfjets tatsächlich möglich wurde. Auch überstand China die Folgen der globalen Finanzkrise gut, während die taiwanesische Wirtschaft 2008 in eine weitere Rezession stürzte. Damit gewann China sehr viel mehr Selbstvertrauen, um die Kuomintang bei den Präsidentschaftswahlen von 2008 zu unterstützen. Ma Ying-jeou, der die Wahl gewann, stellte die wirtschaftliche Entwicklung und den Handel mit dem Festland in den Mittelpunkt seines Wahlkampfs, und Peking versuchte indirekt, so viel Einfluss wie möglich auf die Wahl zu nehmen. Nach dem Ausbruch der Finanzkrise 2008 sagte Peking sofort Kredite von 19 Milliarden Dollar für taiwanesische Firmen zu. Ende 2008 waren mit der Unterzeichnung von vier Abkommen zum Luftverkehr, zum direkten Seeverkehr, zur Zusammenarbeit im Postwesen und zur Ernährungssicherheit die »drei Verbindungen« weitgehend unter Dach und Fach.[22] Die Folge war, dass sich die Zahl der Festland-Chinesen, die Taiwan – hauptsächlich als Touristen – besuchten, im Jahr 2009 fast vervierfachte und auf eine Million anstieg.

Im Januar 2009 prüften beide Seiten informell die Bedingungen für ein »Umfassendes Abkommen für wirtschaftliche Zusammenarbeit« (Comprehensive Economic Partnership Agreement/CEPA).[23] »Wir versuchen unser Bestes in allem, was den taiwanesischen Landsleuten nützt, und wir werden unser Wort halten«, erklärte Staatspräsident Hu Jintao bei einem Treffen mit taiwanesischen Wirtschaftsführern zu einem möglichen Wirtschaftsabkommen. »Im Verhandlungsprozess werden wir die Interessen der taiwanesischen Landsleute in vollem Umfang berücksichtigen, vor allem jene der Bauern.«[24] Die Hervorhebung der Bauern war politisch von großer Bedeutung, denn die taiwanesische Landwirtschaft ist vor allem im Süden angesiedelt, einer Hochburg der chinaskeptischen Demokratischen Fortschrittspartei. Außerdem kündigte Außenminister Wang Yi Chinas Bereitschaft an, fünf Zugeständnisse zu machen: weniger zollbegünstigte Produkte zu beanspruchen als Taiwan, die Interessen kleinerer taiwanesischer Firmen zu berücksichtigen, schwache taiwanesische Branchen nicht zu belasten, den taiwanesischen Bauern entgegenzukommen und nicht auf den Zustrom von Arbeitskräften nach Taiwan zu drängen.

Das im Juni 2010 unterzeichnete Rahmenabkommen zur wirtschaftlichen Zusammenarbeit (ECFA) legte einen Aktionsplan für die Entwicklung einer Freihandelszone fest.[25] Es enthielt eine wichtige erste Phase, den sogenannten »Early Harvest«-Plan, also eine Liste von Waren und Dienstleistungen, für die Zölle abgebaut werden sollten. Mit dem ECFA demonstrierte Peking seine Kompromissbereitschaft. Während sich Taiwan verpflichtete, die Zölle für 267 Artikel zu senken, nahm China in sein »Early Harvest«-Angebot 539 Produkte auf, darunter landwirtschaftliche und petrochemische Erzeugnisse, Maschinen, Transportausrüstung und Textilien. Taiwans Liste enthielt keine landwirtschaftlichen Erzeugnisse, und auch das Paket der Zollsenkungen für Industrieprodukte fiel wesentlich kleiner aus.

China öffnete unilateral wichtige Dienstleistungsmärkte wie Versicherungen, medizinische Versorgung, Informationstechnologie, Rechnungswesen und Wertpapierhandel. 2010 beliefen sich die Beschaffungsaufträge chinesischer Handelsmissionen – die meist aus Vertretern einer Provinzregierung und einer Delegation lokaler Firmen bestanden – auf 15 Milliarden Dollar, was einem potenziellen Pro-Kopf-Einkommen von 652 Dollar entsprach.[26]

China gewann dadurch in erster Linie Stabilität. Es liegt auf der Hand, dass Peking trotz seiner Militärmacht in der Taiwan-Straße noch nicht für eine Konfrontation mit dem Risiko der Niederlage und auf Kosten seines Wirtschaftswachstums bereit war. Ansonsten waren die Erfolge des Handels mit Taiwan nicht so offensichtlich. Er zog mehr taiwanesische Investitionen an, bis 2009 waren es 75 Milliarden Dollar, und regte einen intensiveren Wissenstransfer in der Halbleiterindustrie an. Aber er brachte auch ein hartnäckiges Handelsdefizit mit sich. Immerhin erschien China in der öffentlichen Meinung Taiwans nun etwas weniger feindselig, aber gleichzeitig wuchs die Zahl der Befürworter des Status quo und der unbegrenzten Autonomie.

Der Handel als probates Mittel

Der Handel erwies sich als ein wichtiges Instrument zur Stärkung der chinesischen Beziehungen zu diversen anderen Ländern. China zeigte sich von seiner großzügigsten Seite, aber in Wirklichkeit war diese Großzügigkeit knapp bemessen. Die neue Generation brachte weitgehend zu Ende, was Premierminister Zhu Rongji in Gang gesetzt hatte. Er war der Kopf hinter den Freihandelsplänen gewesen, die zum Teil auf einer Machbarkeitsstudie für ein Handelsabkommen zwischen Japan und Singapur basierten. Zhus Hauptaugenmerk lag auf Südostasien. Es stimmt, dass China verschiedene Seminare sponserte, die im Lauf der 1990er Jahre Optionen für eine Liberalisierung des Handels im Gemeinsamen Ausschuss zur Zusammenarbeit in Wirtschaft und Handel zwischen der ASEAN und China prüften. Aber erst im Jahr 2000 überraschte Zhu Rongji seine Kollegen beim China-ASEAN-Führungsforum mit dem Vorschlag eines regelrechten Freihandelsabkommens und der Einberufung einer Expertengruppe, die den Weg dafür ebnen sollte.[27] 2001 initiierte Zhu praktisch persönlich Freihandelsverhandlungen mit Hongkong und

Macao. Premierminister Wen Jiabao folgte dieser Linie und segnete die Vorbereitungen für neue Vereinbarungen mit Australien, Neuseeland, Pakistan und Singapur ab. Im Rahmen eines Gipfeltreffens der Shanghaier Organisation für Zusammenarbeit im September 2003 schlug Wen eine Freihandelszone der sechs Mitgliedsstaaten vor, aber Moskau lehnte höflich ab. Bei diesen Gesprächen wurde Wen von seiner fähigen Vizepremierministerin Wu Yi und Handelsminister Bo Xilai unterstützt.

»Warum hat China eine solche Initiative ergriffen?«, fragte Asienexperte Zhang Yunling im Hinblick auf die Freihandelsvereinbarung mit der ASEAN. »Die Antwort liegt in seinem wachsenden Selbstvertrauen und den potenziellen Gewinnen.«[28] Diese Gewinne haben in erster Linie mit dem Marktzugang für chinesische Exporteure zu tun. Eine Prognose, an der Zhang mitgearbeitet hatte, sagte voraus, durch ein Freihandelsabkommen zwischen China und der südostasiatischen Gruppe werde China einen Exportzuwachs von 55 Prozent und die ASEAN von 48 Prozent erzielen. Handelsabkommen sollten wohl auch den Zugang zu Rohstoffen erleichtern und Chinas Attraktivität als Anlagemarkt und als Zentrum der Industrieproduktion steigern.

Gleichzeitig sahen Experten Freihandelsabkommen aber auch als wichtige Instrumente, um mit Ländern wie Japan, Südkorea, Indien und den Vereinigten Staaten konkurrieren zu können. Mehrere Wissenschaftler skizzierten ein Szenario, in dem Regionalmächte, verstrickt in ein Wettrennen um regionale Wirtschaftsführung, Handelsabkommen als wichtigstes Instrument benutzten, um ihren Einfluss zu steigern.

Zhang Xiaoji von der Nationaluniversität Singapur bezeichnete dies als Wettbewerb um die zentrale Stellung in der asiatischen Zusammenarbeit auf regionaler Ebene.[29] »Die Wertschöpfungsketten, die aus Veränderungen in der industriellen Arbeitsteilung resultieren, haben nicht nur engere wirtschaftliche Beziehungen hervorgebracht, sondern auch heftigeren Wettbewerb«, betonte er.[30] Im Hinblick auf die wirtschaftlichen Ambitionen Japans, Indiens und der Vereinigten Staaten erklärten auch Hou Songling und Chi Diantang, China wolle in einer Weltwirtschaft mit hartem Wettbewerb Fuß fassen. Aber »wenn wir bei den Freihandelsverhandlungen nicht bald einen großen Durchbruch schaffen, könnten einige Länder ihre Aufmerksamkeit auf mögliche Freihandelsabkommen mit den Vereinigten Staaten lenken«, gab Zhang Yunling von der Chinesischen Akademie für Sozialwissenschaften zu bedenken.[31]

Aber die Vorzeichen für eine Liberalisierung des Handels waren nicht günstig. In den Jahren 2000 und 2001 brachten die Medien eine nicht enden wollende Reihe von Berichten über die verheerenden Folgen von Chinas WTO-Beitritt für die Reisbauern, über thailändische Schuhfabriken, die wegen chinesischer Dumpingpreise ihre Tore schlossen, über Chinas Textilflut, über Zementhersteller auf den Philippinen, die um ihre Existenz kämpften, verzweifelte Elektronikunternehmen in Malaysia und so weiter. Der öffentliche Druck wuchs, und so bedeuteten Freihandelsabkommen mit China für die asiatischen Regierungen möglicherweise ein hohes Risiko. Aber China fand Mittel und Wege, seine Gesprächspartner zu beruhigen. Zuallererst weckte es positive Erwartungen: Der augenfälligste Vorteil war natürlich sein florierender Verbrauchermarkt, und Peking tat alles Erdenkliche, um den Appetit anderer Länder auf einen Anteil an diesem Markt anzuregen. »Chinas Markt ist offen und riesengroß. Der Handel in beide Richtungen ist für alle von Vorteil«, versicherte das Politbüro-Mitglied Bo Xilai.[32]

Weitere Hilfen wurden gewährt und die Schulden der ärmsten ASEAN-Mitgliedsstaaten erlassen.[33] Zum Beispiel erhielt Indonesien Unterstützung für die Entwicklung der Telekommunikation und der Landwirtschaft, für den Wiederaufbau der vom Tsunami geschädigten Gebiete und für die Gewährung von Präferenzkrediten für Verbraucher in Höhe von Hunderten Millionen Dollar. Vietnam gewann man durch die Unterstützung seines Antrags auf eine Mitgliedschaft in der Welthandelsorganisation und durch die Zusage von Hilfen in Höhe von 300 Millionen Dollar. Länder wie Laos, Kambodscha und Myanmar erhielten über die Mekong-Subregion hohe Hilfszahlungen.

Bei den Gesprächen zeigte China überdies Flexibilität. Das umfassende Wirtschaftsabkommen zwischen der ASEAN und China legte fest, dass die Parteien »ihre sensiblen Bereiche im Waren-, Dienstleistungs- und Investitionssektor mit so viel Flexibilität behandeln [sollten], dass sie nach dem Prinzip der Gegenseitigkeit und des beiderseitigen Nutzens ausgehandelt und aufeinander abgestimmt werden können«. Dies ließ die Option offen, die Liberalisierung mit einzelnen Ländern auf andere Bereiche auszuweiten.[34] Interessierte Länder konnten also mit China bilateral erörtern, welche Punkte auf der Liste sensibler Aspekte hinzugefügt werden sollten. Staaten wie

Kambodscha, Laos, Myanmar und Vietnam erhielten mehr Zeit, ihre Zölle zu senken, und durften eine längere Liste sensibler Branchen aufstellen. Peking sagte Vietnam, Laos und Kambodscha zudem den Status der Meistbegünstigung zu. Obgleich diese Länder nicht der Welthandelsorganisation angehörten, genossen sie dank dieser Geste sämtliche Handelsvorteile, die auch andere Staaten von der Volksrepublik erhielten. Aber China war nicht das einzige Land, das diesen Ansatz verfolgte. Auch Indien und Japan machten Unterschiede zwischen den einzelnen ASEAN-Staaten. Japan gelang es, sein Wirtschaftspartnerschaftsabkommen durch sieben bilaterale Freihandelsabkommen zu ergänzen, die noch umfassender waren.

Von Japan und Indien unterschied sich die Volksrepublik bei ihren Verhandlungen jedoch in einem wesentlichen Punkt: Die Zentralregierung war in der Lage, wesentliche nationale Interessen festzulegen und ihre Politik entsprechend zu entwickeln. Während Tokio, Seoul und Delhi bei ihren Verhandlungen mit ASEAN-Ländern bis in die letzten Phasen mit den Lobbygruppen der Bauern und Gewerkschaften zu kämpfen hatten, verfolgte Peking, sobald seine Ziele gesetzt waren, eine ziemlich kohärente Agenda. Dies erlaubte China, in kleinen, aber wichtigen Nischen wie Obst und Reis schneller Zugeständnisse zu machen, um in größeren Wirtschaftsbereichen wie dem Fertigungssektor Fortschritte für sich zu erzielen.

Diesem politischen Spielraum ist es zu verdanken, dass Peking ein politischer Geniestreich gelang. Es bot den sechs Kernstaaten der ASEAN einen Zollabbau auf ausgewählte landwirtschaftliche Produkte wie Palmöl, Bauholz und Holz. Dieser (»Early Harvest«-)Plan wurde ihnen als Begünstigung des Exports nach China präsentiert.[35] China erfüllte schrittweise die Forderung, die Zölle auf Waren wie Fisch, Gemüse und Milchprodukte auf null zu senken, und konnte so zugleich die Aufmerksamkeit vom Wettbewerb im Fertigungssektor ablenken und die Vorteile im Agrarsektor in den Vordergrund stellen. Weder Delhi noch Tokio oder Seoul konnten in Anbetracht ihrer protektionistischen Landwirtschaftspolitik ein solches Paket anbieten.

Der Plan verschärfte auch die Interessenunterschiede der ASEAN-Mitgliedsstaaten. Wenn Länder dieselben Produkte in ihren »Early Harvest«-Korb legten, galten Zollkorrekturen nicht nur für den Handel mit China, sondern auch mit den anderen Mitgliedern. Während Länder wie Thailand und Singapur eine beschleunigte Zollsenkung verlangten, sahen andere dies als Bedrohung für ihre Landwirtschaft und verlangten zusätzlichen Schutz. Folglich schwächte das Zollsenkungsprogramm den Widerstand.

Viele Zugeständnisse mochten großzügig erscheinen, doch China verstand es, nur begrenzt Opfer zu bringen. Ein Beispiel dafür ist die Tatsache, dass Peking informellere Handelsregelungen akzeptierte, während Japan bei seinen Handelsabkommen auf sehr strengen Regeln beharrte, die noch über WTO-Standards hinausgingen. Überdies meinte die chinesische Regierung, es liege im eigenen Interesse, Streitigkeiten bilateral und informell beizulegen. Im Hinblick auf die zollsenkenden »Early Harvest«-Regelungen hatte China keinerlei Interesse daran, Importe von landwirtschaftlichen

Erzeugnissen aus den ASEAN-Staaten zu begrenzen. Ganz im Gegenteil: Die chinesische Regierung hatte bereits begonnen, die Steuern zu senken, um Ernährungssicherheit zu garantieren, die Inflation zu bremsen und die Wettbewerbsfähigkeit der Agrarindustrie zu steigern. Zudem hätte sie viele »Early Harvest«-Regelungen automatisch als Folge ihrer WTO-Mitgliedschaft einführen müssen. Keiner von Chinas Konkurrenten konnte mit dessen Zollsenkungsprogramm konkurrieren, denn für sie alle bildete der Schutz ihres Agrarsektors den Kern ihrer Handelspolitik. Auch rechnete die chinesische Regierung nicht damit, dass Zollzugeständnisse für die ärmsten ASEAN-Mitglieder hohe Kosten verursachen würden. Vietnam hätte den Meistbegünstigungsstatus automatisch erhalten, als es nur zwei Jahre nach der Unterzeichnung der Vereinbarung mit China Mitglied der Welthandelsorganisation wurde. Nicht einmal die hohen Summen, die China für Auslandshilfe bereitstellte, waren so großzügig, wie die politische Führung behauptete. Die Hilfe bestand größtenteils aus Exportkrediten und Darlehen, musste also zurückgezahlt werden. Insgesamt war sich die chinesische Regierung durchaus bewusst, dass sie vom politischen Wohlwollen anderer Staaten abhängig war. Deshalb versuchte sie, kluge Vereinbarungen auszuhandeln, in denen sie multilateral durch kleine Zugeständnisse den Widerstand schwächte. China hat bewiesen, dass es mit einer Kombination aus Selbstbewusstsein, Flexibilität und Charme Misstrauen überwinden kann, um eine wesentliche Region enger an seinen Markt zu binden und seine Konkurrenten auszustechen.

Die Entwicklung der Exporte zwischen China und seinen Partnern (ASEAN, Pakistan und Neuseeland) nach den Handelsabkommen, die zwischen 2010 und 2012 in Kraft traten (in Milliarden Dollar)	China	Partner
Landwirtschaftliche Erzeugnisse	+3	+11
Erze und Metalle	+1	+2
Brennstoffe	0	+6
Arbeitsintensive Industrieprodukte	+21	+3
Andere Industrieprodukte	+66	+13
Gesamtexporte	+71	+34

Quelle: UNCTAD-Statistiken

Wie diese Übersicht zeigt, zog die ASEAN aus den Auswirkungen der Handelsvereinbarungen durchaus Vorteile, China gewann aber zweifellos mehr. In den drei Jahren nach dem Inkrafttreten des Vertrags, also zwischen 2010 und 2012, stiegen die ASEAN-Exporte nach China von 113 Milliarden Dollar auf 142 Milliarden Dollar. Chinas Exporte in die ASEAN-Staaten traten einen Höhenflug an von 138 Milliarden Dollar auf 204 Milliarden Dollar. Von den 28 Milliarden Dollar Handelszuwachs für die ASEAN entfielen 6 Milliarden Dollar auf Brennstoffe, 5 Milliarden Dollar auf elektronische Bauelemente, 4 Milliarden Dollar auf landwirtschaftliche Erzeugnisse, 2 Milliarden Dollar auf Erze, 2 Milliarden Dollar auf chemische Düngemittel und weitere 2 Milliarden Dollar auf Basiskunststoffe. ASEAN-Exporte nach China gingen dagegen in den Sektoren Computer, elektronische Produkte und Stahl zurück. Im Fertigungssektor verzeichnete China einen hohen Zuwachs: 22 Milliarden Dollar bei Maschinen, 12 Milliarden Dollar bei Textilien und 10 Milliarden Dollar bei Stahl.

Insbesondere gelang es China, seine Position bei den arbeitsintensiven Produkten zu stärken. Die ASEAN-Exporte an arbeitsintensiven Produkten stiegen um eine Milliarde Dollar, während China hier ein Plus von 19 Milliarden Dollar verzeichnete. »Wir sind beide Märkte mit sehr großen Geburtsjahrgängen, die Arbeit brauchen«, klagte ein indonesischer Diplomat. »Die derzeitige Übereinkunft mit China hat nur zu größeren Schieflagen geführt. Unser Handelsdefizit ist gestiegen, und unsere Rolle beschränkt sich noch stärker auf die eines Rohstofflieferanten. Das ist nachteilig für die langfristige Entwicklung und Stabilität der Region.«[36]

Das Ergebnis der Vereinbarung mit Pakistan sah ähnlich aus: Chinas Handelsüberschuss wuchs, und es verbuchte alle Steigerungen im modernen Fertigungssektor für sich. Pakistan verfolgte in diesem Handelsabkommen vor allem das Ziel, seine Exporte von Textilgarnen zu erhöhen, was auch in bescheidenem Umfang gelang, denn die Steigerung der Importe von Garn und Textilfasern aus China entsprach in der Größenordnung dem Exportzuwachs aufseiten Pakistans. Die Vereinbarung mit Neuseeland führte für China zwar zu einem Handelsdefizit, aber die 4 Milliarden Dollar an Exportüberschüssen des Inselstaats zwischen 2008 und 2012 bestanden fast ausschließlich aus Fleisch und anderen Agrarerzeugnissen.

Mit Singapur verhielt es sich anders. Auch Singapur verwandelte ein Defizit in einen leichten Überschuss, der aber zu 70 Prozent auf Industrieprodukte zurückging, und zwar hauptsächlich auf moderne Maschinen. Die Vereinbarung mit Singapur zeigte, dass China bei der Verbesserung seiner technologischen Fähigkeiten noch einiges zu tun hatte, aber insgesamt ermöglichten die Freihandelsabkommen mit anderen asiatischen Ländern Peking, seine wichtigsten Ziele zu erreichen: die Schaffung von Arbeitsplätzen für die chinesischen Massen und die Einfuhr von Rohstoffen. Und das gelang mit nur sehr kleinen Opfern.

Aufgehender Stern

Die erste Dekade des neuen Jahrhunderts sah eine Welle multilateralen Freihandels. China machte dabei keine Fehler. Das chinesische Wachstum nahm Fahrt auf, aber das hieß auch, dass das Land sich nicht länger ruhig verhalten, oder wie Deng Xiaoping gesagt hätte, sich in Zurückhaltung üben konnte. Mit China ging es steil nach oben, und damit rückte es auch ins Zentrum der Aufmerksamkeit. Diese Aufmerksamkeit nutzte Peking, um seine friedlichen und wohlwollenden Absichten zu unterstreichen. Die »Vierte Generation« war damit weitgehend erfolgreich. Obgleich sie nach wie vor bei ihren Hauptzielen nicht die geringsten Abstriche machte und die Beziehungen zu zahlreichen Nachbarländern zunehmend asymmetrisch wurden, kam die Volksrepublik ungestraft davon. Inwieweit dies der Diplomatie zuzuschreiben ist und den Hunderten offiziellen Treffen, unzähligen Konferenzen und Handelsmessen, ist schwer zu beurteilen.

Wie wir im nächsten Kapitel sehen werden, spricht vieles dafür, dass das Bild von China in den Augen der Nachbarländer, ihrer Regierungen und Gesellschaften nicht günstiger wurde, dass sie nicht an die Diplomatie des friedlichen Aufstiegs glaubten oder annahmen, die Beziehungen würden tatsächlich harmonischer und China sei wirklich an einer Beilegung heikler Streitpunkte interessiert.

Kapitel 6

Trügerische Harmonie

Im November 2012 trug Hu Jintao seinen letzten Tätigkeits-
bericht als Staatspräsident dem Parteikongress vor. Dabei erklärte er rund eine Viertelstunde lang, Chinas diplomatischer
Kurs habe sich grundlegend geändert. »Ein Land sollte die
berechtigten Sorgen anderer ernst nehmen, wenn es seine Interessen verfolgt, und es sollte die gemeinsame Entwicklung
aller Länder fördern, wenn es seine eigene Entwicklung vor-
antreibt«, sagte er. »Die Länder sollten eine neue Form der
globalen Entwicklungspartnerschaft etablieren, die auf mehr
Gleichberechtigung und Ausgewogenheit beruht, in schwieri-
gen Zeiten den Zusammenhalt suchen, Rechte und Pflichten
teilen und sich für die gemeinsamen Interessen der Mensch-
heit einsetzen.« Diese Erklärung spiegelt einen ersten wichtigen Wandel der Politik Chinas gegenüber Asien wider, den
wir bereits in den vorangegangenen Kapiteln angesprochen
haben: die wachsende Erkenntnis, dass Chinas eigene Entwicklung von der Entwicklung seiner großen und bedürfti-
gen Nachbarn abhängig ist. Das heißt nicht, dass die frühere
politische Führung sich nicht bewusst gewesen wäre, welche
Bedeutung das Wohlergehen der Nachbarländer hatte. Doch
je erfolgreicher Chinas Erneuerung verlief, desto dringlicher

wurde das Gebot, die Stabilität aufrechtzuerhalten – im Land selbst und entlang seiner Grenzen.

Es ist schwer zu ermessen, wie tief diese Überzeugungen im Denken der Entscheidungsträger inzwischen verwurzelt sind. Meines Erachtens gibt es keinen Grund, an der Aufrichtigkeit von Führern wie Hu Jintao zu zweifeln, wenn sie die Notwendigkeit betonen, zwischen Chinas Interessen und denen seiner Nachbarn ein Gleichgewicht zu wahren. Bei informellen Gesprächen mit chinesischen Regierungsvertretern war ich immer wieder überrascht, wie ernsthaft sie die Überzeugung vertraten, China setze sich für die gemeinsame Sache Asiens ein. Schaffe China denn nicht immer mehr ökonomische Chancen? Gewähre es nicht großzügig Hilfestellung? Meiner Ansicht nach sind viele dieser Funktionäre wirklich von der Notwendigkeit regionaler Solidarität überzeugt und aufrichtig der Meinung, China sei großmütig. Aus ihrer Sicht können Kritiker wie ich nur falschliegen oder versuchen, in Asien Zwietracht zu säen.

Politikwechsel

Meine Gesprächspartner haben auch auf einen weiteren wichtigen Wandel in der Politik hingewiesen: die zunehmende Bereitschaft, militärisch Zurückhaltung zu üben und Territorialstreitigkeiten »zurückzustellen«. Man kann China vorwerfen, was man will, der letzte Tote in militärischem Zusammenhang war vermutlich ein indischer Grenzsoldat, der Ende der 1980er Jahre spurlos verschwand. Aus chinesischer Sicht ist diese Zurückhaltung eine beachtliche Leistung, vor allem weil etliche andere Mächte als Bedrohung empfunden werden: die Vereinigten Staaten mit ihrer überwältigenden militärischen Schlagkraft; Japan mit seinem Vorhaben, sich seiner pazifistischen Fesseln in der Verfassung zu entledigen; und Indien mit seinen Ambitionen, den Indischen Ozean zu vereinnahmen. Diese Sichtweisen und Einschätzungen spielen eine große Rolle, dennoch ist den meisten Chinesen klargeworden, dass militärische Konflikte einen hohen Preis fordern und den wirtschaftlichen Fortschritt gefährden. China muss bis auf weiteres keine Kriege führen, um sich zu verteidigen, was vor allem daran liegt, dass seine militärischen Möglichkeiten einschüchternd genug sind. Das Militär besitzt ein Abschreckungspotenzial, das andere Länder von Einmischung und Zwangsausübung abhält – wovor sich China während des Kalten Krieges durchaus hatte fürchten müssen.

Dieses Selbstbewusstsein hat China eine weitere beachtliche Leistung ermöglicht: Gemeint ist die zentrale Stellung, die es sich in der asiatischen Wirtschaftsordnung gesichert hat, während es gleichzeitig mithilfe einer sehr dynamischen und umfassenden Wirtschaftsdiplomatie seinen Nachbarn suggeriert hat, auch sie würden von Chinas Wachstum profitieren, solange sie ihre Märkte für chinesische Exporteure und Investoren offen halten. Ursprünglich hat China als Exportmarkt für Investitionsgüter wie Maschinen und Baumaterial hauptsächlich Japan umworben. Später bot es sich Investoren aus Japan, den USA, Taiwan, Singapur und Südkorea als billiger Standort zur Weiterverarbeitung an. Als sich schließlich der industrielle Boom beschleunigte, lockte China die asiatischen Entwicklungsländer mit dem Versprechen, ihnen Rohstoffe und industrielle Komponenten abzukaufen, vorzugsweise erleichtert durch Freihandelsabkommen. Und noch einmal eine Weile später versuchte die chinesische Regierung, die wirtschaftlichen Erwartungen weiter zu festigen, indem sie zusicherte, in großem Umfang Investitionen in die Rohstoffindustrie, Infrastruktur und einfache Produktionsstufen zu tätigen. Der nächste Schritt dieser ökonomischen Charmeoffensive bestand darin, den Nachbarn großzügig Anleihen und andere Kredite anzubieten.

Seit jüngster Zeit präsentiert China seine wachsende Mittelschicht als zukünftiges Modell für ganz Asien, und zwar vor allem für jene Länder, die auf Arbeitsplätze im Fertigungssektor großen Wert legen. Die Vorgehensweise, mit der die chinesische Regierung ökonomische Erwartungen geweckt und gepflegt hat, ist faszinierend – diese Kombination aus dem klugen Einsatz von erfahrenen Diplomaten, von Lobbyarbeit in den Grenzprovinzen, von hochrangigen Delegationen, Expertenkomitees, Unternehmenspartnerschaften, Darlehen, prestigeträchtigen Investitionsprojekten und schließlich der schrittweisen Akzeptanz der regionalen Kooperation. Was für ein Wandel im Vergleich zum revolutionären Auftakt!

Die regionale Kooperation führt uns zu einer weiteren bemerkenswerten Veränderung in Chinas Politik gegenüber Asien: sein wachsendes Interesse am Multilateralismus. Für China ist, wie für die meisten anderen Akteure, Multilateralismus die Fortführung von Machtpolitik mit anderen Mitteln. Multilaterale Organisationen haben China verschiedene Vorteile eingebracht. Gruppen von kleineren Ländern vermittelten diese Organisationen den Eindruck, im Mittelpunkt zu stehen, und China nutzte dies, um in bilateralen Gesprächen, etwa bei Wirtschaftsverhandlungen, deren Zurückhaltung zu durchbrechen. Als bei den Nachbarn die Besorgnis über Chinas Wettbewerbsstärke wuchs, nutzte China die regionalen Organisationen nicht nur als Mittel, um mit diesen Ländern einzeln in Dialog zu treten, sondern auch, um neue Regeln für diese Körperschaften nach eigenem Interesse auszugestalten.

Bei Beginn der Verhandlungen über ein Handelsabkommen mit der ASEAN im Jahr 2001 lag Chinas Hauptinteresse darin, seinen Markt für Fertigungsgüter zu öffnen, während es sich bei der Liberalisierung von Dienstleistungen, die Singapur forderte, ziemlich ablehnend verhielt. Im Laufe der Jahre jedoch, als die chinesischen Dienstleistungsexporte expandierten, war China verstärkt darauf bedacht, auch diesen Sektor in den Wirtschaftspakt mit ASEAN aufzunehmen.[1] Und mit der Zunahme chinesischer Investitionen in den ASEAN-Staaten wuchs auch das Interesse Chinas an einem erweiterten Investitionsschutzabkommen.

Man könnte diese Politik der kleinen Schritte auch bei der regionalen Kooperation im finanz- und geldpolitischen Sektor nachzeichnen: China bewegte sich nur dann, wenn es mit seiner eigenen wirtschaftlichen Situation darauf vorbereitet war. Auch beim Thema Sicherheit wollte China die Agenda und die Regeln bestimmen. Zum Beispiel ließ China die Mitglieder der ASEAN eifrig die Fragen maritimer Sicherheit diskutieren, schlug verschiedene Initiativen zur Eindämmung von Piraterie vor und unterstützte den Kampf gegen den Terrorismus, verstärkte aber gleichzeitig weiterhin seine Präsenz im Südchinesischen Meer und lehnte eine verbindliche Regelung in dieser Frage ab. Ähnlich ging China gegenüber den Ländern der Shanghaier Organisation für Zusammenarbeit vor: Einerseits ließ Peking keine Gelegenheit aus, den Schutz vor dem islamistischen Terrorismus zu thematisieren, verhinderte andererseits aber, dass sich die Organisation der Frage der sicheren Wasserversorgung und der Bewirtschaftung internationaler Flüsse annahm, die von China stark ausgebeutet werden. Anders gesagt: Die regionalen Organisationen halfen China, Vertrauen zu schaffen und kleinere Länder mit Verfahrensfragen zu beschäftigen, ohne dass es ernstzunehmende Fortschritte gab. Das Gute daran war jedoch, dass die Rückkehr zu einem strikten Unilateralismus vermieden werden konnte, solange die regionalen Organisationen China bei der Realisierung seiner Interessen dienlich waren.

China versteht es inzwischen sehr gut, Länder gegeneinander auszuspielen. Es ist klar, dass Mao Zedongs Fünf Prinzipien und seine Drei-Welten-Theorie bereits erste Versuche waren, zwischen die Großmächte und die übrigen Staaten einen Keil zu treiben, aber diese Fertigkeit hat seither an Bedeutung noch gewonnen. Betrachten wir zum Beispiel die maritime Achse zwischen Japan und den Vereinigten Staaten. Selbst als die beiden Länder vermehrte Anstrengungen unternahmen, ihr gemeinsames Interesse durchzusetzen und China von unilateralen Aktionen zur Veränderung der Lage im Ostchinesischen Meer abzuhalten, erkannten die chinesischen Beobachter sehr wohl, dass Washington bremste, wenn die Gefahr bestand, dass Tokio in seinen Reaktionen auf angebliche chinesische Provokationen zu weit ging oder gar selbst den Status quo veränderte. Differenzen zwischen Washington, Tokio, Seoul und Moskau verschafften China zudem mehr Handlungsspielraum in den Sechs-Parteien-Gesprächen und trugen dazu bei, angesichts von Pjöngjangs Unnachgiebigkeit einerseits und der Frage nach Sanktionen andererseits einen kompletten Stillstand zu verhindern. Unstimmigkeiten zwischen den ASEAN-Staaten führten dazu, dass der Widerstand im Südchinesischen Meer vermindert werden konnte. Mit ähnlichen Manövern konnte Peking auch seine ökonomischen Interessen vorantreiben. Die Freihandelszone zwischen den ASEAN-Staaten und China demonstrierte, wie China »Early Harvest«-Abkommen und andere bilaterale Vorzugsrechte nutzte, um Verhandlungsmacht zu gewinnen. Auch wenn es China nicht gelang, die Länder der Shanghaier Organisation für Zusammenarbeit zu einem Freihandelsabkommen zu bewegen, hat es Kirgisistan, das als Mitglied der WHO den freien Fluss von Gütern zulassen muss, gegen die anderen ausgespielt. Offensichtlich ist China zwar nicht der Verursacher solcher Zwistigkeiten – sie sind das Ergebnis unterschiedlicher geopolitischer Ausrichtungen und wirtschaftlicher Interessen –, aber es hat zweifellos von ihnen profitiert.

Das Sicherheitsumfeld

Dieser Wandel auf fünf Politikfeldern ist klar und unstrittig. Bereits in den vorangegangenen Kapiteln konnten wir diese Entwicklung konstatieren: die zunehmende Flexibilität und Anpassungsfähigkeit der chinesischen Politik, die so viele

Beobachter zu der Überzeugung brachte, China sei keine revisionistische Macht und daher nicht bestrebt, die asiatische Ordnung umzukehren oder die Position der anderen Mächte zu untergraben. Das ist ein voreiliges Urteil.

Einerseits ist nicht allein China pragmatischer geworden, dasselbe lässt sich von ganz Asien sagen. Es wäre nicht ganz korrekt, den Politikwandel auf chinesischer Seite als Grund für die verbesserten Beziehungen zu Asien in den letzten Jahrzehnten anzuführen. In den vorangegangenen Kapiteln haben wir festgestellt, dass es oft die Nachbarn waren, die sich als Erste gewandelt haben. So gab es 1971 die diplomatische Revolution, vorbereitet durch Henry Kissingers Geheimdiplomatie, in deren Gefolge eine Vielzahl anderer Länder ebenfalls versuchte, ihre Beziehungen zu China zu normalisieren. Während Wahlen dafür sorgten, dass viele Regierungen zwischen Begeisterung und Besorgnis im Hinblick auf China schwankten, tendierte Japan während des Kalten Krieges stets dazu, auf die politischen Veränderungen in Peking pragmatisch zu reagieren.

Der Zusammenbruch der Sowjetunion befreite China von einem großen Konkurrenten. Auch die wirtschaftlichen Bedingungen verbesserten sich. Als Deng Xiaoping seine Reformen in Gang setzte, hatte Japan ein Pro-Kopf-Einkommen von 12 000 US-Dollar erreicht, und die USA zeigten mehr Interesse, auch in China zu investieren. Die Suche der Industriestaaten nach billiger Arbeitskraft erwies sich als besonders hilfreich beim Abbau der Spannungen zwischen China auf der einen und Japan, den Vereinigten Staaten und Taiwan auf der anderen Seite.

Als Japan 1990 in Stagnation verfiel, Südostasien von der Finanzkrise der Jahre 1997 und 1998 erfasst wurde und Lehman Brothers die USA in die schlimmste Rezession seit Jahrzehnten stürzte, blickte die gesamte Region hilfesuchend auf China. Da Chinas Wirtschaftswachstum in einem freundlicheren Kontext stattfand, stellte die allmähliche Modernisierung der chinesischen Streitkräfte keine solche Gefährdung des Sicherheitskontexts dar wie noch in den 1950er, 1960er und frühen 1970er Jahren. Die Entsendung amerikanischer Flugzeugträger während der Taiwan-Krise 1995 und 1996 beispielsweise war kaum vergleichbar mit Washingtons Machtdemonstration in der Taiwan-Straße in den 1950er Jahren.

Andererseits bleibt festzuhalten, dass trotz des Politikwandels China keinen Zoll breit von seinen vier großen Bestrebungen abgerückt ist. Die vorrangige Bestrebung bedeutet, Kontrolle über die Grenzregionen wie Yunnan, Tibet, Xinjiang, die Innere Mongolei und so weiter zu gewinnen bzw. zu behalten. In den vergangenen Jahrzehnten hat China alle Versuche anderer Länder, sich in diesen Gebieten einzumischen, starrköpfig abgewehrt und mit Sanktionen reagiert. Wirtschaftliche Anreize in Kombination mit politischer Repression sollten die Bindungen dieser Regionen an das küstennahe Kernland festigen. Es bleibt jedoch abzuwarten, welche Folgen die zunehmenden Unruhen in Tibet und Xinjiang zeitigen werden.

Die zweite große Bestrebung liegt in dem Ehrgeiz der Kommunistischen Partei, als legitime politische Struktur anerkannt und respektiert zu werden. Der wirtschaftliche Erfolg hat diese Aufgabe zwar erleichtert, aber ökonomische Schwierigkeiten, soziale Ungleichheit, Korruption und Umweltzerstörung haben Kritik von außen laut werden lassen und im Inneren die Ungeduld geschürt. Drittens strebt China danach, dass seine Souveränität respektiert wird: auf dem Papier mittels diplomatischer Anerkennung und in der Praxis durch die Abwehr gegen die Einmischung seitens der Großmächte. Auch diese Aufgabe wurde weitestgehend erfüllt. Die letzte und umstrittenste Bestrebung liegt in der Wiedergewinnung von verlorenem Territorium, also Taiwans, der Inseln im Südchinesischen Meer, einem großen Teil des Ostchinesischen Meeres und einem Teil der umstrittenen Grenze zu Indien. Zwar trifft es durchaus zu, dass China andere Gebietsstreitigkeiten beigelegt hat, aber diese waren weniger bedeutsam und Chinas Zugeständnisse hierbei gering. In den noch bestehenden Streitfällen hat China angeboten, gemeinsam mit anderen Anwärtern in Wirtschaftsprojekte zu investieren, sich aber ansonsten nicht kompromissbereit gezeigt. Das Bestreben, verlorenes Territorium wiederzugewinnen, hat einige diplomatische Erfolge Chinas geschmälert und angesichts der Entschlossenheit auch der konkurrierenden Nationen das Risiko zukünftigen größeren Schadens heraufbeschworen. Dennoch besteht keine Aussicht, dass China von seinen Ansprüchen abrücken wird. Selbst bei gemeinsamen Entwicklungsprojekten ist zu erwarten, dass Peking früher oder später seine Ansprüche rechtlich anerkannt sehen und bei diesen Projekten zumindest das Sagen haben will.

An den Auswirkungen dieser Bestrebungen hat sich in den letzten 60 Jahren nichts geändert: Um zur größten Volkswirtschaft Asiens zu werden, muss China seine Macht maximieren, auf ökonomischem Gebiet ebenso wie auf militärischem. Dies wiederum impliziert, dass China die Vorherrschaft der USA beenden und sich wie zu Zeiten des Kaiserreichs über seine Nachbarn erheben will. Auch hier besteht ein erheblicher Unterschied zwischen den tatsächlichen Konsequenzen dieser Bestrebungen und den Absichtserklärungen von offizieller Seite. Die meisten Funktionäre bestreiten vehement, hegemoniale Pläne zu verfolgen oder andere Mächte schwächen zu wollen. Zwar räumen sie durchaus ein, dass es wünschenswert sei, den USA auf Augenhöhe gegenüberzutreten, dass sie die verlorenen Territorien wiedergewinnen wollen und dass ein reiches China ein sehr mächtiges China wäre. Aber die Vorstellung, dem amerikanischen Beispiel des Unilateralismus zu folgen, finden sie entsetzlich.

Das ist ein sehr bemerkenswerter und wichtiger Punkt. Chinas Revisionismus gründet also nicht auf einem teuflischen Plan, zu dem sich staatliche Vertreter und Führer verschworen hätten. Er ist vielmehr Ausdruck eines strukturellen Problems, aus dem immer wieder Spannungen erwachsen: Auf der einen Seite die kooperative Haltung und die Wertvorstellungen der offiziellen Vertreter, auf der anderen Seite die Zwangsläufigkeit des revisionistischen Prinzips, das aus der unterlegenen Stellung Chinas in der Weltordnung, seinen historischen Erfahrungen, seinen Konflikten mit der Machtpolitik anderer Staaten und seinen durchaus verständlichen großen Bestrebungen herrührt. Dies wiederum erklärt ein weiteres Spannungsfeld, nämlich die sehr deutliche Diskrepanz zwischen Unnachgiebigkeit und Flexibilität in der chinesischen Außenpolitik.

Maximierung von Macht bedeutet allerdings auch nicht zwangsläufig territoriale Vergrößerung. Wie wir gesehen haben, sind Chinas territoriale Bestrebungen auf die Wiedergewinnung *verlorener* Territorien begrenzt. Die Legitimität dieser Ansprüche mag zwar in Zweifel gezogen werden – vielfach wird behauptet, China habe diese Gebiete niemals besessen und könne sie folglich auch nicht verloren haben –, aber die Ansprüche und Argumente Chinas lassen sich nicht einfach entkräften. Außerdem verfolgt das Land zumindest bis auf Weiteres keine Pläne, *neue* Territorien zu erobern.

Pekings Idealvorstellung lässt sich unschwer ausmalen: Das Gebiet von Shanghai bis Chengdu und von Shenyang bis Kunming wäre eine Zone mit einer einkommensstarken Mittelschicht, hoch entwickelter Industrie, international geschätzten Handelsmarken und qualitativ hochwertigen Dienstleistungen. Ihre bedeutendsten Städte würden sich auf unterschiedliche, lukrative Wirtschaftszweige spezialisieren: Shanghai beispielsweise auf Finanzdienstleistungen, Chongqing auf umweltfreundliche Automobilität, Kunming auf hoch entwickelten Maschinenbau, Chengdu auf Software und so weiter. Zwischen diesen Zentren würden kleinere Städte und Dörfer als grüne Lungen mit komfortablen und gesunden Lebensbedingungen fungieren. Schnelle Zugverbindungen und Fluglinien würden Millionen spendierfreudige Touristen zu ruhigen Ferienzielen befördern, etwa nach Tibet, das sich zu den chinesischen Pyrenäen entwickeln würde, oder in den Nordosten, in die zukünftigen chinesischen Alpen, oder nach Xinjiang, das neue Andalusien, und an die Strände im Süden, Chinas Club Med. Auf den chinesischen Meeren würde eine mächtige chinesische Marine patrouillieren, billige Arbeitskräfte aus Vietnam wären auf chinesischen Ölplattformen im Einsatz, und Kellnerinnen von den Philippinen würden Shandong-Bloody-Marys- und Peking-Bellini-Cocktails in den neuen tropischen Urlaubsorten auf den Spratly-Inseln servieren. Taiwan wäre eine zufriedene autonome Region der Volksrepublik, in der man nach wie vor reichlich Austernpfannkuchen und Bubble Tea aufgetischt bekäme.

Die Wirtschaft wäre hocheffizient und würde dank der Inlandsnachfrage florieren. Dies würde auch die Entwicklung der Nachbarländer allmählich voranbringen. Chinas neue, internationale Marktführer würden dafür sorgen, dass sie durch Straßen, Eisenbahnlinien, Pipelines und einen endlosen Strom von Besuchern mit dem Mutterland verbunden sind. Die Unternehmen würden die Produktionskette weitgehend kontrollieren, von den Bergwerken bis zum Einzelhandel, und die Geschäfte hauptsächlich in chinesischer Währung abwickeln. Russlands Schicksal wäre vorgezeichnet; Japan würde zu einer von Abwanderung geplagten Version Großbritanniens werden, wo man der großen kaiserlichen Vergangenheit leise nachtrauert. Südostasien, Chinas Italien, würde boomen und vor Lebensfreude sprühen; jede Menge chinesische Unternehmen, Banken und betuchte Chinesen hätten sich hier angesiedelt. Die Region zwischen Bangladesch und Kasachstan könnte Chinas Nordafrika und Naher Osten werden, wo im Vergleich zu den Hochebenen des Himalaja eine Gluthitze herrschte. Diese urbanisierte, aber industrielose Region würde schwer an ihrer demografischen Last tragen und von einer politischen Krise in die nächste schlittern. Aus Indien könnte ein loser Bund konkurrierender Staaten entstehen. Solange diese Instabilität im Zaum gehalten und die verschiedenen Regierungen gegeneinander ausgespielt werden können, wäre von dieser Seite jedoch nicht viel zu befürchten. Gleichzeitig wäre mit den USA ein *modus vivendi* gefunden worden, der China de facto die Kontrolle über die umstrittenen Teile seiner maritimen Grenzen ermöglicht und aus Taiwan eine weitere autonome Region macht, ähnlich wie Tibet und Xinjiang. Anders gesagt: Die effektivste Form des Revisionismus würde ihren Erfolg wirtschaftlicher Machtpolitik verbunden mit militärischer Stärke als letztem und gefürchtetstem Mittel verdanken.

Die Verteidigung des Friedens

Das mächtigste Land Asiens zu werden, ohne darum kämpfen zu müssen, und konstruktiv zu wirken, ohne Kompromisse zu schließen: So kann man den Weg beschreiben, den China gegenüber seinen Nachbarn eingeschlagen hat. Lässt man einmal Chinas Streben nach einer Machtmaximierung außer Acht, war dieser Weg erfolgreich. Zwischen 1990 und 2013 wuchs Chinas Wirtschaft jährlich im Durchschnitt um 10 Prozent, gegenüber 5 Prozent der übrigen asiatischen Länder. Dadurch stieg der Anteil Chinas an der gesamten asiatischen Produktionsleistung von 7 auf 37 Prozent und liegt damit höher als Chinas prozentualer Anteil an der Gesamtbevölkerung Asiens. China konnte seine Nachbarn hauptsächlich deshalb überflügeln, weil es enorme Summen in die Infrastruktur investiert hat. Ein Teil dieser Investitionen floss direkt in den Fertigungssektor. Zwischen 1990 und 2013 erhöhte sich Chinas Anteil an der industriellen Fertigung in Asien von 9 auf 47 Prozent. Dies wurde aber auch in anderen Sektoren sichtbar: Chinas Anteil an der Gesamtlänge des asiatischen Eisenbahnnetzes stieg von 20 auf 25 Prozent, sein Anteil am asiatischen Straßennetz von 52 auf 61 Prozent, sein Anteil an den asiatischen Wolkenkratzern von 57 auf 74 Gebäude, sein Anteil an der asiatischen Containerhafen-Kapazität von 32 auf 51 Prozent.[2]

Diese Häfen waren für Chinas Stellung als größte asiatische Handelsnation von entscheidender Bedeutung. Noch 1990 war China nach Japan, Südkorea und Singapur nur der viertgrößte Exporteur Asiens, aber schon 2013 exportierte es mehr als die drei anderen Länder zusammen. Vor allem Chinas Anteil am asiatischen Export von Fertigungsgütern schnellte von 10 auf 46 Prozent nach oben. Sogar auf 51 Prozent stieg Chinas Anteil am asiatischen Export von arbeitsintensiven Gütern, die natürlich für den Erhalt des Beschäftigungsniveaus bedeutsam sind. Noch wichtiger ist, dass China den anderen asiatischen Entwicklungsländern zunehmend die Rolle von Rohstofflieferanten aufzwang. Außerdem begann das Land, seinen Anteil an hoch entwickelten Gütern wie Halbleitern, Automobilen und Maschinen zu steigern. Eine wachsende Zahl dieser Produkte wurde auch von chinesischen Firmen hergestellt. Während 2003 ausländische Investoren noch 36 Prozent der chinesischen Industrieleistung generierten, sank bis 2013 ihr Anteil auf 23 Prozent. Dieses Wachstum löste eine gewaltige Nachfrage nach Rohstoffen aus, sodass

China in Bezug auf die meisten Rohstoffe zum weltgrößten Importeur aufstieg.

Zugleich verdoppelten sich zwischen 1990 und 2013 dank neuer landwirtschaftlicher Programme Chinas permanente Anbauflächen, sodass es nach Indonesien über das größte landwirtschaftliche Potenzial in Asien verfügt. Chinas Anteil an der asiatischen Getreideproduktion, die von entscheidender Bedeutung für die Ernährungssicherheit ist, lag während dieser Zeit konstant bei rund 45 Prozent. Zwar kam es gleichzeitig zur Verschlechterung der Böden, aber mit diesem Problem sind die meisten Länder Asiens konfrontiert, und China gehörte bisher zu den wenigen, die beträchtliche Summen in den Kampf gegen die Wüstenbildung und den ineffizienten Einsatz von Düngemitteln investierten. Der landwirtschaftliche Boom trug auch zur Auszehrung der Süßwasserreserven bei. Im Vergleich mit den durchschnittlichen inländischen Pro-Kopf-Reserven an erneuerbarem Wasser in Asien herrscht in China Mangel. Doch verglichen mit anderen Industrieländern verfügt China über beträchtliche Reserven an Wasser, Energie und Bodenschätzen. Es ist allgemein bekannt, dass Chinas Vorräte an seltenen Erden riesig sind und das Land über große strategische Reserven weiterer wertvoller Mineralien verfügt. Dank kürzlich erfolgter Erkundungen konnte es zudem seine Eisen-, Kupfer- und Bauxitreserven aufstocken. Was die Energieerzeugung betrifft, verfügt China über 60 Prozent des asiatischen Potenzials an Wasserkraft und 25 Prozent der Kohlereserven. Seine ohnehin beträchtlichen Gas- und Ölreserven – 5 beziehungsweise 11 Prozent ganz Asiens – wurden in den letzten beiden Jahrzehnten noch ausgebaut. Chinas Solar- und Windkraftkapazität beläuft sich auf 67 Prozent der asiatischen Gesamtleistung. Chinas Bedarf an natürlichen Ressourcen ist also zwar beträchtlich gestiegen, aber in vielen Bereichen ist seine Lage besser als die anderer wichtiger Produzenten wie Japan und Südkorea und gewiss bequemer als die Indiens, des anderen demografischen Giganten.

Der Machtzuwachs hat Chinas Regierung zwei weitere wichtige Erfolge beschert: Rückhalt in der Bevölkerung und vorteilhafte Handelsbedingungen gegenüber anderen Ländern. Laut Umfragen stieg das Vertrauen der chinesischen Bürger in die Wirtschaft ihres Landes von 52 Prozent zu Beginn dieses Jahrhunderts auf mehr als 82 Prozent in den letzten Jahren. Das ist beträchtlich mehr als in anderen Ländern wie den Philippinen, Australien, Indonesien, Japan, Südkorea, Indien und Pakistan.[3] Erklären lässt sich dies vor allem damit, dass China zusammen mit Malaysia zu den wenigen asiatischen Ländern gehört, in denen das durchschnittliche Wachstum des Bruttoinlandsprodukts (BIP) über der Inflationsrate lag und immer noch liegt. Zwischen 1990 und 2013 betrug das durchschnittliche BIP-Wachstum pro Kopf in Asien 4 Prozent, während die durchschnittliche jährliche Inflationsrate bei 9 Prozent lag. Ein Großteil des Zugewinns an Wohlstand wurde daher durch höhere Verbraucherpreise aufgezehrt. In China jedoch lag der durchschnittliche Zuwachs des Pro-Kopf-BIP bei 9 Prozent, die Inflation hingegen nur bei 5 Prozent. Die chinesischen Haushalte verzeichneten auch die rascheste Zunahme an langlebigen Wirtschaftsgütern.[4]

Den günstigen Handelsbedingungen verdankte China einen durchschnittlichen Außenhandelsüberschuss von 3 Prozent, während Asien als Ganzes ein Handelsdefizit verzeichnete. Einerseits ermöglichte dies China, beträchtliche Devisenreserven anzuhäufen, die sich 2013 auf 3,7 Billionen US-Dollar beliefen und somit 51 Prozent der Devisenreserven ganz Asiens darstellten. Zwar trifft es zu, dass Handelsüberschüsse und Devisenreserven mit einem niedrigen Konsumniveau einhergehen und in der Regel dazu führen, dass anderen Ländern enorme Kreditsummen eingeräumt werden, was wiederum zulasten des Inlandsmarktes geht. Aber diese Kredite können auch in strategische Aktiva wie Häfen, Bergwerke und Erdölförderanlagen reinvestiert oder als Exportkredite vergeben werden, die dazu beitragen, dass chinesische Produzenten Marktanteile erobern und die chinesische Staatsmacht an Einfluss gewinnt. Andererseits konnte China dank seiner Reserven natürlich auf die Aufnahme hoher Auslandsschulden verzichten, die auf anderen asiatischen Ländern schwer lasten. 2013 beliefen sich Chinas Auslandsschulden auf lediglich 9 Prozent des BIP, während sie im übrigen Asien bei durchschnittlich 32 Prozent lagen. Die südostasiatischen Länder beispielsweise verzeichnen Auslandsschulden von rund 35 Prozent, Indien von rund 21 Prozent, und keinem dieser Länder ist es bisher gelungen, seine Schuldenlast abzubauen.

Ein großer wirtschaftlicher Machtzuwachs verleiht Einfluss, vor allem weil dadurch andere Länder abhängiger werden. Betrachten wir einmal die Handelsströme: 1990 kaufte China nur 5 Prozent der Exporte seiner Nachbarn auf,[5] 2013 lag die Marge bereits bei 22 Prozent. Auf manchen Märkten wurde China zum unverzichtbaren Kunden. 2012 lieferte die Mongolei 89 Prozent ihrer Exporte nach China, Nordkorea 83 Prozent, Laos 30 Prozent, Südkorea 26 Prozent, Japan 19 Prozent und Kasachstan 18 Prozent. 1990 tätigte China rund ein Prozent der Auslandsinvestitionen in seinen Nachbarländern,[6] 2012 lag die Rate schon bei 12 Prozent. Hierbei nahm China in Laos eine sehr dominante Position ein: 59 Prozent der Auslandsinvestitionen dort stammten aus China, in Afghanistan waren es 32 Prozent, in Kambodscha 27 Prozent und in Myanmar, Kirgisistan und Tadschikistan jeweils 23 Prozent.

Auslandskredite sind nach wie vor Chinas wichtigstes Mittel der wirtschaftlichen Machtausübung und Einflussnahme. China legt nicht offen, wie viel es seinen einzelnen Nachbarn an Finanzmitteln zur Verfügung stellt, aber das Gesamtvolumen seiner Auslandskredite ist enorm: 2012 lag es bei rund 165 Milliarden Dollar. Japan, der traditionelle Kreditgeber Asiens, verzeichnete 2013 nur ein Gesamtvolumen an Auslandskrediten in Höhe von 83 Milliarden US-Dollar.[7] Laut Auskunft offizieller Vertreter geht rund die Hälfte von Chinas Auslandskrediten an asiatische Länder, mehrheitlich in Form von Exportkrediten und Vorzugsanleihen, die an den Kauf chinesischer Waren und Dienstleistungen gebunden sind. Auf diese Weise wurde China mit Abstand der größte Kreditgeber in der Region.

Der Zugewinn an wirtschaftlicher Macht ermöglichte auch eine bedeutende Zunahme an militärischer Stärke. Chinas Anteil am gesamten asiatischen Militäretat stieg von 4 Prozent im Jahr 1990 auf 35 Prozent im Jahr 2013.[8] Inzwischen sind Chinas offizielle Rüstungsausgaben mit Abstand die größten und übertreffen sogar die von Japan, Indien und Südkorea zusammen. Dabei wurde vor allem in das Personal investiert:

Die Soldaten erhalten heute höheren Sold, die Rekruten eine bessere Ausbildung, Piloten mehr Flugstunden, Marinesoldaten mehr Stunden auf See und so weiter.[9] Aber auch in die Ausrüstung wurde mehr investiert: 2013 gab China schätzungsweise zwischen 56 und 60 Milliarden Dollar für militärische Forschung, Entwicklung und Anschaffungen aus.[10] Zu Beginn des Jahrhunderts stützte sich China noch gänzlich auf Importe hoch entwickelter Waffensysteme, aber 13 Jahre später hatte es bereits aus eigenen Mitteln die Entwicklung und Produktion der meisten wichtigen Systeme und – ebenso bedeutsam – wiederum von deren Subsystemen wie Motoren, Sensoren, Datenverbindungen und Raketen vorangetrieben. Im Bereich waffentechnischer »Hardware« nahm China mehr Kampfjets, Marinefahrzeuge und militärische Satelliten in Dienst als alle seine Nachbarn zusammen.

Damit konnte Peking seine Militärpräsenz entlang der Grenzen und auf den angrenzenden Meeren drastisch steigern. Heute sind Chinas Streitkräfte in der Lage, jeden Angriff auf ihr Land zu einem hohen Risiko für den Gegner zu machen und sogar bei kurzen Konflikten mit Taiwan und anderen Nachbarn, das Südchinesische Meer betreffend, wahrscheinlich die Oberhand zu gewinnen. Ebenfalls bedeutsam ist, dass eine große Mehrheit der chinesischen Bevölkerung den Einsatz von Militärmacht zur Verteidigung territorialer Ansprüche befürwortet. In Kriegszeiten könnte China auf große strategische Energiereserven zurückgreifen und seine langen, verwundbaren Versorgungslinien durch den Indischen Ozean dadurch kompensieren, dass es auf Unterstützung aus Zentralasien oder Russland zurückgreift. All dies treibt Chinas Nachbarn mehr denn je in Abhängigkeit von der militärischen Vormacht der USA und steigert die Bedeutung der Kooperation zwischen den asiatischen Ländern.

Das Gleichgewicht der Macht hat sich zugunsten Chinas verschoben, aber Gegenreaktionen seiner Nachbarn blieben begrenzt. Auf wirtschaftlicher Ebene versuchten die meisten, die wirtschaftlichen Möglichkeiten mit China zu nutzen, seinen Einfluss aber einzudämmen. Andere Entwicklungsländer versuchten, ihre eigenen Spitzenunternehmen durch eine robustere Industriepolitik zu schützen. Manche, wie etwa Indien, wehrten sich gegen Chinas angebliche Dumping-Praktiken durch einseitig verhängte Zölle oder Klagen bei der Welthandelsorganisation. Andere, wie Vietnam, Südkorea und Japan, versuchten ihre Exportchancen durch Abwertung der eigenen Währung zur Steigerung der Wettbewerbsfähigkeit zu verbessern. Wichtig war diesen Ländern auch, beim Wettlauf um Freihandelsabkommen an der Spitze zu bleiben und zu verhindern, dass noch mehr von den regionalen Handelsströmen Richtung China abfloss. Rohstoffproduzenten begrüßten die chinesischen Investitionen, begrenzten diese aber auf Minderheitsanteile und umwarben große Bergbauunternehmen aus anderen Teilen der Welt, um ihre Exportwirtschaft nicht gänzlich von China abhängig zu machen. Die meisten Nachbarn verzichteten also auf offenen Protektionismus und entschieden sich stattdessen für den Weg der Absicherung, um nicht vor der Wahl zu stehen, sich der aufstrebenden Macht entweder zu verweigern oder zu unterwerfen, entweder abgehängt zu werden oder auf einen fahrenden Zug aufzuspringen. Hauptziel war, von China zu profitieren, gleichzeitig wollten die Nachbarländer aber vermeiden, in eine unangenehme Abhängigkeit zu geraten und sich Chinas Wettbewerbsstärke voll auszusetzen. Freihandelsinitiativen wie die »Transpazifische Partnerschaft« (TTP) versuchten bereits in enger Zusammenarbeit mit den USA, ein Gleichgewicht herzustellen, indem sie China ausschlossen; ob diese Initiative Bestand haben wird, bleibt aber ungewiss.

Der Wunsch nach Absicherung mit der Tendenz, ein Gleichgewicht der Kräfte herzustellen, war auch auf militärischer Ebene zu erkennen. Einerseits unterstützten manche Regierungen einen intensiveren Austausch mit der Volksbefreiungsarmee und sogar eine begrenzte Zusammenarbeit beim Kampf gegen Piraterie und Terrorismus. Andererseits investierten Chinas Nachbarn – angesichts der chinesischen Militärmacht – mehr in ihre eigenen Streitkräfte. Japan räumte der Modernisierung seiner Marine und der Verteidigung seiner südlichen Inseln oberste Priorität ein. Mit Blick auf China stockte Indien sein Atomwaffenarsenal auf, verstärkte seine Militärpräsenz entlang der Himalajagrenze und erhöhte seine Marinepräsenz im Osten des Indischen Ozeans. Gleichzeitig wurden rund um China weitere militärische Partnerschaften geschlossen. Vor allem Vietnam, die Philippinen und Japan taten sich dabei hervor. Zumeist wurden diese Partnerschaften zwischen asiatischen Staaten vereinbart, doch die mit Abstand wichtigsten waren jene mit den USA. Allen Belastungen und Schwierigkeiten zum Trotz wurden die Vereinigten Staaten mehr denn je zum Sicherheitsgaranten gegen Chinas Aufrüstung.

Machtzuwachs ohne Widerstand

An Macht gewinnen, ohne allzu großen Widerstand zu erzeugen, das erschien Präsident Jiang Zemin als eine einmalige Gelegenheit. Doch China ist noch nicht satt und zufrieden. Erstens ist China noch immer kein reiches Land: 2013 betrug das Pro-Kopf-Einkommen 5910 Dollar, während nach der Definition der Weltbank das Durchschnittseinkommen bei 12 000 US-Dollar und darüber liegen muss, damit ein Land als reich gilt. Schon die bloße Vorstellung, China könnte in der mittleren Einkommensklasse steckenbleiben, ist für die chinesische Staatsführung inakzeptabel. Dafür gibt es einen sehr zwingenden Grund. Würde China auf dem gegenwärtigen Einkommensniveau verharren, würde dies fast zwangsläufig bedeuten, dass das wirtschaftliche Gefälle zwischen Küste und Hinterland, zwischen Stadt und Land nicht vermindert werden kann. Das jedoch ließe nichts anderes erwarten als eine Zunahme von sozialen Spannungen, politischer Zersplitterung und Problemen mit der Legitimität der Partei. Darüber hinaus dient ein Großteil der gegenwärtigen Investitionen, die in Infrastruktur, Immobilien, Fabriken und Bürogebäude fließen, dem Ziel einer wohlhabenden Gesellschaft. Steigt das Einkommen nicht, wären viele dieser Investitionen problematisch, unprofitabel und sogar überflüssig. Das ist deshalb besonders besorgniserregend, weil die meisten dieser Investitionen dadurch zustande kamen, dass Privatanleger dem Staat und den Unternehmen sehr viel Geld als Kredit zur Verfügung gestellt haben. Was das Platzen einer solchen großen Blase und der Verlust von Sparguthaben für Folgen haben könnte, vor allem wenn diese Ersparnisse für eine rasch alternde Bevölkerung von großer Bedeutung sind, kann man sich unschwer vorstellen.

Seine Verwundbarkeit von außen bereitet China ebenso große Sorge wie seine Instabilität und soziale Ungleichheit im Inneren. Auch wenn die Bedeutung ausländischer Unternehmen gesunken ist, verlässt sich China weiterhin auf deren Know-how und ihren Zugang zu ausländischen Märkten. Dass starke chinesische Handelsmarken fehlen, Chinas Position in der technologieintensiven Industrieproduktion und im kommerziellen Dienstleistungsbereich schwach ist und große Teile der internationalen Lieferketten von westlichen, japanischen, taiwanesischen und südkoreanischen Akteuren dominiert werden, beunruhigt die Regierung nach wie vor.

Auch mit seiner militärischen Sicherheit ist China nicht zufrieden, das geht aus seiner Einschätzung des außenpolitischen Umfeldes deutlich hervor. »Es gibt Anzeichen für zunehmenden Hegemonismus, Machtpolitik und Neo-Interventionismus«, konstatierte das Weißbuch zur Verteidigung 2013. »Im internationalen militärischen Bereich nimmt der Konkurrenzdruck zu. ... China ist nach wie vor vielfältigen und komplexen Sicherheitsbedrohungen und -problemen ausgesetzt. ... Manche Länder haben ihre asiatisch-pazifischen Militärbündnisse verstärkt, ihre Militärpräsenz in der Region ausgeweitet und häufig die dortige Situation verschärft. Hinsichtlich der Fragen, die Chinas territoriale Souveränität und seine maritimen Rechte und Interessen betreffen, haben einige Nachbarländer Maßnahmen ergriffen, die die Situation komplizierter machen oder zu Spannungen führen.« Derartige Sorgen sind nicht neu, aber das macht die Beobachtung umso bemerkenswerter. Die Modernisierung des chinesischen Militärs im letzten Jahrzehnt war beispiellos und hat das Machtgleichgewicht zugunsten Chinas verändert. Aber das reichte offenbar nicht aus. Die Staatsführung sieht es als entscheidende Schwäche an, dass sie nicht in der Lage ist, jenseits der zweiten Inselkette Angreifer abzuwehren, Landstreitkräfte über weite Entfernungen hinweg einzusetzen, Luftschläge über große Reichweiten zu führen und das Weltall strategisch vorteilhaft zu nutzen.

Das bringt uns erneut zu einem der sensibelsten Punkte von Chinas Aufstieg: der Wiedergewinnung verlorener Territorien. Halboffizielle Äußerungen amerikanischer Vertreter, wonach die Senkaku-Inseln durch den »Vertrag über gegenseitige Zusammenarbeit und Sicherheit« geschützt seien und die USA daher Japan beistehen müssten, falls es zu einem Konflikt käme, haben China davon überzeugt, dass es zur Abschreckung seiner Gegner mehr tun sollte. Das Gleiche gilt für das Südchinesische Meer, ein weiteres Gebiet, in dem sich die Vereinigten Staaten klar zum Schutz der kleineren Anwärter wie der Philippinen und Vietnam bekannt haben, auch wenn dies keine formelle Zurückweisung des chinesischen Anspruchs auf den Großteil der Inseln bedeutet. »Washington sagt nicht, dass wir die Inseln nicht beanspruchen können, aber es hat deutlich gemacht, dass wir unsere Ansprüche auf die Inseln nicht durchsetzen können, also heißt das, dass wir nicht über sie verfügen können«, erklärte ein Berater der Internationalen Abteilung der Kommunistischen Partei. Auch Taiwan bereitet China nach wie vor Kopfzerbrechen. Peking ist sich sehr wohl bewusst, dass die intensiveren Wirtschaftsbeziehungen eine Wiedervereinigung nicht etwa näher rücken lassen, sondern den Status quo sogar festigen. Aus Sicht Chinas zeigt dies, dass die Zuckerbrot-Politik nicht funktioniert und Taiwan die Großzügigkeit der Volksrepublik nicht zu schätzen weiß.

Das Dilemma

Hier kommen wir an einen entscheidenden Punkt: Der tief-sitzende, implizite Antrieb für Chinas Asienpolitik bleibt die Machtmaximierung – Macht, die Grenzgebiete zu kontrollie-ren, die Stellung der Partei als legitime politische Regierung abzusichern, Chinas Souveränität zu schützen und verlorene Territorien wiederzugewinnen. Diese Machtmaximierung muss zu möglichst geringen Kosten erfolgen, das heißt, ohne dafür kämpfen zu müssen. In den letzten Jahrzehnten hat China mit bemerkenswertem Erfolg seinen Aufstieg friedlich betrieben; dies war der Entwicklung und Ausgestaltung einer effektiveren Politik zu verdanken, aber auch einem günsti-gen Umfeld. China konnte aus diesem Kontext Nutzen ziehen, zum einen weil ihm ein Balanceakt zwischen den Supermäch-ten gelang, zum anderen weil es in der Folge ökonomische Erwartungen weckte, und nicht zuletzt weil eine neue, von China dominierte regionale Ordnung – also die Abkehr von einer von den USA dominierten multipolaren Ordnung und die Hinwendung zu einer von China dominierten unipola-rer Ordnung – in weiter Ferne zu liegen schien. Was seinen wirtschaftlichen Einfluss betraf, waren Chinas Fortschritte spektakulär, und es ist dem Land sicherlich gelungen, von der Globalisierung mehr zu profitieren als seine Nachbarn. Seine Rolle als Exportmarkt, Investor und Kreditgeber hat an Bedeutung gewonnen. Bisher aber konnte Peking noch keinem Nachbarland gegen den Willen seiner Regierung Entscheidungen aufzwingen. Anders gesagt: Chinas Einfluss ist noch nicht so weit gewachsen, dass andere Länder um ihre Souveränität fürchten und sich daher zwischen Konkurrenz und Kooperation entscheiden müssten.

In den folgenden beiden Kapiteln werde ich der Frage nachgehen, wie China dieses Dilemma bewertet und wie seine Bemühungen um Maximierung seiner militärischen und wirtschaftlichen Macht davon beeinflusst werden. Wird China andere mehr an seinem Wohlstand teilhaben lassen? Denkt es darüber nach, die Modernisierung seines Militärs zu verlangsamen?

Kapitel 7

Wirtschaftsmacht

In ihren Reden im Ausland betont die chinesische Führung immer wieder gern, China sei nach wie vor ein Entwicklungsland. Das stimmt. Ein chinesischer Durchschnittsbürger verdient rund achtmal weniger als ein Einwohner Singapurs oder Japans. Vergleicht man China jedoch mit anderen Nachbarländern, hat es sich von einer rückständigen Volkswirtschaft zweifellos zu einer beneidenswerten Wirtschaftsmacht gemausert. Man betrachte nur einmal das Bruttoinlandsprodukt (BIP): Im Jahr 2000 erzielte China 14 Prozent des gesamtasiatischen BIP bei einem gesamtasiatischen Bevölkerungsanteil von 37 Prozent.[1] 2012 erwirtschaftete China 37 Prozent des asiatischen BIP bei einem Bevölkerungsanteil von 35 Prozent. Und dies ist noch die bescheidenste Veränderung. Zwischen 2000 und 2012 betrug in Asien das durchschnittliche BIP-Wachstum pro Kopf 5 Prozent, in China hingegen 9 Prozent. Im Handelssektor fallen Chinas asymmetrische Gewinne noch deutlicher auf. Im Jahr 2000 entfielen auf China 12 Prozent aller asiatischen Exporte. Bis 2012 stieg in diesem Bereich Chinas Anteil auf 36 Prozent. Dabei sollte nicht übersehen werden, dass China vor allem seinen Anteil an der Produktionsleistung konsolidierte: 2012 entfielen auf China

41 Prozent der exportierten Industriegüter und 52 Prozent der exportierten arbeitsintensiven Industriegüter – also gerade der Erzeugnisse, die Entwicklungsländer zur Steigerung beschäftigungsintensiven Wachstums benötigen. Dies zwang erwartungsgemäß das übrige Asien in die Rolle des Rohstofflieferanten. Im Jahr 2000 machten Rohstoffe nur 12 Prozent der Exporte von Chinas Nachbarn aus; 2012 lag ihr Anteil bereits bei 25 Prozent.

Auf dem Schlachtfeld der Ökonomie

Wirtschaftlicher Erfolg tendiert dazu, sich zu verselbstständigen, bei ausländischen Investoren Begeisterung hervorzurufen und weitere Verbesserungen in den Bereichen Infrastruktur, Bildung, technologische Innovation und so weiter zu ermöglichen. Trotz steigender Löhne wahrte China seine Stellung als größter asiatischer Standort für ausländische Investitionen. 2012 betrug Chinas Anteil am Zufluss von Direktinvestitionen nach ganz Asien 35 Prozent. Zwischen 2000 und 2012 baute China mehr Straßen als die übrigen asiatischen Länder zusammengenommen. In diesem Zeitraum stieg die Zahl der Chinesen, die über Internetzugänge verfügten, von 0 auf 13 pro 100 Personen, was über dem asiatischen Durchschnitt liegt und zehnmal höher ist als im IT-Wunderland Indien.

Entscheidend sind auch die Auswirkungen des wirtschaftlichen Erfolgs auf den Handel. Gegenüber den meisten seiner Nachbarn erzielte China erhebliche Handelsüberschüsse. Wieder einmal wurde eines klar: Wenn sich in der Region eine neue Arbeitsteilung entwickelt, übernimmt China den Großteil der Produktionsleistung und überlässt seinen Nachbarn die Bereitstellung der Rohstoffe. 53 Prozent des Anstiegs der asiatischen Exporte nach China zwischen 2000 und 2012 entfielen auf Rohstoffe. 2012 lag der Anteil der Rohstoffe bei den asiatischen Exporten nach China bei rund 46 Prozent.

Dieser Zugewinn an Wirtschaftsmacht hatte zwangsläufig auch Auswirkungen auf Chinas innenpolitische Situation. Natürlich ist nicht zu übersehen, dass die Unruhen zugenommen haben, aber im Großen und Ganzen hat es Peking verstanden, das Vertrauen der Bevölkerung in die Regierung zu stärken. Das lässt sich an verschiedenen Kriterien messen. Erstens zeigen Erhebungen über die Zufriedenheit der Bürger mit dem Entwicklungsweg ihres Landes, dass sich die chinesische Bevölkerung an der Wende zum neuen Jahrzehnt nicht nur zuversichtlicher zeigt, wie wir im vorangegangenen Kapitel festgestellt haben, sondern sie ist auch deutlich zufriedener: 85 Prozent sind zufrieden, verglichen mit 22 Prozent in Südkorea, 24 Prozent in Japan, 35 Prozent in Indonesien und 45 Prozent in Indien und auf den Philippinen. Dies wiederum führte in den Nachbarländern zu wachsender Unzufriedenheit mit der Leistung ihrer Regierungen. Bereits vor dem verheerenden Tsunami von 2011 schwand in Japan aufgrund des ausbleibenden Wachstums die Zustimmung der Bevölkerung für die von der Demokratischen Partei geführte Regierung zusehends. 2013 belegte eine in Vietnam zunächst unter Parlamentariern durchgeführte Erhebung, wie unzufrieden sie mit der Wirtschaftspolitik ihrer Regierung waren, was zur Folge hatte, dass das Politbüro beschloss, auf die Befragung der Bevölkerung zu verzichten. 2014 wurde in Indien bei den Parlamentswahlen die Kongresspartei dafür abgestraft, dass sie es nicht geschafft hatte, die ökonomischen Probleme des Landes und die Korruption in den Griff zu bekommen. Der schwindende Rückhalt für die Staatsregierungen hat die Bedeutung der Kommunalpolitik gestärkt – eine Entwicklung, auf die traditionelle Parteien gewöhnlich mit wachsendem Nationalismus reagierten.

Dieser Nationalismus war teils wirtschaftlich ausgerichtet, teils durch China-Phobie bestimmt. In Japan etwa gewann Shinzō Abe die Wahlen vor allem deshalb, weil er einen scharfen Feldzug gegen das wirtschaftliche Missmanagement der Demokraten führte und versprach, mit einer aggressiven Strategie die Wirtschaft aus der Stagnation herauszuführen. Abe versprach, Japan wieder stark zu machen. Die meisten Japaner glaubten, dies sei in Anbetracht von Chinas Aufstieg dringend nötig; nicht notwendig sei es hingegen, Chinas Aufstieg zu bremsen.[2] Die endlose Folge von Zwischenfällen zwischen China und Japan machte es jedoch den Nationalisten leichter, Letzteres zu ignorieren und die traditionelle Kluft zwischen der besonnenen Mehrheit und der einen harten Kurs fordernden Minderheit – bestehend aus frustrierten jungen Leuten, fremdenfeindlichen Angehörigen der Mittelschicht und eher patriotisch eingestellten älteren Japanern – zu überbrücken.[3]

In Vietnam hat sich die Regierung eher zurückhaltend verhalten, aber verschiedene neue Bewegungen fordern eine nationalistischere Linie gegenüber China. Die aufkommende Politik des Nationalismus spiegelt tiefe Missstände in der vietnamesischen Gesellschaft wider, die aus einer spezifischen

Mischung aus Marktreform und autoritärer Politik resultieren, schreibt der Politikwissenschaftler Tuong Vu, der für einen neuen Konsens plädiert, durch den grundlegende Reformen auch politischer Natur und eine nationale Erneuerung herbeigeführt werden sollen.[4] Der politischen Elite bleibt nichts anderes übrig, als dem zu folgen.

In Indien haben politische Hardliner die chinesische Gefahr stets dafür genutzt, der Regierung Schwäche und Unentschlossenheit vorzuwerfen. Je größer die ökonomischen Probleme, mit denen die Regierungen sich abmühen mussten, desto eher waren sie geneigt, solchem Druck nachzugeben und mit größerer Entschiedenheit aufzutreten, um nicht ihren Rückhalt in der Bevölkerung einzubüßen. Bei den Wahlen von 2014 ergriffen die Spitzenkandidaten Narendra Modi und Mayawati die Initiative, spielten die Bedrohung durch China hoch und versprachen eine entschlossenere Wirtschafts- und Verteidigungspolitik.

Nationalismus ist in Asien ein Symptom von Schwäche, wirtschaftlicher Unsicherheit und dem Unvermögen der Politiker, die Erwartungen ihrer Bevölkerung zu erfüllen. Der Nationalismus löst diese Probleme nicht, sondern verhüllt sie, mit etwas Glück, so lange, bis eine Wahl gewonnen ist. Das Problem mit dem Nationalismus ist, dass er eine Atmosphäre des Misstrauens schafft: Selbst wenn aus ihm nicht die Bereitschaft zur Konfrontation mit anderen Ländern erwächst, erschwert er den politischen Eliten, Kompromisse zu schließen, wodurch sich wiederum das Risiko einer Konfrontation erhöht. In Asien macht die Wiederkehr des Nationalismus Chinas Aufstieg aus zwei Gründen komplizierter. Einerseits zeigt er, dass Chinas wirtschaftlicher Erfolg einen immer größeren politischen Preis fordert. Andererseits ist China der Überzeugung, dass seine Maximierung der Wirtschaftsmacht noch nicht weit genug fortgeschritten ist und seine Nachbarn keinen Grund zur Klage haben. Doch darin liegt die Krux: China mindert die wirtschaftlichen Möglichkeiten seiner Nachbarn, ist aber nicht gewillt, echte Kompromisse einzugehen, die der China-Phobie des Nationalismus den sozialen Nährboden entziehen könnten.

Dieses Dilemma von Chinas wirtschaftlichem Aufstieg klingt auch in den Äußerungen chinesischer Spitzenpolitiker an. Einerseits betonen sie – wie das Zitat von Hu Jintao im vorherigen Kapitel zeigte –, dass der wirtschaftliche Nutzen geteilt werden müsse. »Die wirtschaftliche Entwicklung ist Chinas zentrale Aufgabe«, betonte auch der damalige Außenminister Yang Yiechi vor dem Nationalen Volkskongress. »Der Schwerpunkt unserer diplomatischen Arbeit sollte darauf liegen, ein vorteilhaftes internationales Umfeld für unser Land zu schaffen, das zu Wirtschaftswachstum führt und auch direkt der Wirtschaft dient.«[5] Und Wu Jianmin, ehemals Präsident der Universität für Auswärtige Angelegenheiten, erklärte: »Wirtschaftsdiplomatie wird zunehmend wichtiger, und China sollte sich bemühen, in seiner Wirtschaftsdiplomatie mehr gemeinsame Interessen herbeizuführen. China muss in den wirtschaftlichen und diplomatischen Beziehungen mit anderen Ländern Aspekte finden, die für beide Seiten Vorteile bieten.«[6] Aber andererseits legen Funktionäre nach wie vor eine sehr misstrauische Haltung gegenüber dem internationalen wirtschaftlichen Umfeld an den Tag. »China wird mit mehr Konkurrenz sowohl seitens der Industrie- als auch der Entwicklungsländer zu rechnen haben. Durch den Druck der wettbewerbsbezogenen Integration in Asien entsteht das Risiko, an den Rand gedrängt zu werden. Niemand erwartet, dass internationale Kontrollen an Bedeutung gewinnen. Die großen Industrieländer haben auf die Krise mit Strategien zur Reindustrialisierung und zur Förderung von Exporten reagiert, während die großen Schwellenländer ebenfalls mehr Gewicht auf den internationalen Markt legen und versuchen, ausländische Investitionen anzuziehen. In den kommenden fünf Jahren wird der wachsende Konsum in den Schwellenmärkten das langsame Wachstum in den Industrieländern nicht ausgleichen können«, heißt es im Bericht einer Arbeitsgruppe des Ausschusses für Entwicklung und Forschung.[7] Deren Schlussfolgerungen wurden von hochrangigen Mitgliedern der chinesischen Führung, vom Präsidenten bis zu den Ministern, aufgegriffen All das hat sie zu der Überzeugung geführt, dass sich China noch mehr anstrengen muss, um auf eigenen Beinen zu stehen, wettbewerbsfähiger zu werden und seine Unternehmen entlang der globalen Produktionskette vorteilhaft zu platzieren.[8] Im 7. Kapitel wollen wir nun dieses Dilemma im Lichte von Chinas Industrie-, Handels- und Rohstoffpolitik sowie seiner Bemühungen, den Renminbi (auch bekannt als Yuan) zu internationalisieren, untersuchen.

Eine neue Politik der offenen Türen

Als 2013 die neue Führungsriege ins Rampenlicht trat, erklärte sie als ihr Hauptziel, Chinas Entwicklungsmodell so umzuformen, dass das Land reich werden und beim Pro-Kopf-Einkommen, das bis dahin bei 6071 US-Dollar lag, die Schwelle von 12 000 US-Dollar überschritten werden sollte. Um dies zu erreichen, kündigte die Staatsführung an, auf eine schrittweise Umschichtung von Investitionen hin zum heimischen Konsum und auf eine Stärkung des Dienstleistungssektors gegenüber der Industrieproduktion hinzuwirken. Dies ließ die Regierungen der Nachbarländer hoffen, dass ein Teil von Chinas Industrieproduktion zu ihnen abwandern und ihren eigenen notleidenden Märkten aufhelfen würde. Peking hingegen hatte aber ganz andere Erwartungen. Die Umschichtung sollte zwar das relative Gewicht der Industrieproduktion innerhalb der chinesischen Wirtschaft vermindern, aber man wollte keinesfalls zulassen, dass sie in absoluten Zahlen schrumpfte. Ganz im Gegenteil. Die neue Führung entwarf rasch neue Pläne zur Stärkung der Industrie und zur Umgestaltung der Produktion von der rohstoffintensiven zu einer mehr arbeits-, kapital- und technologieintensiven Fertigung. Obwohl der Führung bewusst war, dass sie damit den Wettbewerb mit anderen Entwicklungsländern befeuern würde, wollte China ein Mehr an arbeitsintensiver Fertigung und nicht ein Weniger.[9] Gleichzeitig jedoch unternahm die Regierung Anstrengungen, in zukunftsträchtige Nischen mit mehr Wertschöpfung vorzustoßen.

Es ist seltsam, dass Jahrzehnte nach dem Großen Sprung

nach vorn die chinesischen Politiker immer noch so sehr auf die Industrieproduktion fixiert waren. Dafür gibt es verschiedene Gründe. Erstens gehen offizielle Stellen davon aus, dass Chinas industrielle Pro-Kopf-Leistung nach wie vor sehr niedrig ist und sich womöglich verdoppeln oder verdreifachen sollte.[10] Zweitens betrachtet man Investitionen in den Industriesektor als das entscheidende Mittel, um China aus der Falle des mittleren Einkommens zu befreien.[11] Schließlich gilt die Industrie als mächtigster Antrieb für den technologischen Fortschritt und für die Steigerung der Produktivität. Drittens hielt man eine neue Investitionswelle in Zukunftsindustrien für maßgeblich, um China aus seiner unterlegenen Position in der Weltwirtschaftsordnung herauszuführen und »in der globalen Arbeitsteilung eine bessere Stellung zu erreichen«.[12] Viertens wird die industrielle Leistungsstärke als Eckpfeiler der umfassenden nationalen Macht betrachtet:[13] Ohne eine starke nationale Industrie könne es keine Verhandlungsstärke gegenüber den Industrieländern und keine Aussicht auf militärische Modernisierung geben. Premier Li Keqiang ließ daran keinen Zweifel: »Der Industrialisierung ist oberste Priorität einzuräumen, da sie die Antriebskraft der Modernisierung ist.« Vor der Einberufung des Nationalen Volkskongresses 2014 formulierte Industrieminister Miao Wei dies sogar noch deutlicher: »Wenn China in den Rang der globalen Wirtschaftsmächte aufsteigen will, muss es zuerst zu einer Industriemacht werden«, erklärte er. »Die Industrie ist zum Eckpfeiler der gesamten nationalen Stärke unseres Landes geworden und erhöht seine strategischen Fähigkeiten, weltweit zu konkurrieren.«[14]

Die Beweggründe für Chinas Industriepolitik haben sich somit nicht geändert, doch die Politik selbst ist inzwischen auf mehr Effizienz, Innovation und internationale Wettbewerbsfähigkeit ausgerichtet. Im kommenden Jahrzehnt wird daher die chinesische Regierung nicht notwendigerweise weniger in den Industriesektor investieren, sondern diese Investitionen vor allem den Fabriken zugutekommen lassen, die sich als profitabel erweisen, und diese Unternehmen verstärkt dem erbarmungslosen Wettbewerb des freien Marktes aussetzen. »Wir sollten einen Mittelweg finden zwischen dem angemessenen Schutz junger Branchen und der Gefahr, dass diese Maßnahmen ihnen die Fähigkeit zur Innovation rauben und Eigennutz Reformen blockiert«, erläuterte ein hochrangiger Funktionär des Planungsbüros.[15] Tatsächlich ist China auf dem Weg, eine Volkswirtschaft zu werden, die alle Bereiche abdeckt. Während es sich an der Basis konsolidiert und weiterhin mit den arbeitsintensiven Industrien anderer Entwicklungsländer konkurriert, hat es zugleich den Hightech-Bereich ins Auge gefasst und bereitet sich auf den Wettbewerb mit Ländern wie Japan und Südkorea auf dem Gebiet der Halbleiter, der hoch entwickelten Elektronik, des Automobilbaus, der Biotechnologie und so weiter vor. Somit ist zu erwarten, dass Chinas Fortschritte in der Produktion weiterhin die Fortschritte im heimischen Konsum überflügeln werden. Diese neue Etappe der industriellen Aufholjagd wird dazu führen, dass der Industriesektor vom Export abhängig wird. Chinas Handelsüberschuss bei Industriegütern belief sich 2012 auf fast 11 Prozent der gesamten Produktionsmenge dieses Sektors.[16] Im Jahr 2000 waren es noch lediglich 3 Prozent.

Demzufolge wird Chinas Anschub der Industrie zwangsläufig auch mit einem Anschub des Exports einhergehen. Die Regierung hat dies sehr wohl erkannt. In seinem Bericht vor dem Nationalen Volkskongress sprach Premier Li Keqiang von der strategischen Priorität, die Exporte zu erhöhen. Die nationale Planungskommission NDRC merkte dazu an: »Wir werden unseren traditionellen Vorsprung bei den Exporten konsolidieren und den Export von miteinander verknüpften Industriezweigen und Dienstleistungen fördern.«[17] Wie soll das gelingen? Zum einen hat China Pläne entworfen, seine Exporte von den erstarrten Märkten im Westen mehr auf andere Entwicklungsländer zu verlagern. Um die Enttäuschung über das daraus entstehende Handelsdefizit abzumildern, würde es seine Exporte von Industriegütern durch mehr Importe von Rohstoffen ausgleichen. Zum anderen hat Peking versprochen, Kreditversicherungen und -finanzierung auszuweiten. 2012 wandte China bereits 159 Milliarden US-Dollar für Exportkredite auf und 161 Milliarden US-Dollar für Steuerrückvergütungen bei Exporten, das heißt, mehr als 10 Prozent der Exporte wurden auf diese Weise gefördert. Und drittens hat China geplant, größere Anstrengungen zu unternehmen, um Exportmärkte zu durchdringen und vor allem seinen Marktanteil in den Entwicklungsländern zu erhöhen.[18]

Bei dieser Exportstrategie steht Asien als Abnehmer an erster Stelle. Die Region wird als riesige kommerzielle Goldgrube angesehen. Asien ist ein wachsender Verbrauchermarkt mit Bedarf an Produkten sowohl geringer als auch höchster Qualität. Binnenländische Bereiche finden hier beste Möglichkeiten. Viele Produzenten betrachten Asien auch als natürliches

Erprobungsfeld für die Einführung neuer Produkte, neuer Technologien und neuer Marken, wobei die großen chinesischen Communities als Vermittler wirken können. Aber Asien ist auch eine Herausforderung: Chinesische Entscheidungsträger wissen sehr wohl, dass der Wettbewerb mit Firmen aus Japan und Südkorea erbarmungslos ist und eine Neigung zum Protektionismus besteht. Ein Funktionär im Handelsministerium erklärte hierzu: »Die Verhandlungen zum neuen transpazifischen Abkommen TPP zeigen, dass wir uns in den benachbarten Märkten etablieren müssen, bevor sie uns verschlossen werden und der Handel an uns vorbeigeht.«

Das hat Peking veranlasst, auf weitere Handelsabkommen mit Südkorea, Japan und Sri Lanka zu drängen. 2013 verkündete die Regierung, dass sie umfassendere Abkommen und folglich eine tiefer gehende Liberalisierung anstrebe. Trotz der Bedenken gegenüber dem bereits bestehenden Abkommen schlug Ministerpräsident Li Keqiang eine Ausweitung der Liberalisierung gegenüber den zehn ASEAN-Mitgliedern vor. Bei Maschinenanlagen, pharmazeutischen Produkten, Haushaltsgeräten, IT-Komponenten und anderen Handelswaren verfolgt China eine konsequente Exportpolitik.[19] Dazu gehören auch Maßnahmen zur Erweiterung des Zugangs zu den benachbarten Märkten mittels neuer Eisenbahnlinien, Straßen, Flug- und Seehäfen und so weiter. Vorzeigeprojekte wie die Maritime Seidenstraße, der Wirtschaftskorridor zwischen Bangladesch, China, Indien und Myanmar sowie der chinesisch-pakistanische Wirtschaftskorridor haben großzügige Förderung erfahren. Reichlich Unterstützung haben chinesische Unternehmen auch erhalten, wenn sie ihre Fabriken im

Inland mit Fertigungsstätten im Umfeld vernetzten. Auf diese Weise wollte man Handelsbarrieren umgehen und zugleich die chinesischen Produktionsnetze stärker in den Partnerländern verankern.

Müssen also Chinas Nachbarn um ihre wirtschaftliche Zukunft fürchten? Wenn die jüngste Geschichte etwas gezeigt hat, dann Chinas Fähigkeit, Handelsflüsse umzulenken, sobald es eine Industrie als strategisch wichtig erachtet. Ein typisches Beispiel hierfür sind Computerchips. Ende der 1990er Jahre stand China auf diesem Gebiet noch völlig im Abseits, aber nachdem die Regierung diesem Sektor Priorität eingeräumt hatte, tat sich das Land nach Singapur als größter asiatischer Exporteur von Computerchips hervor und drängte Japan, die Philippinen und Thailand aus dem Markt. Deren Exporte sanken in absoluten Zahlen. Dasselbe geschah auch in der Solarindustrie, wo die chinesischen Exporte die japanischen Hersteller aus dem Feld schlugen und die restlichen asiatischen Staaten abhängten. Es ist offensichtlich: Je komplexer Produkte werden, desto feinkörniger wird die Spezialisierung zwischen den Märkten. Falls China zum Beispiel die nächste Generation umweltfreundlicher Autos als Ziel ins Auge fasst, entstünden endlose Möglichkeiten für eine große Zahl von Zulieferern. Aber auch das Volumen spielt eine Rolle. Die Dominanz strategischer Branchen hat gewöhnlich erhebliche Auswirkungen auf internationale Handelsströme, vor allem, wenn der Inlandskonsum hinterherhinkt. Wie auch immer es ablaufen wird, China ist sich im Klaren, dass die asiatische Schlacht um die Industrie gerade erst begonnen hat. Mittels Handelsabkommen, Handelskrediten und politischer Überredungskunst wird China unter allen Umständen versuchen, seine spezielle Politik der offenen Tür durchzusetzen und die benachbarten Verbrauchermärkte fest an seine Unternehmen zu binden. Das bedeutet nicht, dass China nicht die Rolle Japans als bedeutender Investor und Arbeitsbeschaffer in der Region übernehmen kann, aber in der nahen Zukunft hat China kein Interesse an einem solchen Nebeneffekt. Das zeigt sich auch deutlich an Chinas Investitionen im Ausland. Im Vergleich mit dem Gesamtwert der Wirtschaft rangiert das Volumen der chinesischen Investitionen etwa auf gleicher Stufe wie das von Indien, beläuft sich aber auf weniger als die Hälfte des japanischen und südkoreanischen Volumens.[20]

Rohstoffsicherung

1974 sprach Deng Xiaoping in seiner Rede vor der Generalversammlung der Vereinten Nationen vor allem über Rohstoffe. Für Schwellenländer sei es von entscheidender Bedeutung, die Zufuhr von Rohstoffen zu sichern, sagte er, und für die Entwicklungsländer gehe es darum zu verhindern, dass ihre wertvollen Rohstoffe sie in einer Position der Unterlegenheit verharren ließen. Starke Länder hätten die Neigung, Rohmaterialien und landwirtschaftliche Produkte strategisch einzuführen, aber anderen bei der Verarbeitung keine Gewinnchancen offenzulassen. Heute nutzt China seine eigenen Rohmaterialien als strategische Aktivposten. Wie viele andere Länder hat es deren Ausfuhr begrenzt oder erschwert und versucht, seinen Primärsektor den eigenen Unternehmen nutzbar zu machen. Bei manchen Stoffen wie den seltenen Erden, die in den meisten Industrieländern nicht vorkommen, verschaffte dies China einen einzigartigen Vorteil, da es sie zu verhältnismäßig günstigen Preisen an chinesische Produzenten von Elektronikgütern, Chips und Batterien abgeben konnte. Öfter jedoch waren die Vorteile letztlich weniger klar. Eisenerz oder Kohle aus vergleichsweise teuren Minen zu subventionieren, um diese Rohstoffe billig dem heimischen Markt zu überlassen, verschafft manchen exportorientierten Unternehmen einen Wettbewerbsvorteil, aber die Kosten dafür trägt die Regierung und letzten Endes die chinesische Bevölkerung.

Derzeit nutzt China weiterhin seine Rohstoffe, um die Industrialisierung zu fördern, ungeachtet der Kosten für Gesellschaft und Umwelt. Dafür erntet es von vielen Nachbarländern Kritik. »Wir werden nicht aufhören, wegen dieser unfairen Exportbeschränkungen bei seltenen Erden auf China Druck auszuüben«, erklärte der japanische Handelsminister Yukio Edano.[21] Ein zweites Problem, das wir schon in früheren Kapiteln angesprochen haben, besteht darin, dass China genau das tut, wofür es die imperialistischen Mächte immer kritisiert hat: In seinem Streben nach industrieller Leistungsfähigkeit zwingt es andere Entwicklungsländer in die Rolle der Rohstofflieferanten. Im Jahr 2000 betrug bei den chinesischen Importen aus anderen asiatischen Ländern der Rohstoffanteil 19 Prozent, 2012 lag er bereits bei 31 Prozent. Im direkten Vergleich zwischen China und den einzelnen Ländern fällt diese Arbeitsteilung noch krasser aus. 2012 machte dabei der Anteil der Rohstoffe an den chinesischen Importen durchschnittlich 71 Prozent gegenüber zuvor 58 Prozent aus.

Dieses Muster wiederholt sich nicht nur im bilateralen Handel. Im Jahr 2000 bestanden noch 65 Prozent der Exporte der anderen asiatischen Länder aus Fertigwaren. Bis 2012 fiel die Marge auf 55 Prozent.

Die Arbeitsteilung zwischen China und den meisten seiner Nachbarn wird immer extremer: China übernimmt die Fertigung und überlässt den Primärsektor anderen. Aber damit nicht genug. China möchte zudem einen größeren Teil des Primärsektors seiner Nachbarn kontrollieren. 2012 veröffentlichte das Handelsministerium eine Mitteilung, in der es frühere Pläne zum Erwerb strategischer Aktivposten auf dem Primärsektor bestätigte. Chinesische Unternehmen müssten vorrangig ins Ausland exportieren, hieß es in der Mitteilung, aber dies müsse dem Land auch erlauben, die Zufuhr von Energie, Mineralien, landwirtschaftlichen Produkten und Meeresressourcen abzusichern.[22] Die Energieindustrie ist der chinesischen Regierung schon seit langem ein großes Anliegen. Selbst wenn nicht alles Öl und Gas, das von chinesischen Unternehmen im Ausland produziert wird, nach China fließt, stärkt es die internationale Verhandlungsposition dieser Unternehmen. Chinas größte Erfolgsgeschichte in dieser Hinsicht ist Kasachstan, wo 23 Prozent des Öls von chinesischen Firmen gefördert wird.[23] Kapitalbeteiligungen in Asien sind besonders wichtig, weil durch sie Versorgungswege kurz gehalten werden können. Auf die Förderung der Energieunternehmen folgte die Konsolidierung des Bergbausektors. Chinesische Montanunternehmen haben in diversen asiatischen Ländern wie der Mongolei, Myanmar, Afghanistan, Kambodscha und Laos eine starke Stellung gewonnen.[24]

Auf den asiatischen Märkten für Agrarprodukte scheint China willens, denselben Weg einzuschlagen: Das Handelsministerium erklärt traditionell die Landwirtschaft zum Primärbereich seiner Investitionen in asiatischen Ländern, das Landwirtschaftsministerium bietet hierfür vermehrt finanzielle Unterstützung an, und der Staatsrat räumt den Auslandsinvestitionen in landwirtschaftliche Ressourcen explizit hohe Bedeutung ein.[25] China müsse dem Beispiel von ADM, Cargill, Bunge und Louis Dreyfus folgen, erklärte Cheng Guoqiang, und entlang der gesamten Wertschöpfungskette stark sein.[26]

Diese Art Ressourcen-Nationalismus hat in manchen Ländern die Frage aufgeworfen, ob China womöglich zu viele wertvolle Ressourcen absorbiert und dadurch den internationalen Markt in Turbulenzen bringt. Dabei ist zu bedenken, dass der Markt für Rohstoffe noch niemals frei war, da die Regierungen rohstoffreicher Länder üblicherweise einen Großteil des Abbaus oder zumindest die Vergabe entsprechender Konzessionen kontrollieren. Außerdem haben bei der Festsetzung von Preisen oft große multinationale Konzerne das Sagen und nicht die Abnehmer. Teile der Montanindustrie werden zweifellos von einem Oligopol multinationaler Unternehmen kontrolliert. Bei der Mehrzahl der Rohstoffarten hat China die Belieferung der übrigen asiatischen Länder nicht beeinträchtigt. Chinas Anteil an den asiatischen Rohstoffimporten ist zwar gewaltig gestiegen, aber in absoluten Zahlen haben auch die Importe anderer Märkte ständig zugelegt. Dabei sind jedoch zwei wichtige Unterschiede zu beachten. Erstens hat China einen wachsenden Anteil an Erzen und Energie aus Produktionsstätten im Ausland bezogen, die sich im Besitz chinesischer Unternehmen befinden. Beim Erwerb von Minen und Ölfeldern hat sich China dank großzügiger Kreditvergaben als sehr erfolgreich erwiesen und dabei oft indische, koreanische und japanische Konkurrenten aus dem Feld geschlagen. Zweitens waren die chinesischen Importe mancher Rohstoffe beträchtlich billiger. Verglichen mit Japan und Südkorea, zwei ebenfalls bedeutenden Netto-Importeuren, war für China importiertes Erdgas 55 Prozent billiger, Anthrazitkohle 53 Prozent, Rohkupfer 34 Prozent, Eisenerz 53 Prozent, Rohaluminium 46 Prozent, Rohnickel 50 Prozent und Kobalt 46 Prozent. Die Qualität dieser Importe, der Erzgehalt und der Reinheitsgrad des Öls könnten diese Preisdifferenzen teilweise erklären, aber sicherlich hat dabei auch Chinas Verhandlungsposition eine große Rolle gespielt. Dass China in der Lage ist, die Preise für Rohstoffe zu beeinflussen, stärkt gewiss seine industrielle Wettbewerbsfähigkeit, hat aber nicht die Belieferung anderer Länder beeinträchtigt.

Jedoch mit einer Ausnahme: Wasser. Im Vergleich mit Asiens durchschnittlichem Pro-Kopf-Vorrat an erneuerbarem Wasser leidet China Mangel, wie bereits erwähnt. Doch mit 2032 Kubikmetern pro Einwohner liegt China immer noch vor Indien, das nur über 1149 Kubikmeter verfügt, Bangladesch mit 689 Kubikmetern und Pakistan mit 306 Kubikmetern. Selbst im Vergleich zu Thailand und Vietnam ist Chinas Lage nicht allzu dramatisch. Entscheidend ist, dass China buchstäblich auf Asiens Wasserturm sitzt. Fast das gesamte Wasser des Landes stammt aus heimischen Einzugsgebieten wie dem Himalaja und dem Tian-Shan-Gebirge. Indien bezieht 25 Prozent seines Wassers aus internationalen Flüssen; in Bangladesch,

Pakistan, Thailand, Vietnam, Kambodscha und Laos liegt die entsprechende Rate bei über 50 Prozent. Bekanntlich arbeitet China intensiv daran, diese Flüsse mit Dämmen zu stauen. Die meisten asiatischen Länder sind in der Tat sehr daran interessiert, das Energie- und Wasserpotenzial dieser Flüsse anzuzapfen, oft auf ziemlich rücksichtslose Weise. Doch viele der Flüsse entspringen in China, das zahlreiche wichtige Regelungen wie das »Übereinkommen über das Recht der nichtschifffahrtlichen Nutzung internationaler Wasserläufe« nicht ratifiziert hat. Nach wie vor betrachtet Peking die Ausbeutung seines Teils der internationalen Flüsse als innere Angelegenheit.

Für gewöhnlich erklärt Peking, chinesische Dämme würden keine großen Wassermengen zurückhalten und die Reserven des Landes seien ohnehin gering. So hat man auch argumentiert, als es darum ging, am Mekong acht weitere Dämme zu errichten. Wie auch immer die Pläne der anderen Anrainerländer hinsichtlich der Entwicklung von Wasserkraftprojekten aussehen mögen – die Experten sind sich einig, dass die chinesischen Projekte für die flussabwärts gelegenen Länder beträchtliche Auswirkungen haben. Chinas hintereinandergestaffelte Dämme könnten den Wasserspiegel um 30 Prozent senken, das fruchtbare Sediment um 55 bis 94 Prozent reduzieren und die Fischbestände erschöpfen; außerdem würde das Zurückweichen der Küstenlinie das Eindringen von Salzwasser beschleunigen. Zwar hat sich China bereit erklärt, darüber mit seinen Nachbarn intensivere Gespräche zu führen, mehr Informationen und sogar Experten auszutauschen, rückte aber trotz zahlreicher Proteste von Umweltorganisationen, Landwirten und Politikern von seinen Dammbauvorhaben nicht ab.[27] Dies geschah auch nicht im Fall des Saluen, eines langen Flusses, der von Tibet bis Myanmar führt. 2006 hob Premier Wen Jiabao die Pläne für den Bau von 13 Dämmen zwar aus Umweltschutzgründen auf, doch 2013 wurde das Projekt wieder aufgenommen.

Noch bedenklicher sind die Pläne für den Brahmaputra, der ebenfalls in Tibet entspringt und sowohl für Indien als auch für Bangladesch von lebenswichtiger Bedeutung ist. China hat am Oberlauf des Brahmaputra, dem Yarlung Tsangpo, mehrere Wasserkraftprojekte geplant und bereits mit deren Errichtung begonnen, behauptet aber, dies würde die Wassermenge, die dann noch in den indischen Subkontinent gelangte, nicht verringern. Zudem werden die chinesischen Stellen nicht müde zu behaupten, der größte Teil des Wassers, das nach Indien fließt, stamme nicht von den tibetischen Gletschern, sondern aus den Monsunregenfällen an der Südseite des Himalaja. Am meisten beunruhigt Dhaka und Delhi jedoch, dass China außerdem plant, Milliarden Kubikmeter Wasser in den Norden umzuleiten. Peking hat versucht, diese Bedenken zu zerstreuen, aber zahlreiche Indizien lassen darauf schließen, dass die Pläne für dieses gewaltige Umleitungsprojekt noch nicht vom Tisch sind.[28] Schon jetzt kann man überall an den Ufern des Yarlung Tsangpo beobachten, dass landwirtschaftliche Projekte ausgeweitet und modernisiert werden.

Aber das alles ist noch bescheiden verglichen mit dem Agrarboom entlang der internationalen Flüsse weiter im Westen: Von den südlichen Ausläufern des Tian-Shan-Gebirges bis zur Grenze nach Kasachstan erstrecken sich, so weit das Auge reicht, kürzlich bewässerte Sonnenblumen-, Weizen- und Reisfelder. Durch akribisch angelegte rechteckige Flächen fließt der Yili He. Neue Kanäle transportieren sein Wasser bis zu zehn Kilometer weit. An seinen Nebenflüssen wie dem Tekes und dem Kax wurden Dämme errichtet. 200 Kilometer weiter nördlich, am Emin He, herrscht das gleiche Bild. Bis zur kasachischen Grenze sieht man künstlich bewässerte Felder und landwirtschaftliche Betriebe. Jenseits davon nichts als trockenes Land. Noch 200 Kilometer weiter nördlich fließt der Irtysch. An seinem Oberlauf entsteht der große Haizikou-Staudamm, weiter flussabwärts bei Fuyun ein weiterer Damm, von dem bereits erste Kanäle abzweigen. 50 Kilometer weiter westlich ist offenbar ebenfalls ein Damm samt Kanal im Entstehen begriffen. 40 Kilometer westlich davon gelangt man zum Jinghe-Staudamm. Von dort zweigt ein großer Kanal südwärts zum Duhai-Stausee ab, von dem aus wiederum zwei Kanäle abgehen, die Hunderte Kilometer weit bis nach Karamay und Urumqi reichen. Ebenfalls vom Duhai-Stausee zweigen kleinere Bewässerungskanäle in sämtliche Richtungen ab, mit denen Agrarflächen von mindestens 300 Quadratkilometern versorgt werden. Satellitenaufnahmen zeigen, dass dieses Bewässerungsnetz kontinuierlich wächst. Jüngste Pläne der Regionalregierung von Xinjiang setzen zwar starke Akzente auf Wassereinsparung und effizientere Bewässerung, aber Xinjiangs Planungskonzept zur wirtschaftlichen und sozialen Entwicklung für das Jahr 2014 sah nach wie vor mehrere neue Staudämme vor, zumindest ein Wasserumleitungsprojekt und noch ehrgeizigere Ziele für die landwirtschaftliche Ertragssteigerung. 2013 wurde zudem der Bau eines weiteren Damms am Tekes mit dazugehörigen Bewässerungsanlagen genehmigt.

Ein wichtiger Aspekt dabei ist auch, dass Kasachstan von diesen Flüssen abhängig ist und rund die Hälfte seines erneuerbaren Wassers daraus bezieht. Untersuchungen zufolge sinken seit Jahren die Wasserpegel internationaler Flüsse wie Yili und Irtysch, und es besteht die Gefahr, dass die großen Seen Kasachstans schrumpfen. Inzwischen hat die chinesische Regierung das getan, was sie in solchen Situationen gewöhnlich tut: Sie hat Gespräche begonnen, ohne Zugeständnisse zu machen. 2001 stimmte sie der Einrichtung einer gemeinsamen Flusskommission mit Kasachstan zu, beschränkte aber deren Mandat auf die Überwachung. 2011 wurden ein Abkommen zum Schutz der Wasserqualität und das chinesisch-kasachische Wasserumleitungsprojekt für den Khorgos unterzeichnet, doch es gab keine Vereinbarung, sich auch das Wasser des Yili und des Irtysch zu teilen.

Es ist interessant zu beobachten, dass China seine eigenen Ressourcen für sich behalten, sich jedoch zu den Ressourcen im Ausland größtmöglichen Zugang sichern will. Dies gilt vor allem für die globale Allmende wie etwa die Hochsee. China reglementiert strikt den wirtschaftlichen Gebrauch seiner ausschließlichen Wirtschaftszone, drängt aber auf eine sehr liberale Regelung, was die Ozeane angeht. Da in den an China angrenzenden Gewässern die Fischbestände erschöpft sind, bestärkt es seine Fischereiunternehmen, in fernere Regionen wie den Pazifik und den Indischen Ozean vorzustoßen. Auch wenn die chinesische Fischfangflotte nach wie vor technisch eher rückständig ist, verfügt sie über die weltweit größte Kapazität im Fernfischfang. China hat auch nach wie vor die Regelung zur Zulassung von Fangschiffen und das Abkommen über den Erhalt der Fischbestände nicht ratifiziert. Auch zeigt Peking wenig Neigung, der Welternährungsorganisation ein starkes Mandat zur Überwachung des Fischfangs zu erteilen. Die chinesische Regierung drängt außerdem auf eine flexible Regelung zur Ausbeutung des Meeresbodens. Sie hat große Summen in den Bau spezieller Forschungsschiffe investiert, bei der Internationalen Meeresbodenbehörde erfolgreich die Suche nach Mineralien im Indischen Ozean und im Pazifik beantragt und entwickelt inzwischen verschiedene neue Plattformen zu deren Ausbeutung.[29] Gesucht wird vor allem nach Mineralien wie Kobalt und Mangan, aber auch nach seltenen Erden, Kohlenwasserstoff und Methanhydrat, dem sogenannten brennbaren Eis. Dabei handelt es sich um ein natürlich vorkommendes Gas, das in Kristallen eingeschlossen ist und in großen Mengen unter dem Meeresboden lagert. Die chinesische Regierung verlangt außerdem freie Hand bei der Förderung von Bodenschätzen in der Arktis und der Antarktis. Die Vorschläge Australiens, Europas und der USA, im Rossmeer ein 1,6 Millionen Quadratkilometer großes Schutzgebiet einzurichten, wies China ebenso zurück wie die Initiative des Westens zum Verbot der Fischerei im Nordpolarmeer, das inzwischen schiffbarer geworden ist. Auch an der Verlängerung des Moratoriums zum Rohstoffabbau in der Antarktis, das 2014 ausgelaufen ist, scheint China nur geringes Interesse zu haben. Chinas Bestreben, sich einen Anteil an der globalen Allmende zu sichern, wird von höchster Regierungsseite gefördert. Präsident Xi Jinping persönlich hat die große Be-

deutung der Ressourcen in den Ozeanen und an den Polen unterstrichen.[30] »Wir müssen begreifen, wie wichtig es für uns
ist, die Ressourcen dieses Kontinents genau zu kennen«, sagt
Guo Peiqing, Professor der Rechtswissenschaft und Politik an
der Chinesischen Ozean-Universität in Qingdao. »Chinas Vorgehen bei der Erkundung ist wie eine Partie Schach. Es ist
wichtig, in dem globalen Spiel eine gute Position zu haben.
Wir wissen nicht, wann das Spiel stattfinden wird, aber es ist
notwendig, einen Fuß in der Tür zu haben.«[31]

Die Internationalisierung des Yuan

Die dritte Dimension von Chinas ökonomischen Ambitionen
betrifft seinen Einfluss auf die regionale Finanzordnung. China hat zweifellos eine Führungsrolle bei dem Streben Asiens
nach stärkerer finanzieller Kooperation übernommen. Bei der
Chiang-Mai-Initiative, die im Wesentlichen aus einem großen
Pool von Devisenreserven besteht, aus dem sich die Mitgliedsstaaten im Falle gravierender finanzieller Probleme bedienen
können, war China neben Japan einer der zwei größten Bei-
tragszahler. Aber die Ressourcen der Initiative sind nach wie
vor gering. Im vergangenen Jahrzehnt verschaffte sich China
mehr Einfluss durch bilaterale Kredite für Nachbarländer. In
den 1990er Jahren erließ es einigen der ärmsten asiatischen
Staaten wie Laos, Kambodscha und der Mongolei die Schulden. Nach der asiatischen Finanzkrise stockte China seine
Hilfsleistungen und Investitionen auf. Aber diese Großzügigkeit hat auch Grenzen. Im Vergleich zu den 1990er Jah-

ren sind die Kredite erheblich größer geworden, und China besteht nunmehr auch deutlicher auf dem Schuldendienst. Als 2008 Pakistan um finanzielle Unterstützung in Höhe von mehreren Milliarden Dollar ersuchte, lehnte China ab, sodass sich Islamabad schließlich an den Internationalen Währungsfonds wenden musste.

Aber noch entscheidender ist die Rolle des Yuan. Je mehr Länder den Yuan als Reservewährung verwendeten, desto deutlicher zeigte sich darin Chinas wirtschaftliche Stärke. Theoretisch spiegeln große Reservewährungen das Vertrauen anderer Länder in die Stärke der betreffenden Volkswirtschaft wider. Praktisch jedoch signalisiert die Reservewährung häufig die Bedeutung der entsprechenden Volkswirtschaft als Verbrauchermarkt für die übrige Welt. Diese Position als zentraler Verbrauchermarkt hat gewöhnlich Defizite in der volkswirtschaftlichen Leistungsbilanz zur Folge, und die betreffende Währung beginnt gerade deshalb immer weiter zu zirkulieren, weil das Land für Importe von Waren und Dienstleistungen mehr Geld aufwendet als für entsprechende Exporte. Es gab mal eine Zeit, in der jeder neu gedruckte Geldschein mit einer entsprechenden Menge Gold in der Staatskasse gedeckt sein musste, aber seitdem dies nicht mehr gilt, ist eine Reservewährung ein Zeichen für Stärke und Schwäche zugleich. Für Schwäche, weil die Anhäufung großer Reserven einer Fremdwährung oft bedeutet, dass Konsum über Kredit finanziert wird. Der Nachteil dabei ist, dass dies einen Überkonsum und externe Schulden fördert, was langfristig zu schmerzlichen Korrekturen führt. Der kurzfristige Vorteil indes liegt darin, dass Länder mit Reservewährungen Geld drucken können, ohne dadurch eine Inflation zu verursachen. Findet der Handel hauptsächlich in der eigenen Währung statt, fallen dafür in der Regel geringere Transaktionskosten an. Wenn zudem Rohstoffmärkte mit dieser Währung arbeiten, haben Wechselkursschwankungen weit geringere Auswirkungen auf den Preis von importiertem Öl, Erz und so weiter.

Somit besteht angesichts der Internationalisierung des Yuan vor allem die Sorge, dass dadurch das sogenannte Privileg von Ländern wie Japan und vor allem den Vereinigten Staaten enden würde, die ihren hohen Lebensstandard nur aufrechterhalten können, weil andere ihre Währung kaufen oder Schulden in ihrer Währung machen. Sollte der Yuan eine attraktive Alternative zum Yen und zum Dollar werden, könnte er diese Länder in eine schmerzhafte Anpassungskrise stürzen. Viele Experten sagten voraus, es werde in Asien zu einem »Yuan-Block« kommen. Doch dies ist bisher nicht geschehen. 2013 betrug der Anteil des Yuan in offiziellen Devisenreserven und in den Devisenbeständen der Banken weniger als ein Prozent.[32]

Das ist nicht überraschend, da der Yuan nicht international gehandelt werden kann, solange China ein Leistungsbilanzdefizit aufweist. Somit ist der Yuan noch weit davon entfernt, als Währungsreserve eine bedeutende Rolle zu spielen. Aber er wird immer mehr zu einer Referenzwährung. In ihren Kursschwankungen folgen asiatische Währungen stärker dem Yuan als dem Dollar oder dem Yen. Das ist logisch, weil die asiatischen Volkswirtschaften zunehmend auf die chinesische Wirtschaft als Exportmarkt angewiesen sind oder gezielt versuchen, ihre eigenen Währungen gegenüber dem Yuan nicht zu sehr aufzuwerten. Der Unterschied zwischen einer Reservewährung und einer Referenzwährung besteht aber darin, dass letztere Peking nicht in die Lage versetzt, direkt von diesem Sachverhalt zu profitieren.

Der einzige Vorteil besteht vorläufig darin, dass mehr Handelstransaktionen in Yuan abgewickelt werden. 2013 wurden mehr Handelsverträge in Yuan finanziert als in Yen. Das schützt China – wie schon gesagt – weitgehend vor den Folgen der Kursschwankungen des Dollar. Dies könnte besonders auf den Energie- und Rohstoffmärkten wichtig werden. 2012 unterzeichnete China beispielsweise erstmals große Öl- und Gasverträge in Yuan anstatt in Dollar. Einige dieser Geschäfte wurden durch Währungsswap-Vereinbarungen erleichtert, die vorsehen, dass die chinesische Zentralbank einen gewissen Betrag an Yuan in eine andere Währung tauscht, um so den bilateralen Handel zu finanzieren. Umfangreiche Währungsswap-Vereinbarungen wurden mit Südkorea, Hongkong, Malaysia, Indonesien und anderen Ländern getroffen. Aber auch das reicht nicht, um aus dem Yuan eine Reservewährung zu machen, da ein Großteil der chinesischen Währung über den Handel wieder nach China zurückfließt. Derzeit möchte China ohnehin nicht, dass aus dem Yuan eine Reservewährung wird.[33] »Wir denken keineswegs darüber nach, ob der Renminbi zur Reservewährung anderer Länder wird«, erklärte Liu Mingkang, ehemals Vorsitzender der chinesischen Aufsichtskommission für das Bankenwesen und Präsident der chinesischen Zentralbank. »Man kann doch das Pferd nicht von hinten aufzäumen … Die vollständige Freigabe des internationalen Handels mit dem Renminbi und die

Liberalisierung des Kapitalverkehrs sollte der letzte Schritt bei der Reform des Finanzsektors sein.«[34]

Nur auf lange Sicht besteht die Möglichkeit, dass der Yuan dem Yen und dem Dollar den Rang streitig machen könnte. In zehn bis zwanzig Jahren könnte Chinas Finanzsektor hinreichend entwickelt sein, um mit einem volatileren Zu- und Abfluss von Kapital zurechtzukommen. Bis dahin könnte auch die Regierung genügend Vertrauen in die Wettbewerbsfähigkeit ihrer Industrie gewonnen haben, und diese Wettbewerbsfähigkeit könnte China dazu verhelfen, in die Liga der reichen Länder aufzusteigen und ein Pro-Kopf-BIP von mehr als 12 000 US-Dollar zu erzielen. An diesem Punkt gäbe es nicht mehr die Notwendigkeit, Industriegüter in großem Umfang zu exportieren. Der heimische Konsum könnte gefördert und sogar ein gewisses Leistungsbilanzdefizit toleriert werden.

Das bringt uns zur Krux der Debatte über die potenziell führende internationale Rolle des Yuan: China muss erst einmal stark und dominant werden, vor allem im wirtschaftlichen Bereich. Dies ist noch nicht der Fall, und die Staatsführung weiß das. Wenn China weiterhin wirtschaftlich aufsteigt, könnte man sogar fragen, ob es tatsächlich so wichtig wäre, dass der Yuan zu einer Reservewährung wird. Denn dies würde bereits bedeuten, dass die USA und gewiss auch Japan ihre dominanten Positionen eingebüßt hätten. Die Reservewährung zu verlieren, wäre nur eine zusätzliche Kränkung und würde es der Bevölkerung dieser Länder erschweren, sich an die neue Realität anzupassen. Die Vereinigten Staaten könnten dies vielleicht zum Teil kompensieren, weil ihnen die Schiefergasförderung erlaubt, weniger für Importe aufzuwenden, aber Japan verfügt nicht über diesen Luxus und würde mit hoher Wahrscheinlichkeit von einer neuen sinozentrierten Wirtschaftsordnung absorbiert werden.

Das Risiko von Rückschlägen

Wird China sein Wachstum beibehalten und zu einem einkommensstarken Land werden? Die chinesische Regierung wird alles in ihrer Macht Stehende tun, um dieses Ziel zu erreichen. Wie viel auch über eine Neugewichtung in Richtung auf mehr heimischen Konsum geschrieben wurde – nach Pekings Überzeugung muss zuerst einmal Chinas Industrie wettbewerbsstärker und die Produktion noch weiter angekurbelt werden. Dieser Übergang von einem Land mit mittleren Einkommen zu einem einkommensstarken Land wird sich aus drei Gründen sehr schwierig gestalten. Für die chinesische Regierung wird dies eine Phase großer Nervosität bedeuten, solange auch nur das geringste Risiko droht, in der Falle der mittleren Einkommen steckenzubleiben. China kann sich mit diesem Status nicht abfinden: »Das würde bedeuten, dass die soziale Kluft bestehen bleibt, die Wirtschaft nach wie vor angreifbar ist, wir keine prosperierenden Städte aufbauen können, die Zukunft der Partei gefährdet ist und China in der internationalen Politik keinen Einfluss hat.«

So gesehen wird jeder Rückschlag zu einer Bedrohung der vier großen Bestrebungen. Und das Risiko, Rückschläge zu erleben, wird groß sein: Selbst wenn durch die Einführung von mehr Marktmechanismen Investitionen effizienter zugewiesen werden können, hat China die Tendenz, riesige Summen aus Sparguthaben – 2013 waren es 4,5 Billionen US-Dollar – in Investitionen in den Industriesektor zu stecken, der ohne Exporte nicht rentabel ist, sowie in die öffentliche Infrastruktur, die zu sehr auf künftige Nachfrage setzt, und in riskante Immobiliengeschäfte. Anders gesagt, die Kluft zwischen den Investitionen und der Nachfrage auf dem chinesischen Inlandsmarkt wird größer werden, was angesichts der problematischen Organisation der Kredit- und Aktienmärkte sowie der öffentlichen Finanzen schnell zu einer Krise führen könnte. Das Hauptrisiko dabei ist nicht so sehr, dass China als Ganzes zu hoch verschuldet ist – das Hauptrisiko besteht darin, dass Peking aufgrund seiner wirtschaftspolitischen Strategien einen zu großen Anteil der Spareinlagen in riskante Projekte transferiert hat. Und für das Überleben einer Regierung ist nichts gefährlicher, als die Sparguthaben fleißiger Familien aufs Spiel zu setzen.

Es gibt noch einen weiteren Grund, warum man diese Übergangsperiode aufmerksam verfolgen sollte. Um zu einem reichen Land zu werden, wird China auf Export setzen, der wiederum die industrielle Basis voranbringen soll. Peking beabsichtigt, diese Exporte teilweise durch Importe von Rohstoffen zu kompensieren, aber anderen asiatischen Volkswirtschaften wird es gleichzeitig sehr schwerfallen, ihren Fertigungssektor aufrechtzuerhalten oder zu entwickeln und ihre Exporte zu diversifizieren, statt nur als Rohstofflieferanten herzuhalten. Dies könnte mit Blick auf Chinas Aufstieg zu noch mehr Spannungen und wachsendem Misstrauen führen.

Kapitel 8

Der Wettstreit um den Pazifik

Eine Auswirkung der vier großen Bestrebungen Chinas besteht darin, dass das Land zum mächtigsten militärischen Player Asiens werden und die Vereinigten Staaten in Schach halten will. Dies ist vor allem bedeutsam im Licht des Ziels, verlorenes Territorium zurückzugewinnen – Taiwan, einen Großteil der chinesischen Meere und Gebiete des Himalaja. Damit steht China an der neuen Front eines erstaunlichen Machtgerangels, in dem die USA ihre militärische Vorherrschaft zu wahren versuchen und China sich bemüht, sie zu beenden. Es steht zu erwarten, dass dies zu einem neuen strategischen Machtgleichgewicht führt. Manche Länder wollen vielleicht ihre Sicherheit durch eine stärkere Annäherung an Amerika und die Schaffung eines Gegengewichts zu China gewährleisten, andere könnten näher an China heranrücken und auf dessen Zug aufspringen. Dies würde zwar weder Rivalität noch Ungewissheit beenden, aber zumindest eine Situation herbeiführen, in der die kleineren Akteure genügend Sicherheitszusagen bekämen und die beiden Protagonisten ihr militärisches Geplänkel unendlich fortsetzen könnten – eine neue Form des Konflikts, die an den Kalten Krieg erinnert.

Aber aus drei Gründen ist dies unwahrscheinlich. Zuallererst: Die großen Länder Asiens sind nicht so angeschlagen und autoritätshörig wie die meisten Länder nach dem Zweiten Weltkrieg. Japan, Indien, Russland und Vietnam werden sich nicht mit der Rolle der Bauern in einem Schachspiel begnügen, das über ihre Köpfe hinweg zwischen Peking und Washington stattfindet. Zweitens: Bei dem Konflikt geht es nicht so sehr um scharfe Grenzen und diffuse Stellvertreterkriege, sondern um fließende und politisch hoch aufgeladene Grenzen. Drittens: Der Höhepunkt der Spannungen wird vermutlich nicht in eine Periode des Wirtschaftswachstums und des Optimismus fallen, die so beeindruckend wäre wie zu Beginn des Kalten Krieges. Vielmehr wird das rasche Wachstum Asiens wahrscheinlich an sein Ende kommen und wirtschaftlicher Unsicherheit und politischem Nationalismus Platz machen.

Die Vereinigung mit dem Mutterland

In seinem Bemühen, verlorenes Territorium zurückzugewinnen, verändert China den ökonomischen und militärischen Status quo. Ob es um das Ostchinesische Meer, um Taiwan, das Südchinesische Meer oder die umstrittene Grenze zu Indien geht, es hat seinen wirtschaftlichen Fußabdruck vergrößert und ist im Begriff, das militärische Machtgleichgewicht zu verschieben. Den politischen und territorialen Status quo hat China hingegen noch nicht verändern können. Das bereitet dem Land Sorge. In den letzten Jahrzehnten verband China durchweg Angebote zur Aufschiebung von Grenzstreitigkeiten mit der Zurschaustellung seiner Entschlossenheit. Aber selbst als die ganze Welt das Land als aggressiv wahrnahm, ließ es nicht zu, dass die Spannungen eskalierten. Dafür gab es mehrere Gründe: China wurde nicht durch größere unilaterale Veränderungen des territorialen Status quo provoziert; war nicht bereit, seine Interessen mit Gewalt durchzusetzen; und eine Zunahme der Spannungen erschien den Eliten in Peking weniger gewinnbringend als ein erfolgreiches Streben nach Wachstum. Das heißt jedoch nicht, dass China diesen umstrittenen Gebieten weniger Wert beimisst oder mögliche einseitige Grenzverschiebungen der Regierung weniger Sorge bereiten. Und keineswegs ist damit gesagt, dass Peking es aufgegeben hätte, diese verlorenen Territorien zurückzugewinnen. Vielmehr betont Peking immer häufiger, jeder Versuch, ihm bei dieser Bestrebung Hindernisse in den Weg zu legen, werde China aus seiner Bahn des friedlichen Aufstiegs hinauskatapultieren.

Vor allem Japan wurde diese Lektion erteilt. Wie wir gesehen haben, hat China im Ostchinesischen Meer die wirtschaftlichen und militärischen Verhältnisse innerhalb kurzer Zeit verschoben und erwartet nun, dass sich Japan damit allmählich abfindet. Nachdem ein chinesisches Fangschiff zwei japanische Patrouillenboote gerammt hatte, hatten sich die Spannungen zwischen beiden Ländern verschärft. Chinesische Schiffe kreuzten in der Folge in jenem Gebiet, woraufhin der Gouverneur von Tokio ankündigte, er wolle das Senkaku- oder Diaoyu-Archipel kaufen. Die japanische Regierung versuchte, den patriotischen Gouverneur zu bremsen, beschloss aber 2012 selbst, den Archipel, der sich in Privatbesitz befand, zu erwerben. Peking verurteilte dies als Diebstahl, verstärkte die Überwachung im Umkreis der Inseln und ergriff mehrfach Maßnahmen, um seine Ansprüche zu untermauern. Es richtete eine Luftverteidigungs- und Identifikationszone (ADIZ) ein, die weit über die Mittellinie hinausging, die nach japanischem Verständnis das Ostchinesische Meer zwischen den beiden Küsten teilt und die umstrittenen Inseln einschloss. Auch weitete China seine Gasbohrprojekte im Huangyan-Feld aus, das etwa 25 Kilometer von der japanischen Mittellinie entfernt liegt. Erstmals wurden Schiffe der chinesischen Küstenwache in der Nähe des umstrittenen Archipels gesichtet. Seit der Nationalisierung der Inseln und der Wahl des Nationalisten Shinzō Abe zum Ministerpräsidenten erholten sich die Beziehungen zu China nicht mehr.

Im April 2014, nach einem Jahr wachsender Spannungen, erklärten hochrangige Vertreter der Internationalen Abteilung der Kommunistischen Partei und des Büros für Auswärtige Angelegenheiten des Zentralkomitees, China werde nicht einlenken und Japan müsse sich damit arrangieren.[1] Qian Lihua, einer der lautstärkeren chinesischen Generäle, verkündete: »Gegenwärtig können wir die Möglichkeit von Zusammenstößen in Ostasien nicht völlig ausschließen, aber die Entscheidung liegt nicht bei China.« Kenner der Region glauben, dass sich Japan erst am Beginn einer raschen Modernisierung des Militärs befindet und die USA nicht dagegen einschreiten werden. Darüber hinaus seien Wirtschaftsreformen in Japan gescheitert, was zu wachsendem Nationalismus führen werde.[2] Chinesische und japanische Umfragen aus dem Jahr 2012 ergaben, dass die große Mehrheit der chinesischen Teilnehmer die Verteidigung der Inseln befürwortet, notfalls auch mit Waffengewalt, und eine knappe Mehrheit einen bewaffneten Konflikt für wahrscheinlich hält.[3]

Und dann ist da natürlich noch Taiwan. Je mehr China sich um engere Beziehungen bemühte, desto stärker waren die Taiwanesen auf Distanz bedacht, und desto weniger konnten sie sich für eine Wiedervereinigung erwärmen. In der Öffentlichkeit halten sich chinesische Vertreter und Experten meist mit Kommentaren zu dieser Entwicklung zurück. Die Einschätzungen der meisten Wissenschaftler zu den chinesisch-taiwanesischen Beziehungen sind seit der Wahl von Präsident Ma Ying-jeou 2008 weitgehend positiv.[4] Auch das Argument, dass die taiwanesische nationalistische DPP (Demokratische Fortschrittspartei) eine konstruktivere Haltung einnimmt und mittlerweile die Tatsache anerkennt, dass sich Taiwan aufgrund seiner wirtschaftlichen Situation keinen Konfrontationskurs mit Festlandchina leisten kann, wird von Beobachtern vorgebracht.[5] Die Proteste der »Sonnenblumen-Bewegung« im Frühjahr 2014 wurden von chinesischen Kommentatoren meist als Ausdruck von Taiwans fauler Jugend und seines maroden demokratischen Systems betrachtet.

Gelegentlich signalisieren Entscheidungsträger jedoch, dass engere Beziehungen nicht reichen. Am Rande eines APEC-Gipfels im Oktober 2013 erklärte Staatspräsident Xi Jinping einem hochrangigen taiwanesischen Politiker, der Austausch müsse bald über den Handel hinausgehen. »In näherer Zukunft müssen die momentanen politischen Meinungsverschiedenheiten zwischen den beiden Seiten zu einer endgültigen Lösung gebracht werden, Schritt für Schritt, diese Fragen dürfen nicht von einer Generation zur nächsten weitergereicht werden.«[6] Ein paar Wochen später wurde dies vom Büro des chinesischen Staatsrats für Taiwan bekräftigt: »Ob es Ihnen gefällt oder nicht, die politische Agenda existiert objektiv. Früher oder später müssen wir uns ihr stellen. Wir können mit der Wirtschaft beginnen und dann zur Politik übergehen, aber wir können uns nicht allein von der Wirtschaft leiten und die Politik links liegenlassen.«[7] Inoffiziell wird eingeräumt, dass die chinesische Regierung wohl kaum auf Sanktionen verzichten könne, sollte eine neue nationalistische Regierung an die Stelle der Kuomintang treten und die Kooperation einstellen beziehungsweise gar dahinter zurückfallen oder die Aussicht auf eine zufriedenstellende politische Wiedervereinigung zerstören. Inzwischen berichtet die Regierung, dass 94 Prozent der Bevölkerung auf eine baldige Wiedervereinigung mit dem Mutterland bestehen.

In Hinblick auf das Südchinesische Meer zeigte die Fünfte Führungsgeneration keine Neigung, die Neun-Striche-Linie aufzugeben, während gleichzeitig Regierungsvertreter und Fachleute an einer Deutung zu arbeiten schienen, die besser in den Rahmen des UN-Seerechtsübereinkommens UNCLOS passte. Sie sah unter anderem vor, dass China eine ausschließliche Wirtschaftszone (200-Meilen-Zone) um unbewohnbare Inseln errichten, um die kleineren Inselchen aber nur Hoheitsgewässer beanspruchen konnte. Auf diese Weise war China weiterhin in der Lage, den Großteil des Südchinesischen Meeres wirtschaftlich zu nutzen. Wenn eine 200-Meilen-Zone beispielsweise um die Woody-Insel im Paracel-Archipel und das Fiery-Cross-Riff in der Spratly-Gruppe gezogen würde, würden sich die beiden Zonen im Zentrum des Südchinesischen Meeres überlappen, sodass China auch den gesamten Transitverkehr zwischen den Inseln kontrollieren und – so jedenfalls interpretierte die Regierung das Seerechtsübereinkommen – ausländische Militärpräsenz untersagen konnte.

Im Unterschied zu den Fragen, die das Ostchinesische Meer betrafen, handelt es sich hier um ein weniger sensibles Thema. Initiativen Vietnams und der Philippinen zur Verteidigung ihrer Interessen sind zwar ärgerlich, wecken aber nicht solche Feindseligkeiten wie das Verhalten Japans. »Wenn Vietnam den territorialen Status quo einseitig verändern würde«, so ein Vertreter der chinesischen Regierung, »würden wir ihm eine Lektion erteilen, aber nicht den Krieg erklären. Bei Japan und Taiwan verhält es sich anders.«[8] Beunruhigt ist China allerdings über die Einmischung äußerer Mächte wie etwa Japans, aber auch der Vereinigten Staaten, Indiens und Australiens. Eine Mehrheit der Chinesen scheint den Einsatz von Gewalt zur Rückeroberung umstrittener Gebiete zu befürworten.[9]

Jahrzehnte des Wachstums haben China im Hinblick auf diese eine große Bestrebung nicht einen Zentimeter weitergebracht. Das aber verheißt eine ungewisse Zukunft, in der der territoriale Status quo in unterschiedlichster Weise infrage gestellt werden könnte: indem vor Ort neue Tatsachen geschaffen werden – sei es infolge einer unilateralen politischen Entscheidung Chinas oder eines seiner Nachbarn oder wenn ein Vorfall außer Kontrolle gerät. So hieß es 2013 im Weißbuch des Verteidigungsministeriums: »In Fragen, die Chinas territoriale Souveränität und seine Schifffahrtsrechte und -interessen betreffen, unternehmen manche Nachbarländer

Schritte, die die Situation verkomplizieren oder verschärfen, und Japan macht Schwierigkeiten in der Frage der Diaoyu-Inseln.« Diese Ungewissheit ist ein maßgebliches Motiv für die Modernisierung der chinesischen Streitkräfte. China kann das Mutterland nur dann wiedervereinen oder verhindern, dass sich andere Länder Teile des umstrittenen Territoriums aneignen, wenn es eine starke Armee aufbaut, die seine Nachbarn, ob einzeln oder in einem Bündnis und in Allianz mit den Vereinigten Staaten, bezwingen kann. In dieser Hinsicht scheint die Bevölkerung die Regierung zu unterstützen: Eine große Umfrage in verschiedenen chinesischen Provinzen im Jahr 2014 ergab, dass 92 Prozent die »komplizierte Sicherheits-situation« des Landes mit Sorge sahen und 73 Prozent eine »erhebliche Aufstockung der Militärausgaben« befürworteten.[10]

Ein hungriger Riese

Vorbei sind die Zeiten, da man sich über Chinas schwimmende Schrotthaufen und durch die Lüfte segelnde Rostlauben lustig machte. Selbst wenn die Volksbefreiungsarmee noch weit hinter der Armee der Vereinigten Staaten hinterherhinkt, beeindruckt doch ihre jüngste Modernisierung. Folglich wächst in Asien die Sorge, China könne zur militärischen Bedrohung werden. Dies zeigt sich in drei wichtigen Punkten: Erstens äußern Politiker in offiziellen Stellungnahmen und Dokumenten klar ihre Befürchtungen angesichts der angeblichen militärischen Durchsetzungsfähigkeit Chinas sowie ihr Unbehagen wegen der zunehmenden chinesischen Präsenz in umstrittenen Gebieten. Auch mit ihrem Missmut über die mangelnde Transparenz der militärischen Modernisierung in China halten sie nicht hinter dem Berg. Zweitens kamen die Nachbarländer zu dem Entschluss, ein Netz von Sicherheitspartnerschaften um China zu weben. Zwischen 2009 und 2011, also in dem Zeitraum, als die Bedenken ihren Höhepunkt erreichten, wurden mindestens 19 neue Verteidigungsabkommen geschlossen. Vietnam war sozusagen die Spinne in diesem Netz: Hanoi handelte zehn neue militärische Kooperationsprogramme aus, gefolgt von Japan und Südkorea, die jeweils fünf solcher Verträge unterzeichneten. Bei den meisten dieser neuen Partnerschaften steht die Sicherheit auf den Meeren im Mittelpunkt, in mehreren werden Bedenken wegen der Spannungen im Südchinesischen Meer erwähnt. Manche dieser Abkommen, etwa die von Vietnam geschlossenen sowie das Abkommen zwischen Japan und Südkorea, erwiesen sich als bahnbrechend, obwohl man sagen muss, dass Letzteres sich hauptsächlich gegen Nordkorea richtete und alle anderen Vereinbarungen mit Südkorea vorwiegend Kooperationsverträge für die Rüstungsindustrie und den Handel mit Waffensystemen waren. Dass Indonesien umgekehrt das einzige Land war, das ein Verteidigungsabkommen mit China schloss, wirft ebenfalls ein Licht auf diese Entwicklung. Schließlich ist als dritter Trend zu beobachten, dass die Nachbarländer tief in ihre Kassen griffen, um neue Rüstungsgüter zu finanzieren: U-Boote, Kampfjets, Drohnen und so weiter. In absoluten Zahlen erreichten die Verteidigungsausgaben einen Höhepunkt. Doch auch relativ zum BIP wuchsen in Vietnam, Südkorea und Indien die Militärhaushalte.[11]

In Peking blieb das alles natürlich nicht unbeachtet. Der Ton der chinesischen Regierung in Fragen der militärischen Machtverteilung im Pazifik ist schärfer geworden. So erklärte der chinesische Staatspräsident Xi Jinping, dass »die Tendenz zu Hegemonismus, Machtpolitik und einem neuen Interventionismus« stärker geworden sei.[12] Das Weißbuch zur Verteidigung von 2013 war besonders kritisch: »Manche Länder haben ihre Militärbündnisse im asiatisch-pazifischen Raum verstärkt, ihre Militärpräsenz in der Region ausgeweitet und sorgen dort immer wieder für größere Spannungen«, hieß es darin. Ein interessantes Meinungsbild zu den strategischen Debatten in Chinas Hauptstadt liefert eine Auswahl von Artikeln der Internationalen Abteilung der Kommunistischen Partei aus Beiträgen in der *Contemporary World*, einer alle zwei Monate erscheinenden Zeitschrift, sowie kürzere Fachartikel in Medien wie *Xinhua*. Seit 2011 ist die jährliche Bewertung der Sicherheitslage in der *Contemporary World* zunehmend skeptisch. Die Autoren weisen darauf hin, dass die Entwicklung in Richtung einer friedlichen Zusammenarbeit zwar anhält, dass aber die asiatische Ordnung komplexer und wechselhafter geworden sei.[13] »Die Arena, in der die Großmächte ihre Rivalität austragen, verschiebt sich vom Atlantik zum Pazifik«, fasste Zhang Xuanxin vom Zentralen Redaktions- und Übersetzungsbüro beim Zentralkomitee der KP die Situation zusammen.[14] Die Hauptsorge in allen Artikeln galt Japans zunehmendem Muskelspiel. »Die Rivalität im Verhältnis zu Japan ist unter allen Großmächten die heftigste«, schlussfolgerte Zuo Fengrong von der Zentralen Parteihochschule (CPS).[15] Außerdem wurde Besorgnis über Amerikas Neigung geäußert, den Widerstand in kleineren Ländern zu fördern: »Chinas Nachbargebiete stellen ein sehr fragiles und komplexes geopolitisches Terrain dar«, schrieb Zhao Jin von der Tsinghua-Universität in einem ausführlichen Artikel. »China fühlt sich zunehmend eingeengt ... Wegen der wachsenden Asymmetrie wird es zu verstärktem Wettbewerb mit den Nachbarländern kommen, eine Situation, die die Weltmächte zur Infiltration nutzen werden, damit sich Chinas Haltung verhärtet und bei den Nachbarländern die Entschlossenheit wächst, China gegen extraterritoriale Mächte auszuspielen.«[16] Tao Wenzhao, ein angesehener Forscher von der Chinesischen Akademie für Sozialwissenschaften (CASS), warnte vor der Gefahr, dass die Vereinigten Staaten Japan im Streit um das Ostchinesische Meer unterstützen könnten.[17]

Wenn die chinesische Regierung und ihre Berater feststellen, dass ihr Land zum Objekt einer neuen Hegemonialpolitik geworden ist, sind ihre Sorgen ernst zu nehmen. Die ganze Welt wiederholt die Klagen Japans und der Vereinigten Staaten, China versuche, ihnen den Zugang zu seinen angrenzenden Meeren zu verweigern, während gleichzeitig entlang der ersten Inselkette vor Chinas Küste ein veritables Netz aus Sensoren und Stahl aufgespannt ist. Wenn China eine *A2/AD*-Strategie (also eine Strategie zur Blockierung eines Gebiets) verfolge, so wird auf chinesischer Seite argumentiert, müsse man bei den Vereinigten Staaten von einer *Ocean Denial*-Strategie (Strategie zur Blockierung der Meere) sprechen.[18] Peking empfindet diese Situation nicht nur als bedrohlich, sondern hält es auch für unfair, dass die Vereinigten Staaten als edelmütige Herren der Wellen die moralische Überlegenheit für sich beanspruchen und China als gierigen Unterdrücker der asiatischen Meere darstellen. Aus chinesischer Sicht waren es die USA, die sich militärisch aggressiv gebärdeten und Ende der 1990er Jahre Überwachungsschiffe bis an Chinas 200-Meilen-Zone heranführten. So gesehen ist es die amerikanische Interpretation des Seerechts, die zu Problemen führt. Und es ist Amerika, das in heimtückischer Weise davon ausgeht, dass die ausschließlichen Wirtschaftszonen für ausländische Schiffe frei zugänglich sein müssen, und China in die Enge zu treiben versucht, indem es auf ein internationales Schlichtungsverfahren drängt, obwohl es weiß, dass dies für die meisten der umstrittenen Inseln niemals zu einer Lösung führen kann. Und es ist auch Amerika, das sich großzügig gibt, indem es behauptet, den Pazifischen Ozean mit anderen Ländern zu teilen, und sogar die chinesische Marine höhnisch auffordert, um Hawaii zu patrouillieren, während es gleichzeitig alles daransetzt, mit seiner Marine die Oberherrschaft über das Meer zu wahren. Amerika macht sich die natürlichen Ängste zunutze, die mit Chinas Aufstieg und den vielen Territorialkonflikten verbunden sind, um seine Macht über die Weltmeere aufrechtzuerhalten, um gleichzeitig Chinas Ambitionen in den asiatischen Gewässern zu unterdrücken und zu verhindern, dass es in seinen zentralen Bestrebungen auch nur teilweise zum Erfolg kommt.

Viele dieser Ängste sind berechtigt. China und die Vereinigten Staaten stecken in einem geopolitischen Dilemma: Beide Seiten versuchen, durch den Ausbau ihrer Militärmacht Sicherheit im Pazifik zu gewährleisten. Die Vereinigten Staaten wollen ihre Verteidigungsgrenze so weit wie möglich an Asien heranschieben; China versucht nach Kräften, diese Grenze zu durchbrechen. Aber die USA haben diese Zwickmühle schlau in einen politischen, ja, sogar moralischen Konflikt zwischen China und dem Rest der Welt verwandelt.

Das aber führt uns zu einem ähnlichen Dilemma, wie es auf wirtschaftlicher Ebene existiert: einlenken oder nicht einlenken? Zweifellos möchte China die Spannungen abbauen und richtet daher sein Augenmerk stärker auf die Diplomatie. Aber es steht nicht zu erwarten, dass es die Modernisierung seiner Armee verlangsamt. »Die USA planen gegenwärtig, drei Flugzeugträgerverbände in der westlichen Pazifikregion zu stationieren. Wenn sie auf Dauer stationiert werden sollten, bedeutet dies eine große Bedrohung für den Osten Chinas und wird den US-Streitkräften ermöglichen, alle Aktivitäten der chinesischen Marine im westlichen Pazifik genau zu beobachten«, schreibt Han Xudong, Professor an der Nationalen Verteidigungsuniversität Chinas.[19] »Es waren die USA, die das militärische Gleichgewicht in der westlichen Pazifikregion gestört haben«, fährt er provokativ fort, »deshalb müssen auch die USA ihre militärischen Operationen einstellen, um das sich anbahnende regionale Wettrüsten zu bremsen.« Da dies jedoch ebenfalls nicht eintreten wird, ist damit zu rechnen, dass China mehr unternimmt, um das Machtgleichgewicht wieder zu seinen Gunsten zu verschieben. Präsident Xi Jinping scheint sich jedenfalls mehr als seine Vorgänger für die Modernisierung der chinesischen Streitkräfte zu engagieren und sie auf größere Missionen jenseits der Landesgrenzen vorzubereiten.

Amerikanische Vorherrschaft im Pazifik

Dieser neue Anlauf, die Verteidigungsfähigkeit auf See zu
erhöhen, bedeutet im Grunde, dass China die gegenwärtige
Situation verändern muss, denn momentan sind seine Streitkräfte innerhalb der ersten Inselkette angreifbar, sei es durch
Schläge von den Inseln aus oder auch von U-Booten, Kampfjets und von Flugzeugträgern, die ein wenig weiter im westlichen Pazifik lauern. Wie China selbst sehr wohl weiß, ist dies
eine gewaltige Aufgabe, da die Vereinigten Staaten mit einer
Reihe militärischer Modernisierungsmaßnahmen, die Chinas
Position innerhalb der ersten Inselkette schwächen und seine
Bewegungsfreiheit jenseits davon einschränken, die Führung
übernommen haben.[20] »Da Amerika den ballistischen Seezielflugkörper Dong Feng 21D für die größte potenzielle Bedrohung hält, der die US-Marine seit dem Zweiten Weltkrieg gegenübersteht«, so hieß es in *People's Daily*, »ist es gegenwärtig
gezwungen, die notwendigen Veränderungen vorzunehmen,
um seine militärische Vormachtstellung zu wahren.«[21] In einem vielzitierten Artikel der Zeitschrift *Military Digest* heißt
es, Amerika gehe es in seinem *Air-Sea Battle-Concept* darum zu
verhindern, dass China seinen Verteidigungsring auf 600 Kilometer vor der Küste ausweitet.[22] Das Konzept der *Air-Sea
Battle* hat ausführliche Diskussionen ausgelöst. Chinesische
Experten wiesen darauf hin, dass es mehrere bedeutende Ele-
mente enthalte: noch mehr Gewicht auf der Luftüberlegen-
heit; mehr unbemannte Luft- und Bodenfahrzeuge; eine stärkere Einbeziehung der Raumfahrt; die Integration von Luft-,
See- und Unterwasserkrieg; Verbesserungen in den und Inte-

gration von Geheimdiensten; verstärkte Überwachung und Aufklärung; ein offensiver Informationskrieg; Einsatz neuer Gefechtsköpfe; die Entwicklung von Überschallwaffen und noch vieles mehr.[23] Ein Beobachter sah in alledem ein neues »Damoklesschwert«, das über Chinas Zukunft hänge.[24]

Chinesische Experten verfolgen genau, wie Japan und die Vereinigten Staaten ihre Kapazitäten zur Überwachung möglicher Bedrohungen durch Raketen und Kampfflugzeuge erweitern. Japan unterhält schon seit langem eine Kette von FPS-3- und sieben Stockwerke hohen FPS-Radaranlagen, mit denen es den Großteil des Ostchinesischen Meeres überwachen kann. Dieses Netz wurde durch zwei starke amerikanische FBX-Radaranlagen im Norden des Landes und in der Nähe von Tokio aufgerüstet und verstärkt. Japan und die Vereinigten Staaten unterhalten eine permanente Flotte von 13 Zerstörern mit starken radargestützten Aegis-Kampfsystemen in diesem Gebiet.[25] Japan hat vor, seine Streitkräfte mit mindestens zwei weiteren Zerstörern auszurüsten. Darüber hinaus modernisiert es seine vier E-767-AWACS. All diese Aufklärungssysteme erfordern ständig hohen technischen und personellen Einsatz. Ohne Computer und Kontrollräume zur Beobachtung des Geschehens ist der ganze Aufwand sinnlos. Daher investieren Japan und die USA in erhöhte Geschwindigkeiten und mehr Zuverlässigkeit sowie Koordination der Datenübertragung. Mindestens genauso wichtig sind die Kapazitäten, die benötigt werden, um die chinesische Marine zu beobachten. Die große Flotte amerikanischer und japanischer P-3-Patrouillenflugzeuge wurde teilweile ersetzt und verstärkt durch eine noch leistungsstärkere Flotte aus zehn japanischen P-1- und sechs amerikanischen P-8-Flugzeugen.[26] Die P-8 ist bei weitem der stärkste Seeaufklärer, der jemals gebaut wurde, und eine mächtige Waffe gegen chinesische U-Boote. Das Flugzeug kann sowohl Sonarbojen als auch Flugkörper auf U-Boote und Kampfschiffe abwerfen und ist mit sehr schnellen und präzisen Datenverarbeitungssystemen ausgestattet. Eine Marineversion der Global Hawk, der MQ-4C Triton (BAMS), soll die Überwachungsflüge begleiten.

In den letzten zehn Jahren haben die Vereinigten Staaten im Ost- und im Südchinesischen Meer ein engmaschiges *Surveillance Towed Array Sensor System* (SURTASS) zur Kartierung des Gebiets für einen Krieg gegen U-Boote installiert.[27] Dies erklärt unter anderem, warum kleine, unbewaffnete Überwachungsschiffe wie die *USS Bowditch* und die *USS Impeccable* so häufig auf chinesische Schiffe stoßen. Der nächste Schritt musste die Einrichtung einer Reihe leistungsfähiger Erkennungssysteme sein. Die Vereinigten Staaten modernisieren weiterhin ihr *Fixed Distributed System* (FDS). Es besteht aus einer Vielzahl kleiner, miteinander verbundener schwimmender Sensoren, die die Geräusche vobeifahrender U-Boote auffangen und deren Weg nachzeichnen können. Ein neues Projekt, das *Transformational Reliable Acoustic Path System* (TRAPS), beruht ebenfalls auf mehreren passiven Sonaren. Diese sitzen allerdings auf dem Meeresboden und sind drahtlos mit einem schwimmenden Netzknoten an der Wasseroberfläche verbunden, dessen Signale von Flugzeugen, Schiffen und so weiter empfangen werden können. Vor kurzem wurde ein solcher Oberflächenknoten, die *Littoral Expeditionary Autonomous Power Buoy* (LEAP), installiert. Die Boje kann mit Gezeitenenergie betrieben werden, braucht daher nicht ausgetauscht zu werden und hat eine weitaus größere Kapazität für die Verarbeitung von Signalen. Das TRAPS-System wird wahrscheinlich mit einem neuen System, dem sogenannten SHARK, verbunden werden, einem unbemannten Unterwasserfahrzeug, das U-Boote aufspüren soll und wahrscheinlich mit einem Sprengkopf versehen werden wird. Dieses System würde vor allem der Beobachtung chinesischer U-Boote innerhalb der ersten Inselkette und entlang der Seestraßen zum Pazifik dienen.[28]

Im Pazifik selbst haben die Vereinigten Staaten ihr Geräuschüberwachungssystem installiert, und sie arbeiten an einem unbemannten Tiefsee-Sonarsystem (dem *Bluefin*), das bereits auf die nächste Generation chinesischer Atom-U-Boote ausgerichtet zu sein scheint. Laut *People's Daily* denken die USA an ein dreidimensionales System zur Bekämpfung chinesischer U-Boote mit einem festen Unterwasser-Hydrophon-System in wichtigen Seestraßen wie der Luzon-Straße und den von den Ryukyu-Inseln gebildeten Wasserwegen sowie an Satelliten- und Luftaufklärung und einen koordinierten Einsatz von Kriegsschiffen wie den Angriffs-U-Booten der Virginia-Klasse, Zerstörern und Küstenkampfschiffen.[29]

Aber auch abgesehen von diesem Sensorenschild blickt China auf eine beeindruckende Phalanx von Schiffen und Raketen. Die Neuausrichtung der amerikanischen Seestreitkräfte begann bereits einige Zeit bevor die Regierung Obama 2012 ihre Hinwendung nach Ostasien verkündete. Schon 2001 wurde die *Submarine Squadron Fifteen* (U-Boot-Staffel 15) auf Guam reaktiviert. Den beiden ursprünglichen atomgetriebenen Angriffs-U-Booten wurde 2004 ein drittes hinzugefügt. Die *Destroyer Squadron 15* (Zerstörerstaffel 15), deren Heimathafen Yokosuka ist, wurde ebenfalls erweitert. Hatte sie 2001 erst vier große Überwassereinheiten, verfügt sie heute über sieben Zerstörer der Arleigh-Burke-Klasse und zwei Kreuzer der Ticonderoga-Klasse. Im Jahr 2005 beschlossen die USA, die *USS Washington* in Yokosuka zu stationieren. Damit war sie der erste atomgetriebene Flugzeugträger, der seinen Heimathafen dauerhaft in Übersee hatte. Er traf 2008 dort ein. Inzwischen wurden drei weitere Minensuchboote sowie sechs neue ACU-5-Landungsboote in Sasebo stationiert. In Singapur liegen Küstenkampfschiffe. Insgesamt verfügen die Vereinigten Staaten in der Regel über 34 Zerstörer, 17 atomgetriebene Angriffs-U-Boote und zwei Flugzeugträger in der Region.

In den kommenden Jahren wird die Kapazität durch eine neue Generation weitgehend autonomer Seezielflugkörper mit großer Reichweite (LARSM) – die neuen Überschall-Luft-Luft-Raketen *Triple Target Terminator* – erhöht werden.»LARSM soll für den Angriff auf Rivalen wie China verwendet werden, wenn die GPS-Lenkung gestört ist«, schreibt *People's Daily*. »Es wird eine außerordentliche Reichweite, Präzision und die Fähigkeit haben, in jeder Kampfhandlung tödliche Angriffe durchzuführen. Das Signal ist klar: keine Drohungen gegen unsere große weiße Flotte. Daraus folgt, dass die chinesische Marine nun noch viele Jahre mehr braucht, um mit der US-Marine gleichzuziehen.«[30]

Japans Flotte wurde nicht nur modernisiert; sie wird auch erweitert.[31] Das Land hat vier Hubschrauberträger gekauft, die weitaus größer sind als die Modelle aus den 1990er Jahren. Es steht zu erwarten, dass die Zahl der konventionellen Angriffs-U-Boote von 17 auf 22 steigen wird. Japan wird auch seine Zerstörerflotte um mindestens zwei neue Luftverteidigungsfregatten aufstocken. Chinesische Beobachter haben außerdem neue Einheiten zur Bewachung der umstrittenen Inseln ausgemacht. »Eine MV-22, die von der Basis Futenma auf Okinawa startet, braucht nur 60 Minuten bis zu den Diaoyu-Inseln, von Miyakojima aus sogar nur 30 Minuten«, hieß es in einem Artikel. »Eine Global Hawk, die von Okinawa aus startet, kann mehr als 30 Stunden über den Diaoyu-Inseln kreisen und fast alles bis zur Küstenlinie des chinesischen Festlands aufspüren. Wenn Japan also mehr als drei Global-Hawk-Drohnen anschafft, kann es die Diaoyu-Inseln praktisch ununterbrochen unter Beobachtung halten.«[32] Du Wenlong, ein Militärexperte und Kommentator, ergänzte, Japan investiere in eine »Reihe landgestützter Seezielflugkörper«, die China davon abhalten könnten, über die Seeschifffahrtsstraßen in den Pazifik zu fahren.

Auch im Weltraum haben die Chinesen neue Entwicklungen festgestellt. »Der Weltraum ist fest in die Air-Sea-Battle-Strategie integriert«, meinte ein Professor an der Nationalen Verteidigungsuniversität der Volksbefreiungsarmee.[33] Seit 2001 hat das Nationale Aufklärungsamt *(National Reconnaissance Office)* der USA fünf Satelliten zur Aufklärung auf See und zur Erfassung von Signalen und geheimdienstlich relevanten Informationen ins All geschickt. Zwischen 2001 und 2013 wurden mindestens 25 weitere Satelliten für die Erfassung elektronischer Daten, für die Radar- und optische Bildgebung und optische Aufklärung in die Umlaufbahn gebracht.

Schon während des Kalten Krieges waren weltraumgestützte Radaranlagen auf See zum Aufspüren von Kriegsschiffen und Luftverteidigungssystemen eingesetzt worden. 2011 und 2012 brachte es das Nationale Aufklärungsamt auf vier Satellitenstarts im Jahr, ein Rekord. 2013 verlautbarte das US-Verteidigungsministerium (*Department of Defense*, DOD): »Wir entwickeln Optionen, um den Weltraumkapazitäten potenzieller Gegner begegnen zu können.«[34] Das DOD investiert in mehrere Programme mit dem Ziel, sehr kleine Objekte im Weltraum ausfindig zu machen und zu verfolgen.

Chinas Aufmerksamkeit wurde auch durch das *Prompt Global Strike Program* geweckt. Um ihre Abhängigkeit von Überseestützpunkten und Lufträumen zu vermindern, arbeiten die USA an einer neuen taktischen Mittelstreckenrakete, die von einem U-Boot abgeschossen werden kann, sowie an einer Überschallrakete.[35] Chinesische Beobachter widmen der X-37, einer mehrfach verwendbaren Weltraumdrohne, große Aufmerksamkeit. »Sie kann Aufklärungs- und Überwachungsaufgaben übernehmen, aber auch mit Raketen, Laser- und anderen modernen Waffen gegen feindliche Satelliten ausgestattet werden und sogar feindliche Ziele am Boden angreifen.«[36] Ein Wissenschaftler ergänzte, wenn das *Air-Sea-Battle*-Konzept funktionieren solle, müssten die USA die Vorherrschaft im Weltraum anstreben.[37] Außerdem interessieren sich chinesische Nachrichtenmedien und Experten sehr für die Ausgabe der *Quadrennial Defense Review* vom März 2014 mit dem Schwerpunkt »Weltraumkontrolle«.[38]

Chinesische Abwehrmaßnahmen

Vom Japanischen Meer bis zur Großen Australischen Bucht sieht sich China von einem bedrohlichen Schild aus Kriegsschiffen, Sensoren und Raketen umgeben. Chinesische Experten sind sich einig: China kann ohne ein Abschreckungssystem im Westpazifik seine Küste nicht verteidigen, wird außerdem keine Chance haben, sein verlorenes Territorium zurückzugewinnen, und auch keine Sicherheit für sein wirtschaftliches Kerngebiet erringen. So erklärte Mei Wen, der Erste Politische Kommissar des Flugzeugträgers Liaoning: »Ob es die erste Inselkette ist oder die zweite – die Entwicklung unserer Kriegsflotte sollte nicht an Ketten gebunden, sondern auf ferne Meere ausgerichtet sein.«[39] Ein Experte am Akademischen Forschungsinstitut der Kriegsmarine ergänzte, wer Chinas Versuche, »die Inselketten zu durchbrechen«, in den Vordergrund stelle, sei im Denken des Kalten Krieges befangen und werde »die Entschlossenheit des chinesischen Militärs nicht erschüttern«.[40] »Wir benötigen Sicherheitsspielräume. Das ist ein allgemeines Gesetz für Großmächte«, schreibt Ren Weidong, ein streitbarer Forscher am chinesischen Institut für Gegenwärtige Internationale Beziehungen. »Um ein neues Gleichgewicht im Asien-Pazifik-Raum zu erreichen, müssen wir unsere militärische Präsenz sowohl in unseren Hoheitsgewässern als auch im Westpazifik verbessern. China strebt keine Hegemonie an, aber es muss eine gewisse militärische Überlegenheit in der Region erlangen, damit keiner seiner Gegner die Oberhand gewinnt.«[41] Cao Weidong, Forscher am Marine-Forschungsinstitut, erklärte ferner, eine verstärkte militärische Präsenz Chinas im Westpazifik sei entscheidend, wolle man eine strategische Tiefe schaffen.[42] »Unter den Bedingungen des modernen Krieges ist es unmöglich, nur mit kleinen und mittelgroßen Schiffen in den Küstengewässern einen aktiven Schutz umzusetzen.«[43] Und ein Offizier führte aus: »Um die Souveränität über das Südchinesische Meer zu wahren, müssen wir beispielsweise auf Hainan und anderen großen Inseln Einrichtungen der Marine und der Luftwaffe schaffen. Doch da es keine klar definierte Grenze gibt, sind solche Einrichtungen Gefahren vom Meer ausgesetzt. Um diese Bedrohung einzudämmen, müssen wir unsere küstennahe Verteidigungsfähigkeit verbessern.«[44] Solche Argumente werden oft unter Berufung auf frühere Staatsführer – von Mao bis zu Hu – vorgebracht, die den Aufbau einer Hochseemarine befürworteten.[45]

Was aber bedeutet das in der Praxis? Es ist weder klar noch wahrscheinlich, dass nur eine einzige Strategie verfolgt wird. Vielmehr lassen sich mehrere politische Muster ausmachen. Zuallererst: China zieht weiterhin deutliche rote Linien und zeigt sich bei Territorialstreitigkeiten entschlossen. Die neue Führungsgeneration lässt keinen Zweifel daran, dass sie einseitige Veränderungen des territorialen Status quo durch Chinas Nachbarn nicht tolerieren wird. Zweitens: Sie erweitert nach wie vor die Optionen für den Fall einer Eskalation – durch den Einsatz von mehr Polizeischiffen und -flugzeugen – und setzt die Bündelung der Entscheidungsfindung in einer »Zentralen kleinen Führungsgruppe zum Schutz der Interessen auf See« fort, die 2012 gebildet wurde, sowie im kürzlich gegründeten Nationalen Sicherheitsrat. Im Jahr 2013 wurden zahlreiche Polizeiaufgaben der neu geschaffenen Küstenwache übertragen, deren Personal auf 16 000 Beamte aufgestockt und die mit Dutzenden großer Patrouillenboote ausgestattet wurde, davon manche mit einer höheren Tonnage als eine Fregatte. Schon bald wurden diese Schiffe in die umstrittenen Gewässer entsandt. Drittens: China wird weiterhin versuchen, Widerstände durch Gespräche und Dialoge auf militärischer Ebene zu entschärfen; denselben Zweck dürfte eine verstärkte Zusammenarbeit bei der Ausbeutung der angrenzenden Meere und bei weichen Sicherheitsthemen erfüllen. Viertens: Es besteht nach wie vor die Tendenz, den Widerstand zu spalten, indem sich China die verschiedenen Interessen der südostasiatischen Länder zunutze macht und das übrige Asien unermüdlich an die Bedrohung durch den japanischen Militarismus erinnert, sich gleichzeitig Russland gewogen hält und die Vereinigten Staaten als unberechenbare und selbstsüchtige Hegemonialmacht darstellt. Das Hauptziel aber bleibt, das militärische Machtverhältnis zu verschieben und Amerikas Vorherrschaft im Westpazifik den Kampf anzusagen.

Das bedeutet vor allem, dass China dauerhafte militärische Präsenz im Westpazifik zeigen will.[46] Bei einer persönlichen Unterredung mit Präsident Obama hat Präsident Xi bereits sehr deutlich gemacht, dass sich die Zeit der amerikanischen Herrschaft über den Pazifik ihrem Ende zuneige: ›Der riesige pazifische Ozean bietet genügend Platz für beide Länder, China und die Vereinigten Staaten.‹[47] In diesem Zusammenhang sprechen Militäroffiziere von der Normalisierung der Marine- und Luftwaffenpräsenz in und über den Gewässern des

Westpazifik: »Das steht vollkommen in Einklang mit internationalem Recht«, betont Geng Yansheng. »China besitzt die Freiheit, diese Gewässer zu befahren und zu überfliegen.«[48] Das Verteidigungsweißbuch von 2008 betonte das Bestreben der Marine, »ihre Fähigkeit zu integrierten Operationen vor der Küste allseits zu verbessern«. Dies wurde 2013 noch einmal bekräftigt: »Die chinesische Marine soll die Ausbildung der Spezialeinheiten auf hoher See verbessern. Sie sorgt für die Ausbildung verschiedener Formationen kombinierter Spezialeinheiten, die aus neuen Typen von Zerstörern, Fregatten, hochseetauglichen Versorgungsschiffen und Bordhubschraubern bestehen. Die Marine intensiviert die Erforschung und die Ausbildung für Aufgaben unter komplexen Schlachtfeldbedingungen, die Schulung in Fernfrühwarnsystemen, in umfassender Kontrolle, im Abfangen von Informationen auf offenem Meer, für Angriffe fernab des eigenen Hoheitsgebiets, für Kriegsführung gegen U-Boote und den Schutz von Handelsschiffen auf fernen Meeren. Die Marine der Volksbefreiungsarmee (PLAN) ordnet an, dass relevante Küsteneinheiten praxisnahe *Force-on-Force*-Trainings in Luftverteidigung durchführen und im Angriff auf U-Boote, in der Abwehr von Minen, Terrorismus, Piraterie, in der Küstenverteidigung und im Sabotageangriff auf Inseln und Riffs ausgebildet werden. Seit 2007 hat die PLAN Ausbildungsmanöver in fernen Hochseegewässern des Westpazifik mit über 90 Schiffen in fast 20 Trupps durchgeführt. Während der Ausbildung führte die PLAN wirksame Maßnahmen durch, um ausländischen Naherkundungs- und illegalen Störungsoperationen durch Kriegsschiffe und Flugzeuge zu begegnen.«

Diese Prioritäten sind nichts Neues, werden aber signifikant deutlicher hervorgehoben als früher.

Es besteht nach wie vor Uneinigkeit darüber, ob der Aufbau einer Hochseekriegsflotte in erster Linie einer merkantilistischen bzw. dem Konzept Alfred Thayer Mahans folgenden Strategie dient und die Lebensadern des Handels schützen soll oder einer Abschreckungsstrategie mit dem Ziel, Feinde vom Westpazifik fernzuhalten. Vermutlich spielen beide Faktoren eine Rolle, aber zentral scheint für die chinesische Politik eine Verteidigung der Küstengewässer durch Abschreckung auf hoher See zu sein.

Zunächst einmal führt China umfassendere und häufigere Manöver im Westpazifik durch. Die Militärübungen im November 2013 waren eine erste Demonstration, wie unterschiedliche Flotten in zuvor nicht festgelegten dreidimensionalen Seeschlacht-Simulationen zum Einsatz kommen.[49] Zweitens bleibt die Verteidigung vor der Küste der Hauptgrund für wichtige neue Waffensysteme. Moderne Luftkampfeinheiten, flankiert von großen Überwassereinheiten und atomgetriebenen Angriffs-U-Booten, ermöglichen Ferneinsätze, dienen aber auch als Abschreckung für große feindliche Flotten.[50] China plant, mindestens vier Flugzeugträger einzusetzen. Die nächsten Flugzeugträger werden mit ziemlicher Sicherheit größer sein als die Lianoning. Und sie werden wahrscheinlich mit elektromagnetischen Startkatapulten ausgestattet sein, die sich positiv auf die Energieeffizienz des Schiffes und die Lebenszeit der Flugzeuge auswirken, sowie mit einer ganzen Reihe moderner Kommando- und Kontrollsysteme.[51] Unterdessen arbeitet China weiter an der

Entwicklung seiner J-15, eines trägergestützten Mehrzweck-kampfflugzeugs, und hat erste Schritte in der Entwicklung eines unbemannten Kampfflugzeugs unternommen, der Li-jian, die von einem Flugzeugträger aus operieren könnte. Studien zur Anschaffung von Flugzeugträgern zeigen, dass chinesische Experten diese in einen größeren Zusammen-hang einordnen: Sie würden in eine große Geleitschutztrup-pe eingebettet und wären in der Lage, über lange Zeiträume in fernen Gewässern zu operieren.[52] Diese Eskortierungs-gruppe wird daher unter anderem auch aus atomgetriebenen Angriffs-U-Booten bestehen. Die T-093-U-Boote, die seit 2009 im Einsatz sind, sind dagegen nach allgemeiner Einschät-zung den amerikanischen und japanischen Seestreitkräften kaum gewachsen. Daher wurden davon nur wenige gebaut und vorwiegend für Tests zur Reduzierung ihrer akustischen Signatur, der Echolote, von Präzisionslenktorpedos und Tor-pedos, die gegen feindliche Torpedos eingesetzt werden, und so weiter, genutzt.[53] Untersuchungen zeigen hier auch, dass große Hoffnungen auf die nächste Generation atomgetriebe-ner Angriffs-U-Boote des Typs T-095 gesetzt werden: Sie muss schneller und im Hinblick auf Befehlstaktik leistungsfähiger sein. Dass China in verschiedene Forschungsprogramme zu magnetohydrodynamischen Antriebsmethoden, Torpedoab-wehr und lärmdämmenden Schiffskörpern investiert, wird ebenfalls durch Studien belegt. Zu den Eskortierungsgruppen würde auch eine neue Generation von Lenkraketenzerstörern des Typs T-052D gehören, die mit moderneren Sensoren und Raketen ausgestattet sind. Allein 2013 wurden vier der neu-en Zerstörer in Dienst genommen. Außerdem wurden Bilder veröffentlicht, die für die Entwicklung eines neuen Kreuzers sprechen.

Unterdessen arbeitet China auch an der weiteren Stärkung seiner Verteidigung in küstennahen Gewässern. Hier scheint das Land eine Schwarmstrategie zu verfolgen: Es nimmt eine hohe Zahl von meist kleinen Waffenplattformen mit geringer Reichweite in Betrieb, die es hochleistungsfähigen Plattformen erschweren, in Chinas Meeresperipherie einzudringen. Dieses Programm beginnt zunächst mit einem engmaschigen Netz von Sensoren. Schon seit langem unterhält China zahlreiche mobile Radartypen an der Küste, hat aber auch mit Tests eines neuen Seeaufklärers begonnen, bei dem es sich um eine Weiterentwicklung der Y-8 handelt, sowie eines Kampfflugzeugs für die Kriegsführung gegen U-Boote. Dieses Flugzeug wird wahrscheinlich einen Einsatzbereich von 1500 Kilometern haben. Zugleich baut China aber auch ein Netz von Unterwassersensoren auf. Seine Seestreitkräfte experimentieren Berichten zufolge bereits mit nicht wiederverwendbaren Sonar-Bojen. Wissenschaftliche Veröffentlichungen zeugen von einer Vielzahl von Studien zu Netzen von austauschbaren Unterwassersonaren, und auch *Xinhua* brachte Anfang 2013 einen langen Artikel darüber.[54] Anscheinend sind drei akustische Überwachungszentren mit verschiedenen faseroptischen Erkennungsnetzen unter Wasser verbunden.[55] All das soll der Unterstützung einer sich vergrößernden Kriegsflotte dienen, die aus über 50 mit Marschflugkörpern ausgestatteten Schiffen des Typs T-022, den neuen T-065-Corvetten, von denen mindestens 19 Anfang 2014 in Dienst genommen wurden, und einigen Dutzend moderner konventioneller U-Boote besteht. Alte Kampfjets werden rasch durch Varianten der vierten Generation wie die J-10 und die J-15 ersetzt, die mit schlagkräftigen Seezielflugkörpern versehen werden können.

Außerdem versucht China, an der umkämpften Schnittstelle zwischen Erde und Weltraum – auch *linjin kongjian* oder naher Weltraum genannt – aktiv zu werden.[56] Zwischen 2006 und 2014 schickte China mindestens 19 Fernerkundungssatelliten oder Kombinationen verschiedener Satelliten in den Weltraum. Artikelzusammenfassungen in angesehenen Zeitschriften wie dem *Journal of Astronautics* zeigen, dass in diesem Bereich umfassend geforscht wird. China bemüht sich zweifellos um die Entwicklung moderner optischer, radargestützter und elektronischer Spionagesatelliten, um seine Seefront zu überwachen und Raketen aufzuspüren:[57] »Satelliten für die Meeresüberwachung sind von entscheidender Bedeutung ... in den letzten Kriegen waren Präzisionsschläge mit großer Reichweite, ausgeführt von großen Überwassereinheiten, ausschlaggebend, und um ihnen zu begegnen, müssen wir unsere Fähigkeiten zur Fernerkennung auf See verbessern.«[58] Das Land investiert in die Manövrier- und Überlebensfähigkeit dieser Plattformen.[59]

Bekanntlich unterhält China mehrere lenkbare Satelliten im Weltall und testet ihre Fähigkeit, Angriffen auszuweichen und selbst andere Satelliten anzugreifen. Dem Beispiel der Vereinigten Staaten und Russlands folgend, hat Peking Raketen und Laser gekauft, die gegen Satelliten eingesetzt werden können. Im Jahr 2014 war China das dritte Land, das ein Überschall-Gleitfluggerät, das WU-14, testete, das mit einem sehr schnellen, lenkbaren Sprengkopf ausgestattet ist.

Er könnte eine noch massivere Bedrohung darstellen und in den Verteidigungsraum in großer Distanz liegender Flugzeugträger eindringen.[60] Ebenfalls im Kielwasser der Vereinigten Staaten testet China ein eigenes unbemanntes Raumflugzeug, die Shenlong.[61]

Balanceakt an den Küsten

China und die Vereinigten Staaten bereiten sich auf einen weiteren Rüstungswettlauf vor, der vor allem im Westpazifik, im Weltraum und im Cyberspace stattfinden wird. Ein solches militärisches Geplänkel ohne Sieger könnte endlos weitergehen – zumindest solange es nicht an wirtschaftlichen Ressourcen mangelt. Man könnte meinen, dies führe zu einer bipolaren Konstellation, in der China einer großen Allianz von um Ausgleich bemühten Küstenländern unter der Führung der Vereinigten Staaten gegenüberstünde. Japan wäre Teil dieses Bündnisses, ebenso andere Meeresanrainer wie die Philippinen, Australien, Vietnam und wahrscheinlich auch Indien. Was die meisten dieser Länder verbindet, sind Territorialstreitigkeiten mit China, ererbte Spannungen und genügend Stärke, um mit dem Säbel zu rasseln. Ein solches Szenario würde China davon abhalten, den territorialen Status quo unilateral zu verändern oder seine Interessen mit Gewalt durchzusetzen. Mit anderen Worten, die elementare Sicherheit wäre garantiert, was wiederum den Weg für Vertrauensbildung, Maßnahmen zur Vermeidung von Fehleinschätzungen und nachhaltige Wirtschaftsbeziehungen ebnen könnte.

Doch selbst wenn elementare Sicherheit garantiert werden könnte, stellt die Möglichkeit einer bipolaren regionalen Ordnung die Mächte der Region vor die Wahl, sich China zu widersetzen oder zu lernen, in seinem Schatten zu leben. Letzteres bedeutet einen unliebsamen Statusverlust, größere Schwierigkeiten bei der Wahrung wichtiger Interessen und bei der Erreichung günstiger Bedingungen im bilateralen Handel: Es geht also um Prestige, Macht und Wohlstand. Die Aussicht auf eine Existenz im Schatten einer fremden Macht dürfte wohl kein Grund zu kriegerischen Auseinandersetzungen sein, solange der Schatten nicht alles verdunkelt. Das könnte durch eine große Allianz um die Vereinigten Staaten verhindert werden, zumindest in den etwa ersten zehn Jahren. Aber es dürfte schwierig sein, eine solche Konstellation herzustellen.

Die asiatischen Länder zögern, sich auf die Seite der Vereinigten Staaten zu schlagen. Aber Washington gibt sich alle Mühe, erneut seine Rolle als strategischer Partner zu bekräftigen. Auch Japan sieht die Vereinigten Staaten inzwischen in einem besseren Licht. Dasselbe gilt für Vietnam und Südkorea, während Indien nach wie vor große Skepsis an den Tag legt. Umfragen zeigen, dass nur eine Minderheit der Inder ein positives Bild von den USA hat. Doch wichtiger als solche Wahrnehmungen ist die Angst vor übermäßiger Abhängigkeit. Neu-Delhi verteilt ganz klar seine strategischen Partnerschaften auf mehrere Länder und verfolgt eine Modernisierung des Militärs aus eigener Kraft. Das Land hat die amerikanische Unterstützung gern angenommen, möchte sich aber nur sehr ungern in größere Abhängigkeit begeben.

Dasselbe trifft auf Vietnam zu. Sowohl aus innenpolitischen Gründen als auch aus strategischen Überlegungen gleicht das Land seine Partnerschaft mit den USA durch eine enge Zusammenarbeit mit Russland aus. Japan ist bestrebt, seine zunehmenden militärischen Verbindungen zu Washington durch eine Anpassung der eigenen Kapazitäten und eine Neuausrichtung der transpazifischen Sicherheitsbindungen auszugleichen. Diese Normalisierung ist schon allein im Licht der imperialistischen Vergangenheit Japans heikel, erst recht aber eine Ausstattung der japanischen Streitkräfte mit Atomwaffen.[62]

Wenn sich aber die asiatischen Länder nicht in eine zu große Abhängigkeit von den Vereinigten Staaten begeben wollen, würde es dann nicht reichen, die Beziehungen untereinander zu festigen? Starke bilaterale Partnerschaften mit den Vereinigten Staaten im Einklang mit starken Partnerschaften der asiatischen Länder untereinander würden eine umso stabilere Koalition ermöglichen. Ein Beispiel hierfür sind Australien und Japan: Seit 2013 hat eine australische Fregatte ihren Heimathafen in Yokosuka, gleich neben Kriegsschiffen der amerikanischen Marine. Oder nehmen wir Indien und Vietnam: Seit 2013 werden in Indien vietnamesische U-Boot-Besatzungen ausgebildet. Ein weiteres Beispiel ist die Lieferung zweier japanischer Patrouillenboote an die Philippinen im Jahr 2014 zur Intensivierung der Überwachung im Südchinesischen Meer. Sicher fallen solche Synergien ins Gewicht, sie sind aber keineswegs ausreichend, um die Bedenken auszuräumen, die asymmetrische Partnerschaften mit den USA hervorrufen.

In einer solchen Situation scheint es daher schwierig, eine große Koalition zu schmieden, die in maßvoller und koordinierter Weise ein Gegengewicht zu China schafft. Erschwert wird dies zudem durch einen weiteren Faktor: den Nationalismus. Natürlich gibt es verschiedene Ausprägungen von Nationalismus, dennoch sind ihnen allen drei Eigenschaften gemeinsam. Erstens ist Asien keine Ansammlung angeschlagener Staaten wie Europa in den 1950er Jahren, als die Vereinigten Staaten die Führungsrolle im transatlantischen Bündnis gegen die Sowjetunion innehatten. Die meisten asiatischen Staaten sind jung, ruhelos, statusfixiert und bestrebt, ihre eigenen Interessen voranzubringen. Zweitens wird der Nationalismus durch innere und internationale Unsicherheit gefördert. Das erklärt auch den Wahlsieg von Shinzō Abe in Japan, von Park Geun-hye in Südkorea und Narendra Modi in Indien. Drittens ist, wie wir im vorhergehenden Kapitel gesehen haben, der neue Nationalismus in Asien zunehmend chinafeindlich. Abe und Modi haben mit dem Hinweis auf China auf Programme zur nationalen Verjüngung, industriellen Entwicklung und Modernisierung der Armee gedrängt. Die vietnamesische Regierung ruft die Medien auf, über Reibereien mit China im Südchinesischen Meer zu berichten, und feiert sogar den historischen Kampf mit China um die umstrittenen Paracel-Inseln. Dieser chinafeindliche Nationalismus ist selbst an der Basis auszumachen. Ob aus Lehrbüchern und Propaganda gespeist oder nicht, protestieren Studentenbewegungen in ganz Asien gegen China, wobei die Sonnenblumen-Bewegung in Taiwan ein interessantes neues Phänomen darstellt.

Dies führt uns zu einer weiteren Beobachtung aus dem vorigen Kapitel zurück: Der neue Nationalismus in Asien ist zum Teil ein Symptom für die wachsenden sozioökonomischen Probleme auf dem Kontinent, die wahrscheinlich noch zunehmen werden. Daher steht uns wahrscheinlich eine Periode bevor, in der mehr gegenseitige Zugeständnisse gefragt sind, um gefährlichere Konfrontationen zu vermeiden, eine Periode, in der zugleich Politiker weniger zu solchen Zugeständnisse bereit sein werden.

Das grundlegende Dilemma bleibt weiterhin die Diskrepanz zwischen Chinas großen Bestrebungen und den Erwartungen seiner Nachbarn. Wie bei seinem wirtschaftlichen Aufstieg hat sich China auch im Hinblick auf seine militärische Macht bis zu einem Punkt vorgearbeitet, an dem andere Länder schwere Bedenken erheben, während China selbst noch mehr Anstrengungen für erforderlich hält, um eben jene militärische Macht auszubauen. Dies führt zu einer Unzahl weiterer Dilemmata, vor allem auf der Ebene der Sicherheit, aber auch im Hinblick auf Territorialstreitigkeiten. Besonders besorgniserregend in diesem Zusammenhang ist, dass selbst dann, wenn die territorialen Gegebenheiten unverändert bleiben, sich die Realität vor Ort – die Präsenz von Kriegsschiffen, die Aktivitäten von Ölkonzernen und die Rolle der Küstenwachen, die die Souveränitätsansprüche untermauern sollen – verändert; damit werden Zwischenfälle wahrscheinlicher, die die Politiker zwingen, Stärke zu zeigen. Zwischenfälle, die auch leichter außer Kontrolle geraten können.

Kapitel 9

Eine weitere Großmachttragödie

China stellte seinen Aufstieg als Paradigmenwechsel dar, als eine Veränderung nicht so sehr der Machtverhältnisse als vielmehr der Leitlinien internationaler Politik. Dieses Buch hat gezeigt, dass es sich nicht um einen Paradigmenwechsel handelt, jedenfalls nicht in dem Maße, dass er besorgniserregende, gewaltsame Spannungen verhindern würde, wie sie den Aufstieg von Großmächten in der Vergangenheit begleitet haben. Das widerlegt nicht die allgemeine Auffassung, dass sich Chinas Politik gegenüber den anderen asiatischen Ländern verändert hat und komplexer und flexibler geworden ist. Man kann deutlich erkennen, dass China in der Zeit zwischen der Ausrufung der Volksrepublik und der Verkündung von Xi Jinpings »chinesischem Traum« eine Politik entwickelt hat, die verhinderte, dass das Verhältnis zu seinen Nachbarländern – eine Zone der Unsicherheit – zu einer geopolitischen Zwangsjacke wurde.

Die Kurskorrektur nach der Kulturrevolution war ein spektakuläres Ereignis: nicht nur die diplomatische Revolution von 1972, die Henry Kissinger und Zhou Enlai umsichtig vorbereitet hatten, sondern noch viel mehr die geschickte Normalisierung der Beziehungen zu Chinas Nachbarn. Wir

haben gesehen, dass Deng Xiaoping bevorzugte Handelsabkommen offerierte und insgeheim die Wirtschaftsbeziehungen mit Südkorea über Hongkong wiederaufnahm, Japan
eine gemeinsame Energieentwicklung im Ostchinesischen
Meer anbot, ein *Gentlemen's Agreement* mit Vietnam vorschlug,
Grenzgespräche mit Indien aufnahm und in multilateralen
Organisationen vorfühlte, auch wenn das womöglich zur
Folge hatte, dass Taiwan seine Mitgliedschaft als Wirtschafts-
entität beibehielt.

Politische Veränderungen …

Unter Führung von Jiang Zemin und Hu Jintao gewann die diplomatische Offensive an Schwung. China schloss sich nicht
nur weiteren regionalen Organisationen an, sondern beein-
flusste auch aktiv deren Agenda und initiierte selbst Neugrün-
dungen. Es traf zahlreiche Investitionsvereinbarungen und
unterzeichnete die ersten Freihandelsabkommen. Gekonnt
nutzte China die asiatische Finanzkrise zu Vertrauensbildung
und Prestigegewinn. Streitigkeiten mit mehreren Nachbarn
um Landgrenzen wurden beigelegt, und die Streitkräfte nahmen Kontakte zu ehemaligen Gegnern auf. An die Stelle von
Chinas einst starrer zentralstaatlich gelenkter Diplomatie in
Asien trat eine Reihe von Initiativen verschiedener Akteure:
Staat, Partei, Militär, Provinzen, Städte, Unternehmen, Exper-
tenkommissionen und so weiter. Selbst als immer häufiger
der Vorwurf laut wurde, China verhalte sich aggressiv, und
sich an seiner Peripherie auf dem Meer Spannungen auf-

bauten, bemühte sich das Land, Ängste zu mindern. Obwohl selten Fortschritte in der Sache erzielt wurden, sicherte die Regierung doch stets die Fortsetzung des Dialogs zu. Nach der Vereinbarung eines »Verhaltenskodex für das Südchinesische Meer« *(Code of Conduct on the South China Sea)* wurden neue Arbeitsgruppen mit den südostasiatischen Ländern eingerichtet, und China unterzeichnete einen Freundschafts- und Kooperationsvertrag *(Treaty of Amity and Cooperation).* Mit Japan handelte es ein Memorandum zur Erschließung des Ostchinesischen Meeres aus, und mit Indien einigte es sich auf eine Roadmap zur Erleichterung von Gesprächen über die gemeinsame Grenze.

Entsprechend entwickelte sich der offizielle Diskurs. Zweifellos erkannte die chinesische Führung von Beginn an die furchteinflößende Kehrseite der Wiederauferstehung ihres Landes im geografischen Zentrum Asiens – daher die Versprechen Maos, er werde sich vom Pfad der Hegemonie fernhalten. Kein chinesischer Führer aber formulierte dies deutlicher als Deng Xiaoping: Wenn China eines Tages seine Farbe wechseln und sich in eine Supermacht verwandeln sollte, wenn es andere bedränge, angreife und ausbeute, so erklärte er, sollten die Völker der Welt sich dagegen wehren und das Regime stürzen. So erklärt sich auch die Verheißung eines friedlichen Aufstiegs.

In den 1950er Jahren wurde diese Zusicherung in die »Fünf Prinzipien der friedlichen Koexistenz« gegossen. Dabei lag der Schwerpunkt auf Souveränität und Nichteinmischung. In den 1970er, 1980er und 1990er Jahren wurde dieses Narrativ durch die Glorifizierung der wirtschaftlichen Vorteile ergänzt. Zunächst wies man auf Chinas Rolle als Anlagemarkt hin, dann auf die allseitigen Vorteile der Arbeitsteilung. Später verlagerte sich der Fokus auf Chinas wachsende Bedeutung bei der Stabilisierung des Finanzbereichs, als neuer Konsumentenmarkt und großer Investor. Mit dem neuen Sicherheitskonzept von 1995 verpflichtete sich Peking zu militärischer Zurückhaltung und Kooperation mit seinen Nachbarn, um gemeinsame Sicherheitsbedrohungen abzuwehren. Die Politik des friedlichen Aufstiegs drückte mehr oder weniger dasselbe mit einer anderen Begrifflichkeit aus.

Die Politik hat sich verändert, die Diskurse haben sich verändert, und ich wage zu behaupten, dass sich auch das Bewusstsein verändert hat. Natürlich lässt sich nur schwer ermessen, wie stark die chinesischen Teilnehmer an den Gesprächen mit ihren Nachbarländern mit Werten wie Kooperation, freier Handel und Frieden sozialisiert wurden, und es würde auch den Rahmen dieses Buches sprengen, eine genaue Einschätzung dazu zu geben, aber es ist deutlich sichtbar, dass viele Chinesen heute anders über Außenpolitik denken als die Generation, die sowohl den Bürgerkrieg als auch die Revolution erlebt hatte. Der Kampf steht nicht mehr im Vordergrund. Das gegenwärtige chinesische Denken ist vielmehr von einer Kombination aus Kampf und Kooperation geprägt.

Aufgrund meiner persönlichen Erfahrungen kann ich sagen, dass Vertreter des offiziellen China und chinesische Experten, die für asiatische Angelegenheiten zuständig sind, wirklich die einzige Chance für eine Entwicklung ihres Landes zu Wohlstand und Stabilität darin sehen, den Aufstieg friedlich zu gestalten und Zugeständnisse an die Nachbarn zu machen. Das heißt nicht, dass sie ihrer Pflicht, das nationale Interesse voranzubringen, nicht mehr nachkommen. Vielmehr entspricht aus ihrer Sicht das nationale Interesse heute mehr dem Interesse ganz Asiens.

Natürlich bleiben dabei Fragen offen. Diplomaten sollen die Beziehungen zum Ausland stabil halten, und von vielen chinesischen Experten wird erwartet, dass sie die offizielle Friedensbotschaft vermitteln. Es handelt sich folglich um Menschen, die als nett und freundlich gelten, doch hinter ihnen steht eine gewichtige Gruppe von Entscheidungsträgern der älteren Generation, die viel weniger Gelegenheit haben, sich mit den komplexen Gegebenheiten von Chinas Nachbarländern vertraut zu machen, und zugleich sehr viel weniger daran interessiert sind, um der Stabilität willen Opfer zu bringen. So könnte man einwenden, dass die Sozialisation mit den neuen Werten zunächst in einer kleinen kosmopolitischen Gruppe begonnen hat, aber noch ein ganzes Stück tiefer in die chinesische Gesellschaft einsickern muss, wenn diese neuen Werte bei allen ankommen sollen. Mit anderen Worten, es hat eine Sozialisation einiger weniger Kosmopoliten gegeben, nicht aber des Staates in seiner Gesamtheit. Und genau das erkennen chinesische Diplomaten mittlerweile auch. »Der Rest unserer Regierung schaut fast nur nach innen und versteht erst ganz allmählich, welche diplomatischen Folgen unser Erfolg hat«, sagte mir ein Regierungsvertreter.[1]

... und Unbeweglichkeit in der Politik

Das führt uns unmittelbar zu dem vielleicht wichtigsten Punkt in diesem Buch: Trotz aller Veränderungen in der Politik haben sich Chinas Interessen bemerkenswert wenig verändert. Im ersten Kapitel habe ich die vier großen Bestrebungen genannt: die Integration von Grenzgebieten; anhaltende Unterstützung der Partei durch das Volk; Anerkennung und Respektierung der staatlichen Souveränität; und die Wiedergewinnung verlorener Territorien. Die ersten drei Bestrebungen habe ich weniger herausgestellt, vor allem weil China sie weitgehend schon erreicht hat. Doch um keine Missverständnisse aufkommen zu lassen: In den vergangenen Jahrzehnten folgten auf jeden Versuch der Einmischung in Grenzgebieten, vor allem in Tibet und Xinjiang, harte Sanktionen. Staatsbesuche wurden abgesagt, Investitionsprojekte auf Eis gelegt, und ganze Container mit Lebensmitteln verrotteten in chinesischen Häfen. Wenn im Ausland die Rolle der Partei kritisiert wurde, verließen chinesische Vertreter Konferenzen, froren Gespräche über Wochen und Monate und manchmal sogar länger ein. Aber China reagierte auch nervös auf jede äußere Bedrohung seines wirtschaftlichen Fortschritts, der wiederum die Popularität der Partei untermauerte. Australische Bergbauunternehmen werden wohl nie vergessen, wie stark sie unter Druck gesetzt wurden, und manche Länder Südostasiens denken mit gemischten Gefühlen daran zurück, wie China sie im Vorfeld des Freihandelsabkommens gegeneinander ausspielte. Im Bemühen um diplomatische Anerkennung und Souveränität drängte und überredete China nach Kräften andere Länder, sich von Taiwan abzuwenden. Der Druck ließ erst ein wenig nach, als Ma Ying-jeou zum Präsidenten gewählt wurde – zu einem Zeitpunkt, als die Reihe der Flaggen in der Haupthalle des taiwanesischen Außenministeriums von über 70 auf 21 zusammengeschrumpft war.

Die letzte der vier Bestrebungen bereitet nach wie vor die größten Schwierigkeiten. Die Rückgewinnung Taiwans, der Inseln in den chinesischen Meeren und eines Teils des chinesisch-indischen Grenzgebiets bleibt vorerst ein Wunschtraum. Trotzdem sanktioniert China weiterhin gnadenlos jeden unilateralen Versuch, den territorialen Status quo zu verändern, fängt Trawler ab, schickt Kriegsschiffe in umstrittene Gewässer und hat einen geradezu filmreifen Versuch unternommen, eine einsame Gruppe philippinischer Wachtposten auf einem alten gestrandeten Schiff im Ayungin-Riff auszuhungern, das langsam vom Salzwasser des südchinesischen Meeres zerfressen wird.

Ist das Gier? Sind die vier großen Bestrebungen Teil eines grausamen Plans, das restliche Asien zu versklaven? Sind sie, wie neoklassische Realisten argwöhnen, Ausdruck einer autoritären Politik der Kommunistischen Partei? Dieses Buch zeigt, dass die Antwort auf alle drei Fragen nein lautet. Im ersten Kapitel habe ich gezeigt, dass die Bestrebungen weitgehend das Resultat einer langen, demütigenden Phase der Schikane und Erpressung durch die beiden Supermächte waren. Das daraus folgende Gefühl der Unsicherheit war enorm, aber es hat auch den chinesischen Nationalismus gestärkt und die Regierung in ihrem unerbittlichen Streben nach Macht ermutigt. Darüber hinaus ist diese Unsicherheit trotz der diplomatischen Revolution Anfang der 1970er Jahre, trotz des Zusammenbruchs der Sowjetunion und trotz eines relativen Friedens, der schon mehr als zwei Jahrzehnte währt, nicht beseitigt. Die Kommunistische Partei, die ihre Legitimation an die Vereinigung des Mutterlands geknüpft hatte, musste mit großer Enttäuschung zur Kenntnis nehmen, dass die Vereinigten Staaten Taiwan nach wie vor abschirmten, ihre militärischen Beziehungen zu Japan verstärkten und sich im Südchinesischen Meer vehement einmischten.

Trotz über 40 Jahren des Wachstums ist China zudem noch nicht zufrieden mit seiner Wirtschaftskraft, mit seiner Position in der Liga der nach wie vor gefährdeten Länder mit mittlerem Pro-Kopf-Einkommen und mit vielen seiner Wirtschaftsbranchen, die immer noch nicht mit ihren ausländischen Gegenspielern konkurrieren können. Sosehr Chinas Sicherheitsbestrebungen Resultat der Interaktion mit anderen Mächten sind, so sehr sind auch seine wirtschaftlichen Bestrebungen das Ergebnis eines Unterlegenheitsgefühls gegenüber den reichen Ländern und der eindeutigen Lehre der Geschichte, dass Sicherheit ohne Wohlstand nicht zu haben ist.

Chinas Bestrebungen können schwerlich als ungerechtfertigt betrachtet werden. Wie ein Großteil der entwickelten Welt in der Vergangenheit vollzieht es jetzt den Übergang von einer bäuerlichen zu einer urbanen Gesellschaft unter einem politischen System, das nicht demokratisch ist. Und wie ebenfalls ein Großteil der entwickelten Welt möchte es Wohlstand aufbauen und greift zu Mitteln des Merkantilismus, um junge Branchen zu schützen. Selbst viele von Chinas Gebietsansprüchen und seine Auslegung des internationalen Seerechts sind nicht weniger vertretbar als die Deutungen anderer Länder.

Bei den Dilemmata, die aus Chinas Aufstieg resultieren, geht es nicht um Werte und Prinzipien, sondern um Macht. Das Bemühen anderer Länder, ihre Position zu verteidigen, hat ebenso in diese Sackgasse geführt wie Chinas Bestreben, seine Position zu verbessern. Aber – und dies ist ein weiteres wichtiges Ergebnis dieser Arbeit – aus den großen Bestrebungen Chinas folgt, dass das Land die Ordnung in der Region verändern und seine Macht noch erheblich steigern muss, damit es als stärkster Akteur in Asien eine mögliche Koalition um die Vereinigten Staaten in Schach halten kann. China strebt Sicherheit durch Macht an und mehr Macht, um noch mehr Sicherheit zu erlangen. Zweifellos hat sich die Volksrepublik dem Revisionismus verschrieben. Ich möchte aber noch einmal wiederholen, dass diese Studie nicht China die Schuld daran zuschreibt. Bestehende Mächte, die sich an ihre Vorherrschaft und ihre Privilegien klammern wie die Vereinigten Staaten, stellen eine ebensolche Bedrohung für die Sicherheit Asiens dar wie ein aufsteigendes revisionistisches Land. Das Sicherheitsdilemma, an dem beide Mächte beteiligt sind, ist die Ursache der anhaltenden Spannungen, und keineswegs trägt China allein die Verantwortung.

Somit sind die Veränderungen, die wir in der chinesischen Politik ausgemacht haben, auf das alte Ziel des Machtzuwachses gerichtet, nun aber mit komplexeren und subtileren Mitteln. Die Ziele der Außenpolitik der Revolutionszeit und der heutigen Parkettdiplomatie sind im Grunde identisch, aber die jüngsten Ergebnisse des chinesischen Revisionismus sind offenbar effizienter. Alles in allem – je nachdem, wie man die Taiwan-Raketenkrise bewertet – hat China in den letzten 20 bis 30 Jahren bewaffnete Konflikte mit seinen Nachbarn vermieden. Selbst im Verhältnis zur Größe seiner Bevölkerung hat es fast alle seine Nachbarn wirtschaftlich überholt. Im Handel mit seinen asiatischen Nachbarn hat es die Bedingungen zu seinem Vorteil verändert, viele Partner ins Handelsdefizit getrieben und deren Exporte im Wesentlichen auf Rohstoffe begrenzt. Unterdessen ist der vorhergesagte Übertragungseffekt der Investitionen und der Produktion ausgeblieben. Ungeachtet steigender Löhne hat China sogar weiterhin seinen Anteil an arbeitsintensiven Exportprodukten erhöht. Und es ist ihm gelungen, einen wachsenden Teil des natürlichen Reichtums Asiens – von Fisch über Erze bis hin zu Wasser – in die eigene Wirtschaft zu lenken. Die Verschiebung der Wirtschaftsmacht geht mit einer Verschiebung der militärischen Macht einher. China liegt hier noch weit hinter den Vereinigten Staaten zurück, dennoch ist die Modernisierung seiner Armee im Vergleich zu jedem seiner Nachbarn beeindruckend.

Ein Ausblick

Ein stiller Revisionismus erweist sich häufig als effektivste Form des Revisionismus, und den Wettbewerb um die Vormachtstellung in Asien zu gewinnen, ohne zu kämpfen, wie Sun Tzu empfohlen hätte, scheint genau das zu sein, was China getan hat. Es hat begrenzte Zugeständnisse an andere asiatische Länder gemacht und deren Meinungsverschiedenheiten untereinander für sich ebenso genutzt wie deren wirtschaftliche Erwartungen. Gleichzeitig hat es umfassende Kredite gewährt. Das alles diente dem Ziel, den Albtraum einer Nachbarschaft, die die eigenen geopolitischen Spielräume massiv einschränkt, abzuwehren. So weit, so gut. Wichtig in dieser Hinsicht ist, dass solche Erfolge ebenso Chinas geschickter Diplomatie zu verdanken sind wie der Empfänglichkeit der Nachbarländer für diese Diplomatie. Das war schon in den 1970er Jahren der Fall, gilt aber heute immer noch. Chinas Nachbarländer sind schwierig, aber auch untereinander gespalten und, was vor allem zählt, multipolar. Trotz seines enormen Wachstums drückt China Asien noch keine bipolare oder unipolare Ordnung auf. Kleineren Ländern stehen immer noch zahllose Gelegenheiten offen, ihre Wirtschaftsbeziehungen zu diversifizieren, und zwar unter dem amerikanischen Sicherheitsschirm. Doch das ändert sich gerade. Die Länder Asiens stehen zunehmend vor der Wahl, sich China zu widersetzen oder sich ihm anzuschließen.

Damit wird es für China viel schwieriger sein, seinen friedlichen Aufstieg fortzusetzen. Wie wir gesehen haben, besteht das Hauptproblem darin, dass die Nachbarländer allmählich auf größere wirtschaftliche und politische Zugeständnisse drängen, während die chinesische Regierung zu Hause unter wachsenden Druck gerät, solche Zugeständnisse zu verweigern; überdies geht die Regierung häufig davon aus, sie habe bereits genug eingeräumt und Forderungen von außen würden weitgehend durch die amerikanische Politik der Eindämmung angestoßen.

Dieses Buch hat auf mehrere Faktoren hingewiesen, die solche Spannungen vertiefen werden. Erstens sind mehr Parteien an den Gebietsstreitigkeiten beteiligt, und China erhöht seine Präsenz häufig schneller als die anderen Anwärter. Das führt nicht nur zu größerem Misstrauen, sondern erhöht auch die Gefahr, dass es zu Zwischenfällen kommt. Zweitens sorgt das chinesische Wirtschaftsmodell für Instabilität. Die Kritik an der chinesischen Politik der Handelsumlenkung und des industriellen Nationalismus wächst; viele Länder sind zudem zunehmend frustriert über die unausgeglichenen Handelsbeziehungen. In den letzten Jahren schien Peking noch in der Lage, manche Nachbarn durch vermehrte Kreditangebote zu beschwichtigen, aber das hat nicht überall funktioniert. Eine weitere Folge der neuen allumgreifenden Wirtschaftsform Chinas besteht darin, dass das Land seine Nachbarn davon abhält, ihre eigene Produktionsbasis zu entwickeln oder aufrechtzuerhalen, die bestehenden Handelsdefizite zu begrenzen, ihre Abhängigkeit vom Rohstoffexport zu vermindern, die Inflation einzudämmen und Stellen auf dem ersten Arbeitsmarkt zu schaffen. Das mindert die Zufriedenheit und das politische Vertrauen, was wiederum dazu führt, dass die Politiker dieser Länder ihre Politik stärker nationalistisch ausrichten und nicht selten in einen sinophoben Nationalismus verfallen. All das tritt zu einem Zeitpunkt ein, an dem in China selbst Zweifel an der Dauerhaftigkeit seines wirtschaftlichen Erfolgs aufkommen und die Menschen sich zunehmend Sorgen um die Zukunft des Landes machen.

Meiner Ansicht gibt es zwei Richtungen, in die sich die strategische Landschaft entwickeln könnte. Wenn China diese kritische Situation irgendwie bewältigt und weiterhin seine

Nachbarn abhängt, werden die Spannungen zunehmen. Dafür spricht einiges: Wir sehen keine Hinweise darauf, dass China bereit wäre, andere an seinen Wirtschaftserfolgen zu beteiligen, Zugeständnisse in Territorialstreitigkeiten zu machen oder die Modernisierung seiner Armee zu verlangsamen. Außerdem ist Chinas Aufstieg vor dem Hintergrund zu sehen, dass in den Nachbarländern tiefe Verunsicherung herrscht und sie wirtschaftlich gefährdet sind. Die größeren unter diesen Nachbarn werden verstärkt auf Nationalismus und eine Neuausrichtung der Bündnispolitik setzen. Ich erwarte, dass Peking stärker in seinen »Hinterhof« investiert, wenn es in die kleine Gruppe der Länder mit hohem Pro-Kopf-Einkommen aufsteigt und mehr Vertrauen in die Konkurrenzfähigkeit seiner Industrie gewinnt, doch das wird mindestens noch weitere zehn Jahre dauern.

Daraus ergibt sich die wichtige Frage, ob nicht einige seiner großen Nachbarn wie Indien und Japan Zähne zeigen werden, bevor sie dazu nicht mehr in der Lage sind. Ich halte das für realistisch. Sicher, Indien hat zu kämpfen und hält sich oft nicht an seine Abmachungen. Dies könnte so bleiben, aber mit Premierminister Narendra Modi wird es wohl resoluter rote Linien ziehen. Japan wird mit Sicherheit keine Veränderungen des Status quo im Ostchinesischen Meer dulden. Tatsache ist außerdem, dass diese Länder sich nicht unbedingt ihrer eigenen Stärke gewiss sein müssen, um Krieg zu führen; sie könnten Schritt für Schritt in einen Konflikt hineingezogen werden, der sie nach und nach in ihrer Entschlossenheit bestärkt, ihren Nationalismus fördert und sie kühner macht.

Wenn China die kritische Situation nicht bewältigt, könnte die Lage in Asien wirklich hässliche Züge annehmen. Erstens werden wirtschaftliche Schwierigkeiten Peking wahrscheinlich dazu bringen, seinen Handel umzulenken und seine Industrie zu schützen, mit anderen Worten: seine Nachbarn in den Ruin zu treiben. Zweitens wird es der chinesischen Führung in einer solchen Situation lohnender erscheinen, zu einer nationalistischen Politik zurückzukehren und im Ausland die Muskeln spielen zu lassen. Drittens würde eine Wirtschaftsflaute in China in den übrigen asiatischen Ländern zu wachsender sozialer und politischer Instabilität und damit ebenfalls zu mehr Nationalismus führen. Dies wäre im Falle Japans und Taiwans möglicherweise besonders besorgniserregend. Nichts wäre gefährlicher als Unsicherheit in der taiwanesischen Wirtschaft. Sie könnte die Rückkehr der Demokratischen Fortschrittspartei zur Folge haben, und die chinesische Regierung würde dann möglicherweise zu der Ansicht gelangen, dass die Taiwanesen unzuverlässig und undankbar für chinesische Zugeständnisse seien.

Auf Asien, so lautet das Fazit dieses Buchs, kommt eine weitere Tragödie der Großmachtpolitik zu, von der allerdings nicht nur China betroffen ist. Die chinesische Führung ahnt bereits, dass ihr Land in gefährliches Fahrwasser driftet. Seit eine neue Generation von Politikern auf den Plan getreten ist, tut die Regierung alles, um ihre friedlichen Absichten zu betonen, verspricht mehr Handelsvorteile und arbeitet sogar mit den anderen asiatischen Ländern an einem neuen Entwicklungsnarrativ, das mehr Chancen eröffnet. Politiker und Regierungsvertreter würden es sicher als ein Scheitern ihrer

Politik betrachten, wenn sich die Beziehungen in Asien zum Schlechteren wenden würden. Ihnen wäre außerdem klar, dass dies das Ende der Verjüngung Chinas einläuten würde, und das ist der Kern aller Großmachttragödien: Wir wissen, wie die Sache endet, es gefällt uns nicht, aber wir sind selten in der Lage, es zu verhindern. Oder schlimmer noch: Wir glauben, es verhindern zu können, während wir es in Wirklichkeit nicht können, und schieben deshalb anderen die Schuld zu, weil sie ihren Beitrag schuldig bleiben.

Anmerkungen

Soweit nicht anders angegeben, stammen alle Übertragungen englischer Zitate, Buch- oder Zeitschriftentitel etc. von den Übersetzerinnen.

1 Asiens China-Dilemma

1 Gespräch am Rande des *Shangri-La-Dialogue* in Singapur, 11. Juni 2011.

2 Li Keqiang, »Time for Harvest and Sowing for Future«, *China Daily*, 5. September 2013.

3 Zhu Zhiqun, *China's New Diplomacy: Rationale, Strategies and Significance* (Aldershot: Ashgate, 2010), S. 217.

4 Alistair Ian Johnston, *Social States: China in International Institutions, 1980–2008* (Princeton, NJ: Princeton University Press, 2010), S. xxvii. Ähnlich argumentiert Evelyn Goh, *The Struggle for Order* (Oxford: Oxford University Press, 2010).

5 Hongyuan Yu, *Global Warming and China's Environmental Diplomacy* (New York: Nova Science Publishers, 2008).

6 Zha Daojiong, »Oiling the Wheels of Foreign Policy?«, Asia Security Initiative Paper, RSIS, Singapur, März 2010.

7 Besonders engagiert vertritt diese These Qin Yaqing, »Development of International Relations Theory in China«, *International Relations of the Asia Pacific* 11 (2), 2011, S. 231–257.

8 Zhang Yunling und Tang Shiping, »China's Regional Strategy«, in: David Shambaugh (Hrsg.), *Power Shift* (Berkeley, CA: California University Press, 2007) S. 48–68.

9 Wang Yizhou, 和平发展阶段的国家安全 [Frieden und unterschied-

liche Stadien in der Entwicklung nationaler Sicherheit]. 世界知识 [Weltwissen], Oktober 2006.

10 David P. Rapkin und William R. Thompson, »Will Economic Inter-dependence Encourage China's and India's Peaceful Ascent?«, in: Ashley J. Tellis und Michael Wills (Hrsg.), *Strategic Asia 2006–07: Trade, Interdependence, and Security,* Washington, DC: National Bureau of Asian Research, 2006, S. 333–364.

11 Andrew Nathan und Andrew Scobell, *China's Search for Security* (New York: Columbia University Press, 2013), S. 8. Ähnlich argumentiert David Shambaugh, *The Partial Power: China Goes Global* (Oxford: Oxford University Press, 2013).

12 Shambaugh, S. 9.

13 Aaron Friedberg, *A Contest for Supremacy* (New York: W.W. Norton, 2011), S. 8.

14 John Mearsheimer, »The Gathering Storm: China's Challenge to US Power in Asia«, *Chinese Journal of International Politics,* 3, 4, 2010, S. 381–396.

2. Revolutionäre Ouvertüre

1 John K. Fairbank, *The United States and China* (Boston, MA: Harvard University Press, 1983), S. 359.

2 Henry Lieberman, »Army Dominates Communist China«, *New York Times,* 16. Oktober 1949.

3 Gael Gluckstein, *Mao's China: Economic and Policy Survey* (London: George Allen and Unwin, 1957).

4 Dieter Heinzig, *Die Sowjetunion und das kommunistische China, 1945–1950: der beschwerliche Weg zum Bündnis* (Baden-Baden: Nomos, 1998), S. 113 f. [Engl. Version: *The Soviet Union and Communist China, 1945–1950* (New York: M.E. Sharpe, 2004), S. 101)].

5 Henry Lieberman, »Population Shift Urged in Shanghai«, *New York Times,* 15. Juli 1949.

6 Hu Feng zitiert bei: Hong Zicheng, *A Century of Contemporary Chinese Literature* (Leiden: Brill, 2007), S. 75.

7 Zitiert bei: Qing Simei, *From Allies to Enemies: Visions of Modernity,*

Identity, and U.S.-China Diplomacy, 1945–1960 (Boston, MA: Harvard University Press 2007), S. 5.

8 C. L. Sulzberger, »Vast Issues Face Peiping, Moscow«, *New York Times,* 13. Januar 1950.

9 Hanson Baldwin, »Red Threat to Asia Gains«, *New York Times,* 18. Dezember 1949.

10 Harold Callender, »French Act to Dam the Chinese Red Tide at Indo-China Line«, *New York Times,* 11. Dezember 1949; Anm. d. A.: Großbritannien erkannte die VRC im Januar 1950 an.

11 Mao Tse-tung, »Über die Taktik im Kampf gegen den japanischen Imperialismus«, in: *Ausgewählte Werke,* Bd. I (Peking: Verlag für fremdsprachige Literatur, 1968/1935), S. 199.

12 Zu der Erklärung siehe: US Department of State, »Straight Baselines: People's Republic of China«, *International Boundary Study,* Nr. 43, 31. Juli 1978.

13 Mao Zedong, *On Guerrilla Warfare* (Champaign, IL: Illinois University Press, 2000/1937), S. 89.

14 Dennis Doolin und Robert Carver North, *The Chinese People's Republic* (Stanford, CA: Stanford University Press, 1966), S. 29.

15 Alexander Lukin, *The Bear Watches the Dragon: Russia's Perceptions of China and the Evolution of Russian-Chinese Relations Since the Eighteenth Century* (New York: M. E. Sharpe, 2003), S. 114–193.

16 Mark Kramer, »The USSR Foreign Ministry Appraisal of Sino-Soviet Relations on the Eve of the Split«, in: James Gordon Hershberg (Hrsg.), *The Cold War in Asia* (Washington, DC: Woodrow Wilson International Center for Scholars, 1996), S. 171 f.

17 Christian Ostermann (Hrsg.), *Bulletin: Inside China's Cold War* (Washington, DC: Woodrow Wilson International Center for Scholars, 2008), S. 245.

18 Telegramm zur Vorbereitung eines Handelsabkommens mit der UdSSR, 22. Dezember 1949.

19 Heinzig, op. cit., S. 83–129. [Engl. Version: 51–107].

20 Derk Bodde, *Peking-Tagebuch: Ein Jahr Revolution in China* (Wiesbaden: Brockhaus, 1952) S. 44 (Orig.: *Peking Diary – A Year of Revolution* [New York: Henry Schuman, 1950])

21 Eine hervorragende Erörterung der chinesischen Entscheidung für die Intervention findet sich bei: Hao Yufan und Zhai Zhihai, »China's

Decision to Enter the Korean War«, *China Quarterly,* 121, (1990), S. 94–115.

22 Andrew Kennedy, *The International Ambitions of Mao and Nehru* (Cambridge: Cambridge University Press, 2011), S. 86.

23 Zitiert bei: Xia Yafeng, *Negotiating with the Enemy: U.S.-China Talks during the Cold War, 1949–1972* (Bloomington, IN: Indiana University Press, 2006), S. 295.

24 John Tkacik, Jr., »How the PLA Sees North Korea«, in: Andrew Scobell und Larry Wortzel, (Hrsg.), *Shaping China's Security Environment: The Role of the People's Liberation Army* (Washington, DC: Strategic Studies Institute, 2006), S. 141.

25 William Stueck vertritt den Standpunkt, dass Kim und Stalin Mao in eine Lage manövriert hatten, in der er sich nur für die Intervention entscheiden konnte. Auch Shen Zhihua schreibt Stalin den Großteil der Verantwortung zu. William Stueck, *Rethinking the Korean War: A New Diplomatic and Strategic History* (Princeton, NJ: Princeton University Press, 2002); Zhihua Shen und Neil Silver (Übers.), *Mao, Stalin and the Korean War: Trilateral Communist Relations in the 1950s* (London: Routledge, 2013), S. 2–9, 220. Hu Wanli spricht sogar von einer sowjetischen Intrige, die den Einfluss Chinas im pazifischen Raum eindämmen sollte. Siehe: Hu Wanli, *Mao's American Strategy and the Korean War* (Hamburg: VDM Verlag, 2008), S. 193.

26 Die besten Darstellungen sind: Thomas Christensen, *Useful Adversaries* (Princeton, NJ: Princeton University Press, 1996), S. 100–194; Wei-Bin Zhang, *Taiwan's Modernization: Americanization and Modernizing Confucian Manifestations* (Singapore: World Scientific, 2003), S. 53; George Wei (Hrsg.), *China-Taiwan Relations in a Global Context* (New York: Routledge, 2012).

27 Alexander Bevin, *The Strange Connection: U.S. Intervention in China* (Westport, CT: Greenwood Press, 1992), S. 91–121.

28 Richard Moorsteen und Morton Abramowitz, *Remaking China Policy: U.S-China Relations and Governmental Decisionmaking* (Santa Monica, CA: Rand Corporation, 1971), S. 91.

29 Alexandre Mansourov, »Stalin, Mao, Kim, and China's Decision to Enter the Korean War«, in: Hershberg, *The Cold War in Asia,* S. 94–107; Christian Ostermann (Hrsg.), *Bulletin: Inside China's Cold War* (Washington, DC: Woodrow Wilson International Center for Scholars, 2008).

30 Zhou Enlai, *The Selected Works of Zhou Enlai* (Peking: People's Press, 1968), Bd. 2, S. 52.

31 Mao Zedong, »Unite and Clearly Draw the Line Between the Enemy and Ourselves«, In: Michael Kau and John K. Leung (Hrsg.), *The Writings of Mao Zedong, 1949–1976*, Bd. 1 (New York: M.E. Sharpe, 1952/1986), S. 276.

32 Ebd.

33 Zitiert bei: Justin Lifu Lin, *Economic Development and Transition: Thought, Strategy, and Viability* (Cambridge: Cambridge University Press, 2009), S. 21.

34 Ebd., S. 23.

35 Mao Tse-Tung, »Über die Koalitionsregierung«, in: Mao Tse-Tung, *Ausgewählte Werke* (Peking: Verlag für fremdsprachige Literatur, 1969), S. 297 (ohne Übersetzerangabe).

36 Zitiert bei: Andrew Berding, *Dulles on Diplomacy* (Princeton, NJ: Van Nostrand, 1965), S. 134.

37 Conrad Black, *Richard Nixon: A Life in Full* (New York: Public Affairs, 2007), S. 291.

38 Hershberg, *The Cold War in Asia*, S. 17.

39 Christian Osterman (Hrsg.), *Bulletin: Inside China's Cold War* (Washington, DC: Woodrow Wilson International Center for Scholars, 2007), S. 69.

40 Zitiert in: *Transaction*, September 1995, S. 133.

41 »Reds Support Parley on Cambodia«, *New York Times*, 29. August 1962.

42 Seymour Topping, »Peking Attacks Tokyo Hostility«, *New York Times*, 9. Dezember 1964.

43 Paul Kelemen, »Soviet Strategy in Southeast Asia: The Vietnam Factor«, *Asian Survey*, 24, 3 (1984), S. 335–348.

44 Eine gute Einschätzung der unterschiedlichen Erklärungen geben: Zhangdaiwei Xu, *Mao's Grand Strategy behind the 1958 Kinmen Shelling* (Washington, DC: Georgetown University 2012) und Niu Jun, »A Further Discussion of Decision-Making in the 1958 Shelling of Jinmen«, *Journal of Modern Chinese History*, 3, 2 (2009), S. 147–164.

45 Qiang Zhai, *China and the Vietnam Wars* (Chapel Hill, NC: University of North Carolina Press, 2000), S. 162.

46 Peter Grose, »US Officials Urge Chinese Reds to End Isolation«, *New York Times*, 22. Mai 1968.

3. Normalisierung

1 Yafeng Xia, *Negotiating with the Enemy: U.S.-China Talks during the Cold War* (Bloomington, IN: Indiana University Press, 2006), S. 162–189; John Holdridge, *Crossing the Divide: An Insider's Account of Normalization of U.S.-China Relations* (Lanham, MD: Rowman and Littlefield, 1997), S. 45–81.

2 »Asian Parley Ends with Acceptance of Peking on Rise«, *New York Times*, 17. Juni 1972.

3 Chae-ho Chŏng, *Between Ally and Partner: Korea-China Relations and the United States* (New York: Columbia University Press, 2007), S. 30 f.

4 Shinkichi Eto, »Recent Developments in Sino-Japanese Relations«, *Asian Survey*, 20, 7 (1980), S. 726–743; Colin Mackerras und Amanda Yorke, *The Cambridge Handbook of Contemporary China* (Cambridge: Cambridge University Press, 2008), S. 33.

5 »Tiny Isles in Pacific Make Big Waves«, *New York Times*, 12. Juli 1972.

6 Qingxin Weng, *Hegemonic Cooperation and Conflict: Postwar Japan's China Policy and the United States* (Westport, CT: Praeger, 2000), S. 179–221.

7 Li Jinming und Li Dexia, »The Dotted Line on the Chinese Map of the South China Sea«, *Ocean Development & International Law*, 34, 2 (2003), S. 287–295.

8 »Tiny Isles in Pacific Make Big Waves«, *New York Times*, 12. Juli 1972.

9 »China Says Relics Prove Isles' Past«, *New York Times*, 8. Dezember 1974.

10 Fox Butterfield, »China Reasserts Claim to Islands«, *New York Times*, 27. November 1975.

11 Drew Middleton, »Soviet-Vietnamese Treaty May Alter Sea Strategies«, *New York Times*, 8. November 1978.

12 Marc Mancall, *China at the Center* (New York: The Free Press, 1986), S. 437; »Four Indian Soldiers Reported Slain in China Border Clash«, *Los Angeles Times*, 2. November 1975.

13 Stephen FitzGerald, »Impressions of China's New Diplomacy«, *China Quarterly*, 48 (1971), S. 670–676.

14 Deng Xiaoping, *Deng Xiaoping's Selected Works: Bd. 3* (Peking: People's Publishing House, 1994), S. 141.

15 Lawrence Reardon, »Learning How to Open the Door: A Reassessment of China's ›Opening‹ Strategy«, *China Quarterly*, 155 (1998), S. 479–511.

16 Zitiert bei: Robert Worden, »China's Balancing Act: Cancun, the Third
    World, Latin America«, *Asian Survey*, 23, 5 (1983), S. 619–636.

17 Interview mit Wu Xueqian: »No Soviet Cooperation«, *Far Eastern
    Economic Review,* 17. November 1983, S. 136.

18 Deng Xiaoping, *Deng Xiaoping's Selected Works: Bd. 3* (Peking: People's
    Publishing House, 1994), S. 341.

19 Deng Xiaoping, »Die gegenwärtige Lage und unsere Aufgaben«, in:
    ders., *Ausgewählte Schriften* (1975–1982), übers. von der deutschen
    Abteilung des Verlags für fremdsprachige Literatur (Peking: Verlag für
    fremdsprachige Literatur, 1985), S. 255.

20 Zhuang Qubing, Zhang Hongzeng und Pan Tongwen, 评美国的与台湾
    关系法 [Kritik am US-Taiwan Relations Act], 国际问题研究 [*Zeitschrift für
    Internationale Studien*], Januar 1981, S. 25.

21 Mein Dank gilt einem Rezensenten, der mich auf diesen Punkt
    aufmerksam machte.

22 Melvin Gurtov und Byong-Moo Hwang, *China's Security: The New Roles of
    the Military* (London: Lynne Rienner, 1998), S. 163.

23 Zitiert bei Liu Bih-Rong, *China as a Nuclear Power* (Charlottesville,
    VA: University of Virginia, 1986), S. 81.

24 Peng Guangqian, »The Strategic Thought of Deng Xiaoping«, in:
    Michael Pillsbury (Hrsg.), *Chinese Views of Future Warfare.* Washington,
    DC: National Defense University, 1997), S. 4–18.

25 Interview mit Wang Chuanbi und anderen. 展望1987年的日本形势
    [Prognosen zur Situation in Japan]. 现代国际关系 [*Aktuelle Internationale
    Beziehungen*], Januar 1987.

26 Liangjie Jun und Lin Haohui, 拉吉夫大选获胜的背景及其施政趋向
    [Rajivs Wahlsieg, seine Hintergründe und politische Entwicklungen].
    现代国际关系 [*Aktuelle Internationale Beziehungen*], Januar 1985; Hua,
    Biyun, 印度经济发展的成就与前景 [Leistungen und Aussichten der
    indischen Wirtschaft]. 现代国际关系 [*Aktuelle Internationale Beziehun-
    gen*], Oktober 1989; Yaacov Vertzberger, »India's Border Conflict with
    China: A Perceptual Analysis«, *Journal of Contemporary History*, 17, 4
    (1982), S. 607–631.

27 Wu Zhisheng, 对东盟国家经济发展的一些看法 [Einige Beobachtungen
    zur wirtschaftlichen Entwicklung der ASEAN-Länder]. 国际问题研究
    [*Internationale Studien*], Oktober 1984.

28 Zhou Zhixian und Zhen Xida, 关于中国国家力量的几点看法 [Ansichten

zu Chinas nationaler Stärke], 现代国际关系 [Aktuelle Internationale
Beziehungen], Mai 1983.

29 Michael Yahuda, »The People's Republic of China at 40: Foreign
    Relations«, The China Quarterly, Nr. 119 (1989), S. 519–539.
30 Brantly Womack, »Sino-Vietnamese Border Trade: The Edge of
    Normalization«, Asian Survey, 34, 6 (1994), S. 495–512.
31 David Goodman, Communism and Reform in East Asia (Abingdon:
    Routledge, 1988), S. 137; Judith Kornberg und John Faust, China in
    World Politics (West Mall, Vancouver: University of British Columbia
    Press, 2005), S. 106.
32 China gehörte zu den 23 GATT-Gründungsmitgliedern und wurde 1948
    Vertragspartner. Die Kuomintang-Regierung zog sich 1950 aus dem
    GATT zurück. 1982 erhielt China Beobachterstatus beim GATT. Im
    Juni 1986 forderte China die »Fortführung« seines Status als Vertrags-
    partner.
33 »Nakasone to Seek ASEAN Views on China Move«, The Straits Times,
    28. März 1983.
34 Lawrence Woods, »Delicate Diplomatic Debuts: Chinese and Soviet
    Participation in the Pacific Economic Cooperation Conference«, Pacific
    Affairs, 63, 2 (1990), S. 210–227.
35 »China hadiri sidang Asean«, Berita Harian, 2. Juni 1985.
36 Ingrid D'Hooghe, »Regional Economic Integration in Yunnan«,
    in: David Goodman und Gerald Segal, (Hrsg.), China Deconstructs
    (Abingdon: Routledge, 1994), S. 300.
37 Unctadstat [Statistische Datenbank der United Nations Conference
    on Trade and Development], Inward and Outward Foreign Direct
    Investment Flows, Annual, 1970–2012.

4. Revisionismus aus dem Diplomatenkoffer

1 Steven Erlanger, »Asian Allies Back US China Policy«, New York Times,
   8. Juli 1989.
2 Tsukasa Takamine, Japan's Development Aid to China (Abingdon:
   Routledge, 2006), S. 186; K. V. Kesavan, »Japan and the Tiananmen
   Square Incident: Aspects of the Bilateral Relationship«, Asian Survey,
   30, 7 (1990), S. 669–681.

3 Ministry of Foreign Affairs of the People's Republic of China, Towards
   a Good-Neighborly Partnership of Mutual Trust Oriented to the 21st
   Century: Speech given by President Jiang Zemin at the First Summit of
   ASEAN, China, Japan and ROK, 16. Dezember 1997.

4 »Premier Zhu Rongji Attending the Summit between ASEAN, China,
   Japan and Korea and Issuing an Important Speech«, *China Daily,*
   21. November 2000.

5 Interview, Singapur, 28. Januar 2008.

6 Interview, Singapur, 27. Januar 2008.

7 UNCTAD Statistics, Merchandise Trade Index.

8 Weitere 69 Milliarden Dollar kamen über Hongkong herein, aber
   dabei handelte es sich weitgehend um »Round Tripping«. OECD, Main
   Determinants and Impacts of Foreign Direct Investment on China's
   Economy. OECD Working Papers on International Investment, 2000/04
   (Paris: OECD, 2000); »Thais may invest $626m in China«, *The Straits
   Times,* 21. Mai 1993.

9 Bates Gill und James Reilly, »Sovereignty, Intervention and Peace-
   keeping: The View from Beijing«, *Survival,* 42, 3 (2000), S. 41–59.

10 Leonard Sebastian, »Southeast Asian Perceptions of China«, in: Derek
   Da Chunha (Hrsg.), *Southeast Asian Perspectives on Security* (Singapur:
   ISEAS, 2000), S. 169.

11 »China's Tacit Disapproval«, *The Straits Times,* 18. August 1989.

12 »China and Laos Resume Party-to-Party Ties«, *The Straits Times,*
   17. August 1989.

13 »Plans for Airfield in Northern Laos«, *The Business Times,* 7. August
   1990.

14 Rosemary Foot, »China in the ASEAN Regional Forum: Organizatio-
   nal Processes and Domestic Modes of Thought«, *Asian Survey,* 38, 5
   (1998), S. 425–440; Allen Withing, »ASEAN Eyes China: The Security
   Dimension«, *Asian Survey,* 37, 4 (1997), S. 299–322; Lee Tai To, »ASEAN-
   PRC Political and Security Cooperation: Problems, Proposals, and
   Prospects«, *Asian Survey,* 33, 1 (1993), S. 1095–1104.

15 Luo Shaohong, Cheng Bifan und Gao Tiesan, »China's Changing
   Industrial Structure«, in: Siow Yue Chia und Bifan Cheng (Hrsg.),
   ASEAN-China Economic Relations: Developments in ASEAN and China
   (Singapur: ISEAS, 1989), S. 27–34; Dao Shulin, 重振西南丝路,加强同南部
   邻国的经济联系 [Belebt die südwestliche Seidenstraße, um Wirtschafts-

beziehungen zu den südlichen Nachbarn zu stärken]. 现代国际关系 *[Aktuelle Internationale Beziehungen]*, Dezember 1989.

16 Chen Jie, »China's Spratly Policy: With Special Reference to the Philippines and Malaysia«, *Asian Survey*, 34, 10 (1994), S. 893–903.

17 Christopher Joyner, *The Spratly Islands Dispute in the South China Sea: Problems, Policies, and Prospects for Diplomatic Accommodation* (Washington, DC: Stimson Center, 1998), S. 67.

18 Joseph Chinyong Lio, »Strategic and Security Patterns in Malaysia's Relations with China«, in: Ho Khai Leong und Samuel Ku (Hrsg.), *China and Southeast Asia: Global Changes and Regional Challenges*, (Singapur: ISEAS, 2005), S. 292.

19 Chen Jie, »China's Spratly Policy: With Special Reference to the Philippines and Malaysia«, *Asian Survey*, 34, 10 (1994), S. 893–903.

20 June Teufel Dreyer, »Taiwan in 1989: Democratization and Economic Growth«, *Asian Survey*, 30, 1 (1990), S. 52–58.

21 »Taiwan's 4-Point Plan on Dealing with China«, *The Straits Times*, 15. Juni 1989.

22 The 8-Point Proposition Made by President Jiang Zemin on China's Reunification, 30. Januar 1995, http://www.chinaembassy.lt/eng/zt/ zgtw/t125188.htm (Link erloschen; Stand 4. September 2015).

23 Gespräch mit einem zur Zeit des Besuchs nach Peking entsandten japanischen Diplomaten. Brüssel, 20. Oktober 2011.

24 Bong Younshik, *Flashpoints at Sea?* (Philadelphia, PA: University of Pennsylvania, 2002), S. 61.

25 Eine ausgezeichnete Erörterung dieser Verhandlungen findet sich bei Natasha Kuhrt, *Russian Policy towards China and Japan* (Abingdon: Routledge, 2007), S. 28–45.

26 Chung Chien-peng, *Domestic Politics, International Bargaining and China's Territorial Disputes* (London: Routledge, 2003), S. 199.

27 Steven Erlanger, »Yeltsin Cuts Visit to Beijing Short«, *New York Times*, 19. Dezember 1992.

28 Nicholas Kristof, »China; Beijing Backs Away From Full Support of the War«, *New York Times*, 1. Februar 1991.

29 Gemeinsame russisch-chinesische Erklärung zur multipolaren Welt und zur Schaffung einer neuen Weltordnung, Moskau, 23. April 1997. http://www.dearchiv.de/php/dok.php?archiv=bla&brett=B97_06&fn=RU CHI.697&menu=b1997 (Abruf: 10.6.2015).

30 Gespräch, Peking, 22. November 2009.

31 Zum Volltext des chinesisch-mongolischen Vertrags von 1994 siehe *Mongolian Defence White Paper, 1997–1998*, Anm. 19, S. 93–95.

32 John Wu, *The Mineral Industry of Mongolia* (Washington, DC: USGS, 1998).

33 James Nichol, *Diplomacy in the Former Soviet Republics* (Westport, CT: Praeger, 1995), S. 165.

34 Yasmin Melet, »China's political and economic relations with Kazakhstan and Kyrgyzstan«, *Central Asian Survey,* 17, 2 (1998), S. 229–252.

35 Zitiert bei Wang Jisi, »China's Search for a Grand Strategy«, *Foreign Affairs,* 90, 2 (2011), S. 68–79.

36 Der chinesische Präsident Jiang Zemin hielt beim Eröffnungsdinner des Fortune Global Forum am 8. Mai 2001 in Hongkong eine programmatische Rede; siehe: http://www.china.org.cn/english/2001/May/12353. htm (Abruf: 12. August 2015).

5. Friedliche Entwicklung

1 Zwischen 1989 und 2002 wuchs Südostasien im Schnitt um 6 Prozent, während die Verbraucherpreise um 11 Prozent stiegen.

2 »Injecting Fresh Vigor into World Economy«, *Renmin Ribao*, 17. Oktober 2001.

3 Erik Eckholm, »China's Inner Circle Reveals Big Unrest, and Lists Causes«, *New York Times*, 3. Juni 2001. Siehe auch Elisabeth Perry, *Challenging the Mandate of Heaven* (New York: M. E. Sharpe: 1999).

4 Wang Yizhou, »Transition of China's Diplomacy and Foreign Relations«, *China and World Economy*, 17, 3 (2009), S. 93–102.

5 Zhang Boli, 经济全球化是一把"双刃剑 [Die Globalisierung ist ein zweischneidiges Schwert], *Renmin Ribao*, 30. März 2000.

6 Verteidigungsministerium, Japan, *Defence of Japan* (Tokio: Verteidigungsministerium, 2001).

7 Department of Defense, *Quadrennial Defense Review Report* (Washington, DC: Department of Defense, 2001) S. 20; White House, *The National Security Strategy of the United States of America* (Washington, DC: White House, 2002), S. 9.

8 Jiang Zemin, Speech at the Conference on Disarmament, Genf, 26. März 1999. http://www.china-un.org/eng/chinaandun/disarmament_armscontrol/unga/t29298.htm (Abruf: 6. August 2015).

9 PNAC, *Rebuilding America's Defenses: Strategy, Forces and Resources for a New Century* (Washington, DC: Project for the New American Century, 2000).

10 »Beijing Six-Party Talks Highlight China's Role«, *Renmin Ribao*, 30. August 2003.

11 Susan L. Shirk, *China: Fragile Superpower* (New York: Oxford University Press, 2007), S. 112.

12 Zit. nach einem Interview mit einem Funktionär, Jakarta, 19. Januar 2008.

13 Interview mit einem Experten, Peking, 12. Oktober 2010.

14 Note verbal of the PRC to the UN Secretary General, CML/18/2009, 7. Mai 2009.

15 Robert Beckman und Tara Davenport, *CLCS Submissions and Claims in the South China Sea* (Singapore: National Law University, 2010).

16 Declaration on the Conduct of Parties in the South China Sea, 4. November 2002, Art. 5 und 6 (http://www.asean.org/asean/external-relations/china/item/declaration-on-the-conduct-of-parties-in-the-south-china-sea, Abruf: 6. August 2015).

17 Bei weitem die beste Übersicht: Carlyle Thayer, »Building ASEAN's Code of Conduct in the South China Sea: A Litmus Test for Community?« *Asia-Pacific Journal*, 34, 4 (2012).

18 2010 wurde ein von einem Schiff gestarteter Helikopter über Gewässern rund 260 Kilometer nordöstlich von Okinotorishima gesichtet.

19 Gespräch mit einem chinesischen Diplomaten, Brüssel, 4. März 2013.

20 http://ebas1.ebas.gov.tw/pxweb/Dialog/statfile1L.asp [Link erloschen; Stand: 6. August 2015].

21 Shu Chulong und Guo Yuli, »Change: Mainland's Taiwan Policy«, *China Security*, 4, 1 (2008), S. 127–133.

22 Edward Wong, ›Taiwan and China Draw Closer with New Agreements‹, *New York Times*, 4. November 2008.

23 Mainland Affairs Council, Cross-Strait Economic Statistics Monthly, Nr. 210 (2010), Tabelle 20.

24 »President Hu Visits Taiwan Businesses on Mainland ahead of Spring Festival«, *Renmin Ribao*, 13. Februar 2010.

25 Zu dem Abkommen siehe das taiwanesische Wirtschafts-
   ministerium: http://www.moea.gov.tw/Mns/populace/news/News.
   aspx?kind=1&menu_id=40&news_id=19723 (Abruf: 7. August 2015).
26 »Chinese Procurement in Taiwan Tops US $15 Billion in 2010«, *Financial
   Times*, 29. September 2010.
27 Report on ASEAN-China Economic and Trade Seminar, Peking,
   25.–28. Januar 2013.
28 Zhang Yunling, »China's Economic Emergence and its Impact«, China
   Academy of Social Sciences, Peking, 10. März 2004.
29 Zhang Xiaoji, »Ways Towards East Asian FTA«, in: Saw Swee-Hock,
   Sheng Lijun und Chin Kin Wah (Hrsg.), *ASEAN-China Relations: Realities
   and Prospects* (Singapur: Institute of Southeast Asian Studies, 2000),
   S. 80.
30 Ebd., S. 72; Dialog: Pan-Beibu Gulf Economic Cooperation under
   East-Asia Cooperation Framework, abrufbar unter http://www.cafta.
   org.cn/show.phcp?contentid=61415 (Link erloschen; Stand: 7. August
   2015).
31 Jia Heping, »US-Singaporean FTA to Affect Bloc Talks«, *China Business
   Weekly*, 20. Mai 2003. Siehe auch: Yang Hongjiang und Liang Wu,
   Meiguo ziyou maoyi xieding zhanlue anpai yu zhongguo jingzheng
   diwei yanjiu [Studie zu Amerikas Freihandelsabkommensstrategie
   und Chinas Wettbewerbsstatus], *Xiandai caijing* [Moderne Finanz- und
   Wirtschaftswissenschaften], Januar 2006.
32 »China Welcomes Import from ASEAN Despite Trade Deficit«, *China
   Daily*, 3. November 2006.
33 Zhang Haibing, »China's Aid to Southeast Asia«, in: Swee-Hock Saw
   (Hrsg.), *ASEAN-China Economic Relations* (Singapore: Institute of Southeast Asian Studies, 2007), S. 256–262.
34 CEPA, Artikel 1 und 2.
35 In Thailand gab es Proteste, weil China Zwiebeln und Knoblauch zu
   »Dumpingpreisen« verkaufte, aber diese Frustration wurde durch die
   positiven Erwartungen anderer ASEAN-Mitglieder aufgewogen.
36 Gespräch, Brüssel, 23. Juni 2013.

6. Trügerische Harmonie

1 Jun Xiao, »ASEAN-China FTA: A Pragmatic Approach to Regulating
   Services and Investment«, in: Philippe Gugler und Julien Chaisse
   (Hrsg.), *Competitiveness of the ASEAN Countries: Corporate and Regulatory
   Drivers* (New York: Edward Elgar, 2010), S. 237–259.
2 World Development Indicators Database, »Council on Tall Buildings
   and Urban Habitat Statistics« und UNCTAD Review of Maritime
   Transport.
3 Pew Global Attitudes Project Database, »Is the Country's Economic
   Situation Good or Bad? And How Satisfied Are You with the Country's
   Direction?«
4 Euromonitor, *Consumer Asia Pacific and Australasia,* 2012 (London:
   Euromonitor).
5 UN Comtrade Database; die Angaben stammen von Chinas Partnerländern, siehe http://comtrade.un.org/ (Abruf: 8. August 2015).
6 Ausländische Direktinvestitionen: MOFCOM, 2013. Statistischer
   Bericht zu Chinas ausländischen Direktinvestitionen, Peking: Mofcom;
   statistische Angaben der UNCTAD, siehe http://unctad.org/en/pages/
   Statistics.aspx (Abruf: 10. August 2015).
7 Bank of Japan, International Investment Position of Japan (Assets),
   2013.
8 SIPRI Military Expenditure Database, *Military Expenditure by Country*
   (Stockholm: Stockholm International Peace Research Institute, 2014).
9 Zhou Yang, 俄称中国王牌飞行员飞180小时接近世界一流 [Russland
   berichtet, Chinas 180 Flugstunden seien Weltklasse], *Huanqiu Ribao,*
   13. Januar 2014; 媒体称我空军飞行员飞行小时数达200接近美军
   [Medien: Flugstunden der Luftwaffenpiloten annähernd hoch wie die
   von US-Piloten], *Xinhua,* 7. Februar 2012.
10 Dies entspricht rund einem Drittel des offiziellen chinesischen Staats-
   haushalts: Tai-Ming Cheung (Hrsg.), *The Chinese Defense Economy Takes
   Off* (San Diego, CA: University of California Institute on Global Conflict
   and Cooperation, 2013).

7. Wirtschaftsmacht

1 World Development Indicators. Siehe http://data.worldbank.org/data-catalog/world-development-indicators (Abruf: 10. August 2015).

2 Hironori Sasada, »Youth and Nationalism in Japan«, in: *SAIS Review of International Affairs*. 26, 2 (2006), S. 109–122; Yuki Honda, »Review Essay Focusing in on Contemporary Japan's ›Youth‹ Nationalism«, *Social Science Japan Journal*, 10, 2 (2007), S. 281–286.

3 Zum Patriotismus der älteren Generation siehe World Value Survey Database, »Willingness to Fight for the Country«, siehe http://www.worldvaluessurvey.org/WVSContents.jsp (Abruf: 10. August 2015).

4 Tuong Vu, *Searching for a New Consensus and Bracing for New Conflicts: The Politics of Nationalism in Contemporary Vietnam*, auf dem ANU College of Asia in Canberra vorgelegtes Arbeitspapier, Dezember 2013.

5 »China's Diplomacy Serves Economy«, *China Daily*, 7. März 2009.

6 »China to Focus on Common Interests in Economic Diplomacy«, *People's Daily*, 23. März 2008.

7 Development and Research Commission World Economic and Trade Patterns Task Force. 全球化未来趋势及对我国的影响 [*Die künftigen Trends der Globalisierung und ihre Folgen für China*], Peking, 13. Juni 2013.

8 Jia Liao, 2013. 企业开拓新兴市场将获政策支持七部门联合发文 [Sieben Ministerien veröffentlichten eine gemeinsame politische Stellungnahme zur Förderung von Unternehmen bei der Expansion in neu entstehende Märkte]. 经济参考报 [*Economic Information Daily*], 10. Mai; Handelsministerium, 2013. »外贸结构调整«专题新闻发布会 [Sonderpressekonferenz zur Anpassung der Außenhandelsstruktur. Peking, Handelsministerium], 9. Mai 2013.

9 Miao Wei, 在全面深化改革中打造制造业强国 [Weiterentwicklung der industriellen Stärke im Kontext umfassender tiefgreifender Reformen], *Qiushi*, 1. März 2014; Staatsrat, 政府工作报告: 对今年政府工作的建议 [Arbeitsbericht der Regierung: Vorschlag für 2013], Peking: Staatsrat, 18. März 2013, Abschnitt 1.2.

10 Ren Zeping, 任泽平: 我国制造业发展的现状与趋势 [Entwicklungsstand und Trends der chinesischen Fertigungsindustrie], *Economic Daily*, 6. August 2013.

11 Xuan Xiaowei, 宣晓伟: 中国迈向高收入:发展方式转变和现代化转型 [China auf dem Weg zum Status des hohen Einkommens: Entwick-

lungswandel und Modernisierung], 中国发展观察, *China Development Observer*, Juni 2013; Interview mit Chen Changsheng, Vizeminister und Research Fellow DRC: Lu Hongxing, 陈昌盛:我国经济已步入增长阶段转换的关键期 [Chen Changsheng: Chinas Ökonomie ist in eine entscheidende Periode der Wachstumsanpassung eingetreten], *China Economic Times*, 9. August 2013.

12 DRC World Economic and Trade Patterns Task Force, 全球化未来趋势及对我国的影响 [*Die künftigen Trends der Globalisierung und ihre Folgen für China*], Peking: DRC, 13. Juni 2013; Finanzministerium, 中国资产评估行业发展规划 [Eine Bewertung des Entwicklungsplans für Chinas industrielle Aktivposten], Peking: Finanzministerium, 25. April 2013, Abschnitt 1.

13 [*Arbeitsbericht der Regierung: Vorschlag für 2013*], Peking: Staatsrat, 18. März 2013, Abschnitt 1; Staatsrat, 2013. »十二五《国家自主创新能力建设规划 [Zwölftes Fünfjahresprogramm zur Steigerung der nationalen Innovationsleistung], Peking: Staatsrat; Gua-Fa, Nr. 4, Januar 2013, Abschnitt 1.4; Finanzministerium, 关于编报2014年中央国有资本经营预算建议草案的通知 [Anmerkung zum Budget 2014 für die staatseigenen Unternehmen], Peking: Finanzministerium, Juli 2013, Abschnitt 1 und 2.2.

14 Miao Wei, 在全面深化改革中打造制造业强国 [Weiterentwicklung der industriellen Stärke im Kontext umfassender tiefgreifender Reformen], *Qiushi*, 1. März 2014.

15 Interview mit Long Guoqiang, Senior Research Fellow und Generaldirektor, Forschungsabteilung, Auswärtige Wirtschaftsbeziehungen: Lu Hongxing, 隆国强：我国应实行动态比较优势的出口升级战略 [Long Guoqiang: China sollte eine Strategie umsetzen, mit der sich die Wettbewerbsvorteile seiner Exporte dynamisch erhöhen lassen], *China Economic Times*, 17. Juli 2013.

16 Berechnet wie folgt: Export von Fertigwaren minus Import von Fertigwaren, geteilt durch die Fertigungsgesamtmenge. Quelle: World Development Indicators und UN Comtrade.

17 NDRC, Bericht über die Umsetzung des 2013 beschlossenen Plans zur nationalen wirtschaftlichen und sozialen Entwicklung und zum 2014 entworfenen Konzept zur nationalen wirtschaftlichen und sozialen Entwicklung. Peking: NDRC 2014, S. 16.

18 Liao Jia, 企业开拓新兴市场将获政策支持七部门联合发文 [Sieben

Ministerien veröffentlichten eine gemeinsame politische Stellungnahme, Unternehmen bei der Expansion in neu entstehende Märkte zu fördern], 经济参考报 *Economic Information Daily*, 10. Mai 2013; Handelsministerium, »外贸结构调整«专题新闻发布会 [Sonderpressekonferenz zur Anpassung der Außenhandelsstruktur], Peking, Handelsministerium, 9. Mai 2013.

19 Handelsministerium, »外贸结构调整«专题新闻发布会 [Sonderpressekonferenz zur Anpassung der Außenhandelsstruktur], Peking, Handelsministerium, 9. Mai 2013; 中国工程机械出口东南亚分析 [Analyse der Exporte von Bauausrüstung nach Südostasien], *MOFCOM*, 19. Juni 2012, http://ccn.mofcom.gov.cn/spbg/show.php?id=13113 (Abruf: 10. August 2015).

20 Gesamtvolumen der ausländischen Direktinvestitionen geteilt durch das BIP. Angaben für 2012. Quelle: UNCTADStats.

21 Erklärung von Yukio Edano, Minister für Wirtschaft, Handel und Industrie auf der Eröffnungsvollversammlung der 8. Sitzung der WHO-Ministerkonferenz in Genf, 15. Dezember 2011.

22 Handelsministerium, 对外贸易发展»十二五«*规划 [Entwicklung des Außenhandels und Zwölfter Fünfjahresplan]*, Peking: Handelsministerium, 26. April 2012, 4.3. Siehe auch: International Research Institute of the NDRC, 我国境外投资出现战略布局新窗口 [Chinas Strategie bei den Auslandsinvestitionen eröffnet neue geschäftliche Chancen], *MOFCOM*, 6. Juni 2013.

23 Julie Jiang und Jonathan Sinton, *Overseas Investments by Chinese National Oil Companies* (Paris: Internationale Energieagentur, 2012), S. 9.

24 US Geological Survey reports for the Asia-Pacific: http://minerals.usgs.gov/minerals/pubs/country/asia.html (Abruf: 10. August 2015).

25 Cheng Guoqiang, 境外农业资源利用的现状与问题 [Status und Probleme der Verwendung ausländischer Agrarressourcen], Entwicklungs- und Forschungszentrum des Staatsrats, 21. Januar 2014; Fang Zhengqiang, 我国粮食安全问题不容忽视 [Unsere Probleme bei der Ernährungssicherung dürfen nicht ignoriert werden], *Xinhua* and *Qiushi*, 29. November 2011; Landwirtschaftsministerium, 农业国际合作发展十二五规划 *[Internationale Zusammenarbeit und Entwicklung in der Landwirtschaft im Zwölften Fünfjahresplan]*, (Peking: Landwirtschaftsministerium, 2011).

26 Wang Chengyue, 中国农业走出去出路在哪里? [Eröffnet die Verlagerung

der Landwirtschaft ins Ausland einen Ausweg?], *China Economic Weekly*, 24. Dezember 2013.

27 Ellen Bruzelius Backer, »The Mekong River Commission: Does It Work, and How Does the Mekong Basin's Geography Influence Its Effectiveness?«, *Südostasien aktuell*, 31, 4, S. 31–55; Karen Bakker, The Politics of Hydropower: Developing the Mekong. *Political Geography*, 18, 1 (1999), S. 209–232.

28 南水北调西线工程: 个别省份意见强烈 尚难动工ぴ [Projekt Westroute: Verschiedene Provinzen empfehlen, es mit Nachdruck anzupacken], *Xinhua*, 19. November 2013. Siehe auch die Webpage des Süd-Nord-Projekts: 中国南水北调: www.nsbd.gov.cn (Abruf: 10. August 2015).

29 Ein sehr guter Hintergrundartikel: Zhanglu Jing, 蛟龙号绘制中国深海藏 宝图1.1万米版引进民资 [Chinesischer Drache findet in 11 000 Meter Tiefe einen Schatz], 中国经济周刊 [*China Economic Weekly*], 24. Dezember 2013. China verfügt bisher nur über eine kleine Plattform, »Drache« genannt, für den Tiefsee-Bergbau. Siehe: 蛟龙号再次深潜探索深海采矿 可能性 [Eine weitere Tauchexpedition des *Drachen* zur Erkundung der Möglichkeiten des Tiefsee-Bergbaus], 东方早报 [*Oriental Morning Post*], 9. August 2013.

30 [Xi Jinping: Ozean- und Polarexpeditionen sind von großer praktischer Bedeutung], *Xinhua*, 21. Juni 2013.

31 Zitiert in: Nicola Davison, »China Eyes Antarctica's Resource Bounty«, *The Guardian*, 8. November 2013.

32 International Monetary Institute, Renmin University of China, *The Internationalization of the Renminbi* (Abingdon: Routledge, 2014), S. 8.

33 Yukon Huang, »Does Internationalizing the RMB Make Sense for China?«, *Cato Journal*, 33, 3 (2013), S. 571–585.

34 Zitiert in: Chris Wright, »Ex-Regulator Plays Down Yuan Reserve Currency Role«, *Emerging Markets*, 2. Mai 2013, abrufbar unter: http:// www.emergingmarkets.org/Article/3200130/Ex-regulator-plays-down-Renminbi-reserve-currency-role.html (Abruf: 10. August 2015).

8. Der Wettstreit um den Pazifik

1 Gespräche im Rahmen eines chinesischen Staatsbesuchs, Brüssel, 1.–2. April 2014.

2 Nian Lingyun, 论日本加剧钓鱼岛争端的原因 [Ursachen des verstärkten Konflikts mit Japan um die Diaoyu-Inseln]. 科技视界 [Wissenschafts- und Technologievisionen], 29, 2012, S. 7–15; Wen Jiang, 钓鱼岛争端将加剧日本内外交困 [Der Streit mit Japan um die Diaoyu-Inseln wird sich wegen des Abschwungs verschärfen], 小康 [China Einblicke], 2012, S. 97 f.

3 两岸多数民众支持保钓 [Umfrage in Taiwan und auf dem Festland zeigt, dass die Mehrheit bereit ist, die Diaoyo-Inseln zu verteidigen], Global Times, 19. Juli 2012. Siehe auch: »How to Defend the Diaoyu Islands Most Effectively?« http://survey.inewsweek.cn/vote_result.php?vote_id=158 (Abruf: 10. August 2015).

4 Durchsicht von 13 Artikeln in 台湾研究集刊 [Vierteljahresschrift Taiwan-Forschung], der wichtigsten Zeitschrift zu Taiwan auf dem Festland. Siehe auch die Meinung eines der führenden Experten auf dem Gebiet: Chen Kongli, 破解两岸难题需要什么样的想象力 [»Welche Vision wir brauchen, um das taiwanesisch-chinesische Problem zu lösen«], Xinhua, 17. Februar 2014.

5 Zum Beispiel: Zhong Yu, 年台湾政局暨两岸关系回顾与展望"研讨会在京召开 [Seminar in Peking zur Analyse und Ausblick der Wahlen 2012 in Taiwan und die Beziehungen zum Festland], Xinhua, 5. Dezember 2012.

6 Dua Nusa, »China's Xi Says Political Solution for Taiwan Can't Wait Forever«, Reuters, 6. Oktober 2013.

7 Chang Jun, »Fresh New Ideas Urged on Taiwan Issue«, China Daily, 4. November 2013.

8 Gespräch mit einem Vertreter der chinesischen Regierung, Peking, 21. Dezember 2012.

9 70%的网友支持中国在南海动武 [70% der Netzbürger befürworten chinesischen Militäreinsatz im Südchinesischen Meer], Qian Zhan, 6. Juli 2012, abrufbar unter http://www.qianzhan.com/indynews/detail/256/121218-ad23da8a.html (Abruf: 10. August 2015).

10 国家安全与军费开支的国民见解 [Landesweite Meinungsumfrage zu den Sicherheits- und Militärausgaben des Landes], 20. März 2014.

11 SIPRI Military Expenditure Database: Comparison of Averages for 2005–2008 and 2009–2012: Vietnam from 2.2 to 2.4 percent, South Korea from 2.7 to 2.8 percent, India from 2.5 to 2.7 percent.

12 Xi Jinping, 习近平在莫斯科国际关系学院的演讲 [Rede am Institut für auswärtige Angelegenheiten in Moskau], 24. März 2013. Siehe auch: Xi Jinping, 习近平在博鳌亚洲论坛 2013 年会上的主旨演讲 [Grundsatz-rede beim Bao Forum Asia 2013 Konferenz], 7. April 2013.

13 Liu Jianfei und Zuo Fengrong, 世界乱象背后的基本大势 [Die wichtigsten Trends im Hintergrund der weltweiten Turbulenzen], 当代世界 [Welt der Gegenwart], August 2013.

14 Xuanxing Zhang, 正在浮现的世界新秩序 [Die entstehende Weltord-nung], 当代世界 [Welt der Gegenwart], Dezember 2013.

15 Zuo Fengrong, 大国力量更趋平衡和平发展大势所趋 [Wiederherstellung des Gleichgewichts und die Friedensentwicklung], 当代世界 [Welt der Gegenwart], Januar 2014.

16 Zhao Jin, 中国崛起与周边地缘战略依托 [Chinas Aufstieg und seine geostrategische Abhängigkeit von seinen Nachbarn], 当代世界 [Welt der Gegenwart], Oktober 2012.

17 Tao Wenzhao, 中美新型大国关系重在落实 [Die Fokussierung auf die Entwicklung der neuen chinesisch-amerikanischen Großmächtepart-nerschaft], 当代世界 [Welt der Gegenwart], Januar 2014. Siehe auch: Su Xiaohui und Cheng Lung, 当前国际形势的几个新动向 [Verschiedene neue Entwicklungen in der gegenwärtigen internationalen Situation], 当代世界 [Welt der Gegenwart], August 2013.

18 Leitender Forscher am Marine-Forschungszentrum Li Jie, 美加速构建第二岛链》桥头堡《 [Die Vereinigten Staaten beschleunigten die Errichtung eines »Brückenkopfs« an der Zweiten Inselkette], 30. September 2013. Siehe auch: Tao Wenzhao, op. cit., und Su Xiaohui und Cheng Lung, 当前国际形势的几个新动向 [Verschiedene neue Entwicklungen in der gegenwärtigen internationalen Situation], 当代世界 [Welt der Gegen-wart], August 2013.

19 Han Xudong, 美国在逼中国加速提升军力 [Amerika zwingt China, die Modernisierung seiner Armee zu beschleunigen], Renmin Ribao, 1. Juni 2011.

20 Yang Yi, 2011. 空海一体战与世界潮流背道而驰 [Luft-See-Schlacht wider-spricht dem globalen Trend], People's Daily, 12. Dezember 2011; Cheng Guilong, 论》空海一体战《与中国国家安全 [»Über den Luft-See-Kampf

und Chinas Nationale Sicherheit«],国防科技 *[Wissenschaft und Technik Verteidigung]*, 5 (2013), S. 59–65.

21 Huangzai Juan und Li Yang, 分析：日本急欲采购的七种武器究竟成色如何? [»Analyse: Wie steht es um die Qualität der sieben Waffen, die Japan dringend anschaffen will?«], *People's Daily*, 22. März 2013.

22 Wu Qin, 航母杀手来袭 [»Tödlicher Angriff aus der Luft«], *Military Digest*, Januar 2014.

23 Wen Xian u. a., 空海一体战折射军事战略变化 [»Air-Sea-Battle weist auf Veränderungen in der Militärstrategie hin«], *Renmin Ribao*, 27. Februar 2012; Yang Yi, 空海一体战与世界潮流背道而驰 [»Air-Sea-Battle widerspricht dem globalen Trend«], *Renmin Ribao*, 12. Dezember 2011.

24 Li Jie, 警惕美»空海一体战«升级变异 [»Auf der Hut vor US-›Air-Sea-Battle‹, erweiterte Variante«], 14. Januar 2014.

25 Sieben Zerstörer des 15. Geschwaders in Yokosuka und sechs japanische Zerstörer.

26 Li Jie, op.cit.; 美在日部署P8巡逻机 欲对中国舰艇动态»了如指掌« [»P8-Patrouillenflugzeug der Vereinigten Staaten in Japan stationiert mit dem Ziel, die Bewegungen chinesischer Kriegsschiffe zu kennen ›wie die eigene Westentasche‹«], *China Daily*, 20. Februar 2013.

27 NMFS, Annual Report No. 1: Operation of the Surveillance Towed Array Sensor System Low Frequency Active (SURTASS LFA) Sonar Onboard the R/V Cory Chouest and USNS IMPECCABLE (T-AGOS 23), Washington, DC: NMFS, 15. August 2007, S. 14.

28 Die *Pekinger Tageszeitung* erklärte, die Vereinigten Staaten und Japan arbeiteten zusammen an der Einrichtung eines unterseeischen Kabelnetzes um die Diaoyu-Inseln, die Ryukyu-Inseln und den Bashi-Kanal: Wei Zheng, 美日联手在中国潜艇基地周围设置水下监听网 [»Vereinigte Staaten und Japan installieren gemeinsam ein Unterwasser-Abhörnetz um die chinesische U-Boot-Basis«], Beijing Daily *[Pekinger Tageszeitung]*, 10. Juli 2013.

29 Fengli Qi, 美军 P-8A 侦察机来者不善 欲将中国核潜艇封锁在岛链内? [»Verfolgt US-Militäraufklärer P-8A in der Inselkette böse Absichten bei der Blockade chinesischer Atom-U-Boote?«] *Renmin Ribao*, 12. Dezember 2013.

30 Huangzai Juan und Li Yang, 分析：日本急欲采购的七种武器究竟成色如何? [»Analyse: Wie steht es um die Qualität der sieben Waffen, die Japan dringend anschaffen will?«], *Renmin Ribao*, 22. März 2012.

31 Zhaoming Hao, 美国亚太再平衡战略视野下的美日同盟转型 [»Amerikas Asien-Pazifik-Strategie hinter der Neuausrichtung der US-japanischen Allianz«], [Contemporary Record], Oktober 2012.

32 Zheng Wenhao, 美对华海空一体战的七种武器 [»Ein Dolch versteckt hinter lächelnden Gesichtern: Sieben Waffen für Amerikas Air-Sea-Battle gegen China?«] 北京晚报 [Pekinger Abendnachrichten], 24. Dezember 2013.

33 Wen Xian u.a., 空海一体战折射军事战略变化 [»Air-Sea-Battle zeugt von Veränderungen in der Militärstrategie«], Renmin Ribao, 27. Februar 2012; Huang Zhicheng, 太空武器化与太空威慑 [»Die Militarisierung des Weltraums und raumgestützte Abschreckung«], 国际技术经济研究 [Technologie und Wirtschaft International], 9, 1 (2006), S. 24–29.

34 Rede des stellvertretenden Verteidigungsministers, Press Club Washington, 7. Mai 2013: http://www.defense.gov/speeches/speech. aspx?speechid=1775 (Abruf: 11. August 2015).

35 Huangzai Juan und Li Yang, 分析：日本急欲采购的七种武器究竟成色如何? [»Analyse: Wie steht es um die Qualität der sieben Waffen, die Japan dringend anschaffen will?«], Renmin Ribao, 22. März 2013.

36 还魂》僵尸《—美军再掀太空军备竞赛 [»Die Rückkehr des Zombies: USA lösen weiteren Rüstungswettlauf im Weltraum aus«], 军事文摘 [Military Digest], Dezember 2012.

37 Li Yunlong und Yu Xiaohong, 美军》空海一体战《空间作战行动探析 [»Rolle der amerikanischen Weltraumoperationen im ›Air-Sea-Battle‹-Konzept«], 装备学院学报 [Zeitschrift der Akademie für Rüstungstechnik], 4, 1 (2013), S. 81–94.

38 Zum Beispiel: Wu Xinbo, 解读美国 2014 版四年防务评估报告 [Übersetzung der American Quadrennial Defense Review von 2014], Fudan Universität, 2014.

39 Zhang Junshe, 个别国家视其为遏制中国城墙 [»Nur ein oder zwei Länder, die die chinesischen Mauern überwachen«]. PLA Daily, 7. Februar 2014.

40 Ebd.

41 Ren Weidong, 中国要实现亚太战略平衡 [»Chinas Strategie zur Erreichung eines neuen Gleichgewichts im asiatisch-pazifischen Raum«], Xinhua, 30. Januar 2013.

42 Li Xuanliang, 中国拥有航母不会改变防御性国防政策 [»Chinas neuer Flugzeugträger wird nichts an seiner defensiven nationalen Verteidigungspolitik ändern«], Xinhua, 26. September 2012.

43 重新定位中国近海防御战略:加大海上防御纵深 [»Neupositionierung der chinesischen Küstenverteidigungsstrategie«], *Xinhua*, 13. Juli 2008. Siehe auch: Peng Guanqian, 制约战争的中国海上力量 [»Um Konflikte in Grenzen zu halten, müssen wir unsere Macht im Chinesischen Meer erweitern«], 瞭望 *[Ausblick]*, August 2011.

44 重新定位中国近海防御战略:加大海上防御纵深 [»Neupositionierung der chinesischen Küstenverteidigungsstrategie: Erweiterung der Verteidigungstiefe auf See«], *Xinhua*, 16. März 2008.

45 Zum Beispiel: Li Bing und Zhu Jun, 浅析新中国海军战略思想的发展演变 [»Über die Evolution des neuen strategischen Denkens und der Kriegsmarine des Neuen China«], 军事历史 *[Militärgeschichte]*, Dezember 2010, S. 38 ff.; Zhang Junshe, op. cit.

46 Wang Zaihui, 国防部:中国海军赴西太平洋训练不存在»突破"问题« [»Verteidigungsministerium: Es gibt kein Problem bei Chinas Durchbruch auf dem Weg in den Westpazifik«], *Xinhua*, 25. Juli 2013; Yang Qiongte u. a., 中国海军远海训练的变与不变 [»Ausbildung auf fernen Meeren, was sich ändert und was bleibt«], *Xinhua*, 11. Februar 2014.

47 Präsident Obama und Präsident Xi Jinping – Stellungnahmen vor der Presse im Vorfeld eines bilateralen Treffens, 7. Juni 2013.

48 Wang Zaihui, op. cit.

49 Kang Yongsheng, 机动-5号展示中国海军全新训练模式 [»Militärübung Mobile V zeigt die neue Ausbildungsmethode der Kriegsmarine«], *China Youth Daily*, 8. November 2013.

50 Zum Beispiel: Han Xudong, 建设现代化海军 [»Aufbau einer modernen Kriegsmarine«], 瞭望 *[Ausblick]*, August 2011; Li Daguang, 中国向蓝水海军转型意义深远 [»Chinas tiefgreifender Wandel zu einer Hochseemarine«], 中国军转民 [中国军转民] [»Chinas Armee in Ziviliste.. umgewandelt«], Dezember 2012, S. 16–21; Shen Zhihe und Piao Chengri, 航母编队反潜巡逻机空域配置方法研究 [»Studie zum Einsatz von Patrouillenflugzeugen in Carrier-Battle-Group-Formation gegen U-Boote«], 军事运筹与系统工程 *[Studien zu Militäroperationen und System Engineering]*, 21, 1 (2013), S. 31–40. Siehe auch: Wang Zaihui, op. cit.

51 Tu Chenxi, 中国航母电弹弓获重大突破 紧追美国世界第二 [»Chinas elektromagnetisches Katapult ist ein großer Durchbruch bei der Aufholjagd auf die Vereinigten Staaten«], *People's Daily*, 29. Januar 2014.

52 Li Sai u. a., 远海作战装备供应链体系架构 [»Architektur der Versorgungskette für den Kampf auf hoher See«], 国防科技 *[Landesverteidigung*

Wissenschaft und Technologie], 35, 5 (2013), S. 12–20; Yang Zhen und
Du Binwei, 基于海权视角:航空母舰对中国海军转型的推动作用 [»Über
die förderliche Rolle des Flugzeugträgers für die Transformation der
chinesischen Kriegsmarine in Hinblick auf die Macht auf See«],
太平洋学报 *[Pazifikjournal]*, 21, 3 (2013), S. 1–5.

53 Tu Chenxin, 中国新型智能鱼雷:击沉数千吨级靶舰如捏易拉罐
[Chinas neuer intelligenter Torpedo: Ein Mehrere-Tausend-Tonnen-
Schiff auseinandergebrochen und versenkt], *Xinhua*, 23. Oktober
2013.

54 Über 40 Artikel über 水声探测网 [das akustische Erkennungsnetz
unter Wasser] sind abrufbar auf der Wanfang-Datenbank zwischen
2001 and 2013. Siehe: http://www.wanfangdata.com/ (Abruf:
11. August 2015).

55 中国在南海演练夺岛将建更多的前哨部队 [»China steht im Begriff, die
Inseln im Südchinesischen Meer zu besetzen, und beabsichtigt, mehr
militärische Außenposten zu errichten«], *Xinhua*, 10. April 2013; Guo
Xuan, 中国光纤线列阵水声探测系统令他国潜艇无所遁形 [»Chinesisches
fiberoptisches Unterwassernetz für akustische Erkennung«], 世界报
[Weltnachrichten], 16. Oktober 2013.

56 Jianlong Chang, Zhao Liangyu und Like Yong, 临近空间平台与空
天飞机在未来战争中的协同作用 [»Synergie zwischen Plattformen
im nahen Weltraum und Weltraumflugzeugen in zukünftigen
Kriegen«], 飞航导弹 *[Zeitschrift für aerodynamische Raketen]*,
September 2012, S. 81–85.

57 Ein guter Überblick findet sich in: Ian Easton und Mark Stokes,
»China's Electronic Intelligence Satellite Developments«, Arlington,
VA: Project 2049 Institute, 2011. Zeng Weimin u. a., 深空探测器被动
式高精度多普勒测量方法与应用 [»Passive Tiefraumsonden und die
Anwendung hochpräziser Doppler-Messungen«], 宇航学报 *[Zeitschrift
für Astronautik]*, 31, 12 (2013); Su Jianwei u. a., 海洋监视卫星对水面舰艇
电子侦察效能分析 [»Analyse der Effektivität elektronischer Aufklärung
bei Meeresüberwachungssatellit zu Überwasserschiff«], 舰船电子对抗
[Elektronische Gegenmaßnahmen an Bord], 32, 4 (2009).

58 Zhang Yujun und Chao Yuhua, 海洋监视卫星作战效能仿真研究
[»Simulation operativer Effektivität des Meeresüberwachungs-
satelliten«], 军事运筹与系统工程 *[Studien zu militärischen Operationen
und zum Systems Engineering]*, 25, 1 (2001), S. 26.

59 Feng Zhiwei u.a., 基于路径规划的敏捷卫星姿态机动反馈控制方法 [»Feed-back-Kontrolle für Lagemanöver des Satelliten Agile auf der Grundlage der Flugbahnoptimierung«], 国防科技大学学报 *[Zeitschrift der Universität für Landesverteidigung]*, 35, 4 (2013), S. 2–6.

60 Zum Beispiel: Zhu Jianwen, 高超声速飞行器俯冲机动最优制导方法 [»Optimale Lenkmethode für Überschallfahrzeug in der Tauchphase«], 国防科技大学学报 *[Zeitschrift der Universität für Landesverteidigung]*, (2013), S. 25–30; Huang Fei u.a., 连续流失效对近空间飞行器气动特性的影响 [Auswirkungen eines Kontinuitätsbruchs auf die Aerodynamik eines Fluggeräts im nahen Weltraum], 空气动力学学报 *[Acta Aerodynamica Sinica]*, 31, 5 (2013), S. 623–628.

61 Yang Xiaojie, 中国重点型号无人空天飞机完成自主高速着陆试验 [»Chinesisches unbemanntes Raumflugzeug besteht wichtigen Landetest aus eigener Kraft«]. 闽南日报 *[Fujian Daily]*, 19. Februar 2014.

62 Im Jahr 2014 beispielsweise äußerte China Besorgnis darüber, dass Japan eine Weile die Rückführung von mehreren hundert Kilogramm waffenfähigem Plutonium in die Vereinigten Staaten verweigerte. Japan lagert angeblich mehrere Tonnen Plutonium und hat in Rokkasho eine neue atomare Wiederaufbereitungsanlage errichtet, um noch mehr zu produzieren. Meldungen zufolge verfasste die Regierung im September 2006 einen internen Bericht über die Möglichkeiten, im Land selbst Atomwaffen herzustellen.

9. Eine weitere Großmachttragödie

1 Gespräch mit einem hochrangigen Regierungsvertreter, Brügge, 1. April 2014.

Markus Hernig
Sinologe und Publizist

Foto: Julia Knop

Markus Hernig
Chinas Bauch
Warum der Westen weniger
denken muss, um den Osten
besser zu verstehen

230 Seiten | Gebunden mit
Schutzumschlag
Euro 19,– (D)
ISBN 978-3-89684-166-7

China fühlen

Siebenmal Fühlen ist besser als hundertmal Denken, weiß man
in China. Während im Westen der Kopf regieren will, entscheidet
im Osten weit freimütiger der Bauch. Die sieben Grundgefühle
Freude, Wut, Trauer, Angst, Liebe, Hass und Begehren prägen
das Verhalten. Indem er von ihnen erzählt, gelingt Marcus
Hernig in 16 Episoden und ungewöhnlichen Begegnungen ein
sehr persönliches Porträt der chinesischen Gesellschaft: ein
Kultur(ver)führer für alle, die das Reich der Mitte von seiner
anderen Seite kennenlernen wollen.

www.edition-koerber-stiftung.de

Xuewu Gu
Politologe

Xuewu Gu
Die Große Mauer in den Köpfen
China, der Westen und die Suche nach Verständigung

Xuewu Gu
Die Große Mauer in den Köpfen
China, der Westen und
die Suche nach Verständigung

214 Seiten | Gebunden mit
Schutzumschlag
Euro 17,– (D)
ISBN 978-3-89684-155-1

Ein neues »Reich der Mitte« finden

Chinas Aufstieg zur globalen Großmacht erstaunt und beunruhigt den Westen, aber auch China selbst. Beide Systeme
sind gezwungen, sich mit grundsätzlichen Fragen auseinander-
zusetzen, um den großen Herausforderungen der Globalisierung
zu begegnen: Was verbindet das westliche und chinesische
Weltbild? Was können China und der Westen voneinander
lernen? Dazu untersucht der in Deutschland lebende chinesische
Politologe Xuewu Gu philosophische, politische und wirtschaftliche Aspekte. Gu geht es um ein Lernen, das in die Tiefen der
Wertvorstellungen reicht.

www.edition-koerber-stiftung.de

Andreas Lorenz

Journalist

Foto: Claudia Höhne

Andreas Lorenz
Die asiatische Revolution
Wie der »Neue Osten«
die Welt verändert

280 Seiten | Gebunden mit
Schutzumschlag
Euro 16,– (D)
ISBN 978-3-89684-085-1

Am Beginn des asiatischen Jahrhunderts

Den Wiederaufstieg des Fernen Ostens zur Weltmacht hat
Andreas Lorenz hautnah erlebt: Fast zwei Jahrzehnte lang
hat er für den »Spiegel« aus China und Südostasien berich-
tet. Kenntnisreich beschreibt er die rasanten Entwicklungen
in Fernost und porträtiert den mächtigsten Akteur: China.
Weitsichtig analysiert er zugleich, welche Faktoren den
Aufstieg Asiens noch behindern können. Für Lorenz bedeu-
tet ein starkes Asien eine wirtschaftliche und politische
Chance – und eine Herausforderung für das europäische
Wertesystem.

www.edition-koerber-stiftung.de

Körber-STIFTUNG
Forum für Impulse

Wir wollen anstiften.

Mehr erfahren: www.koerber-stiftung.de
Mehr erleben: www.koerberforum.de
Mehr lesen: www.edition-koerber-stiftung.de

Mehr Bäume.
Weniger CO$_2$.

www.cpibooks.de/klimaneutral

MIX
Papier aus verantwor-
tungsvollen Quellen
FSC® C083411